王冠军◎著

现代大学生思想政治教育

基础理论与实践途径探索研究

中国水利水电出版社
www.waterpub.com.cn
·北京·

内 容 提 要

本书对大学生思想政治教育基础理论与实践途径进行了探索研究,内容包括:社会变迁与大学生思想政治教育、传统文化与大学生思想政治教育、民族精神与大学生思想政治教育、社会思潮与大学生思想政治教育、特殊群体与大学生思想政治教育、心理教育与大学生思想政治教育、课程创新与大学生思想政治教育、新媒体与大学生思想政治教育等。本书结构合理,条理清晰,内容丰富新颖,是一本值得学习研究的著作。

图书在版编目（ＣＩＰ）数据

现代大学生思想政治教育基础理论与实践途径探索研究 / 王冠军著. -- 北京 : 中国水利水电出版社,
2017.5（2022.9重印）
ISBN 978-7-5170-5268-5

Ⅰ.①现… Ⅱ.①王… Ⅲ.①大学生－思想政治教育－研究－中国 Ⅳ.①G641

中国版本图书馆CIP数据核字(2017)第064262号

责任编辑:杨庆川 陈 洁 封面设计:崔 蕾

书　　名	现代大学生思想政治教育基础理论与实践途径探索研究 XIANDAI DAXUESHENG SIXIANG ZHENGZHI JIAOYU JICHU LILUN YU SHIJIAN TUJING TANSUO YANJIU
作　　者	王冠军 著
出版发行	中国水利水电出版社
	（北京市海淀区玉渊潭南路 1 号 D 座 100038）
	网址:www.waterpub.com.cn
	E-mail:mchannel@263.net（万水）
	sales@mwr.gov.cn
	电话:(010)68545888(营销中心)、82562819（万水）
经　　售	全国各地新华书店和相关出版物销售网点
排　　版	北京鑫海胜蓝数码科技有限公司
印　　刷	天津光之彩印刷有限公司
规　　格	170mm×240mm　16 开本　16.75 印张　217 千字
版　　次	2017年5月第1版　2022年9月第2次印刷
印　　数	2001-3001册
定　　价	50.00 元

前　言

大学生是党和国家宝贵的人才资源,是民族的希望、祖国的未来。把大学生培养成为全面发展的有用人才,是确保党和国家事业后继有人的迫切需要、也是实现中华民族伟大复兴的长远需要。在大学生培养过程中,思想政治教育无疑占据重要位置、发挥重要作用,具有过硬的思想政治素质,是大学生能够成长成才的首要条件。

党和国家历来重视大学生思想政治教育工作。特别是近些年来,大学生思想政治教育在党中央的统一部署下,在改进中加强、在创新中发展,整体工作稳步提升。2004 年 10 月,中共中央、国务院颁布《关于进一步加强和改进大学生思想政治教育的意见》(中发[2004]16 号),成为当前一段时期开展大学生思想政治教育的指导性文件,对于有效开展思想政治教育起到了重要的推动作用。2015 年 1 月,中共中央办公厅、国务院办公厅印发了《关于进一步加强和改进新形势下高校宣传思想教育工作的意见》。《意见》指出:"意识形态工作是党和国家一项极端重要的工作,高校作为意识形态工作前沿阵地,肩负着学习研究宣传马克思主义,培育和弘扬社会主义核心价值观,为实现中华民族伟大复兴的中国梦提供人才保障和智力支持的重要任务。做好高校宣传思想工作,加强高校意识形态阵地建设,是一项战略工程、固本工程、铸魂工程,事关党对高校的领导,事关全面贯彻党的教育方针,事关中国特色社会主义事业后继有人,对于巩固马克思主义在意识形态领域的指导地位,巩固全党全国人民团结奋斗的共同思想基础,具有十分重要而深远的意义。"《意见》还对加强高校宣传思想工作做出全面部署,为全面贯彻党的教育方针赋予了新的时代内涵,为加强大学生思想政治教育指明了方向。

"努力办好人民满意的教育""推动高等教育内涵式发展",是党的十八大为我国高等教育改革发展指明的前进方向,标志着我国高等教育进入了以质量提升为核心的内涵式发展的历史新阶段。在这样的大背景下,大学生思想政治教育如何紧跟时代前进步伐、结合时代发展特点,如何持续提升自身质量、实现进一步发展,是大学生思想政治教育工作者们面临的新的重要任务和课题。

对当代大学生思想政治教育的前沿方向进行研究分析,主要有以下重要意义。一方面,这是大学生思想政治教育结合时代发展的内在需要。随着经济社会的发展、时代的进步,以及我国改革开放的进一步深入,国内国际形势都发生了很大变化、出现了许多新的情况和问题,整个大学生培养的大背景正在不断发生变化。在这种情况下,大学生思想政治教育应不断关注时代特征和时代热点,结合时代背景,这也体现了思想政治教育与时俱进的需要。另一方面,有利于提高大学生思想政治教育的实效。长期以来,如何提高大学生思想政治教育的实效性,是广大思想政治教育工作者面临的一个重要问题。对大学生思想政治教育中的前沿方向进行研究分析,研究其对思想政治教育的影响,探讨其中的发展规律以及未来的发展趋势,有助于推动大学生思想政治教育的理论研究和实践相结合,从而提高大学生思想政治教育的实效。

本书共包括以下八个章节。

第一章是社会变迁与大学生思想政治教育,首先对社会变迁的科学内涵进行了分析和定义,然后分析了当代中国社会变迁对大学生思想政治教育的影响与冲击,并统揽全局,对大学生思想政治教育在社会变迁中的时代特点、功能与发展趋势进行了分析研究。

第二章是传统文化与大学生思想政治教育,在提炼中国传统文化的主要内容和特点的基础上,分析了中国传统文化对思想政治教育的引领与价值契合,探讨了如何在思想政治教育中实现中国传统文化的传承。

第三章是民族精神与大学生思想政治教育,在论述民族精神的主要内容、特征和作用的基础上,研究探讨了高校思想政治教育对大学生民族精神的培育。

第四章是社会思潮与大学生思想政治教育,首先对当前社会思潮的一般理论及其在中国的主要表现进行了梳理,其次,分析了社会思潮对大学生思想政治教育的影响,最后研究探讨了在社会思潮影响下加强大学生思想政治教育的方法和路径。

第五章是特殊群体与大学生思想政治教育,高校思想政治教育要想加强实效性,就必须要有针对性,因此本章分别研究了高校中的大学新生、贫困学生、毕业生和研究生四个特殊群体的思想政治教育。

第六章是心理教育与大学生思想政治教育,分析了心理发展与思想政治教育的关系,并对当代大学生思想与行为特点进行了分析,进一步研究了如何加强大学生心理健康教育。

第七章是课程创新与大学生思想政治教育,在探讨我国大学生思想政治理论课教育现状的基础上,分析了大学生理论课教学艺术应用和教学模式应用与创新的对策。

第八章是新媒体与大学生思想政治教育,在对新媒体的特点与其对大学生思想政治教育的影响进行研究分析的基础上,分析了新媒体背景下大学生思想政治教育内容的拓展和依托新媒体开展大学生思想政治教育的途径。

本书尝试将一些前沿方向作为大学生思想政治教育的切入点,从而实现对大学生思想政治教育的时代探索,力争以一个新的视角来对大学生思想政治教育进行分析。在写作过程中,引用借鉴了一些学者的理论成果,在这里对这些学者表示衷心的感谢。由于作者水平有限,在写作过程中难免出现不足的地方,希望各位读者能不吝赐教,提出宝贵的意见,以便在今后加以改进。

作　者
2017 年 2 月

目 录

第一章 ‖ 社会变迁与大学生思想政治教育

大学生思想政治教育对于"立德树人"根本任务的实现有着重大作用,加强和改进高校思想政治教育就要坚定不移地贯彻党的教育方针,在遵循基本规律的基础上,根据国内外的形势变化对大学生思想政治教育工作进行科学的规划,不断提升大学生的思想水平和政治觉悟,把他们培养成全面发展的有用人才。

改革开放以来,我国社会结构的变迁对大学生以及大学生思想政治教育产生了诸多影响,在新的时期,我们必须充分考虑国内外社会经济形势的变化,以客观形势变化为依据对我国思想政治教育进行相应调整。社会变迁带来的各种变化对大学生思想政治教育有积极的影响也有消极的影响,我们要充分挖掘时代变迁对大学生思想政治教育的有利因素,尽可能抑制不良因素发生作用,根据大学生思想政治教育的时代特点和发展趋势,科学合理地推动大学生思想政治教育工作的开展和推进,确保我国大学生健康成长。

第一节　社会变迁的科学内涵

社会变迁是社会发展的必然现象,我们无法避免。在大学生思想政治教育中,我们应该科学地理解社会变迁的内涵,明确国内外社会形势新的变化,保障我国大学生思想政治教育的稳定发展。

一、社会变迁的含义

社会变迁是指一切社会现象发生变化的动态过程及其结果。在社会学中,社会变迁这一概念比社会发展、社会进化具有更广泛的含义,包括一切方面和各种意义上的变化。社会学在研究整个人类社会变迁的同时,着重于某一特定的社会整体结构的变化、特定社会结构要素或社会局部变化的研究。社会变迁(social change)是社会的发展、进步、停滞、倒退等一切现象和过程的总和。社会变迁既包含社会的进步和退步,又包括社会的整合和解体。

二、社会变迁的类型

(一)按社会变迁的规模划分

按社会变迁的规模划分可划分为整体变迁和局部变迁。整体的社会变迁是整个社会体系的变化,是各个社会要素变化合力的结果。局部变迁是各个社会体系要素自身及它们之间部分关系的变化,不一定与社会整体变迁的方向和速度一致。

(二)按社会变迁的方向划分

按社会变迁的方向划分,可划分为进步的社会变迁和倒退的社会变迁。进步的社会变迁是指符合社会发展的客观规律,带来社会物质和各种社会生活水平的提高,有利于每一个社会成员全面发展的社会变迁。反之,则是倒退的社会变迁。在社会变迁的实际过程中,二者往往是同时发生的。尽管人们对"进步"有着种种不同的理解和评判标准,但是促进社会进步一直是人们研究社会变迁的主要目的。

（三）按社会变迁的性质划分

按社会变迁的性质，可划分为进化的社会变迁和革命的社会变迁。进化的社会变迁主要表现在量的方面，它是一种渐进的部分质变的社会变化过程，是社会有秩序的、缓慢的和持续的变迁。革命的社会变迁即社会革命，是社会渐进过程的中断和质的飞跃。在社会革命时期，全部社会系统和社会结构解体、改造和重组，社会由一种形态迅速过渡到另一种形态。

（四）按人们对社会变迁的参与和控制的程度划分

按人们对社会变迁的参与和控制的程度，可划分为自发的社会变迁和有计划的社会变迁。自发的社会变迁指人类在很多方面对于社会变化的方向、目标和后果没有理性的认识，只是盲目地参与和顺从。有计划的社会变迁指人们对社会变迁的过程、方向、速度、目标和后果实行有计划的指导和管理。在现代社会中，绝大多数社会变迁都是有计划的社会变迁。

三、国内外的社会形势变迁

（一）国际社会的变化

当今世界正朝着多极化的方向曲折发展，具体的表现是世界政治的多极化、经济的全球化、科技的信息化以及文化的多元化。"在经济全球化进程中，不可避免地出现文化渗透、价值变迁及制度移植等现象。"西方多样化的价值观选择与矛盾冲突对我国坚持的马克思主义意识形态及树立社会主义核心价值观提出了挑战。

1. 社会主义运动的曲折发展

20 世纪 50 年代以来，国际社会主义运动蓬勃发展，在马克思主义思想的指导下，苏联、东欧等社会主义国家先后建立和发展社会主义,并在社会主义的建设实践中发挥了巨大的指导作用,显示了无与伦比的优越性。随着东欧剧变和苏联解体,国际社会主义阵营迅速陷入困境,社会主义运动转入低潮。

但是,面对这一严峻现实,中国作为坚持马克思主义的社会主义国家,顶着国际社会各种压力,积极探索社会发展的客观规律,不断发展中国特色的社会主义,有效抵御西方意识形态的冲击,巩固了自身的社会主义阵地。特别是在改革开放以来,中国在经济、政治、文化、社会等方方面面取得了举世瞩目的成绩,充分显示出中国特色社会主义制度的优越性。

2. 经济的全球化

经济全球化是一个客观发展的趋势,人力无法阻挡。当前,经济全球化浪潮已经席卷全世界,正在不断推倒各国的经济壁垒,逐渐在全球范围内使各个国家前所未有地联系在一起,成为一个相互依存、共同发展的利益共同体。任何一个国家都不能脱离世界而独善其身。经济全球化主要表现在生产、贸易、投资、金融以及技术的全球化。随着经济全球化的进一步深入发展,生产要素在各国之间可以广泛而迅速地流动,国与国之间的经贸联系因企业的跨国经营和国际间电子化交易的迅速拓展而日益密切,成为不可分割的整体。在这种情况下,每个国家或者地区的经济运行情况的变化,都将直接或间接地影响全球经济发展形势。

我们应当正确看待经济全球化的影响。一方面,经济全球化对世界经济的整体发展起到了积极的作用。第一,利用国际分工提高了社会劳动生产率,生产出更多的使用价值;第二,借助国际市场与现代科学技术,有利于管理水平的提高;第三,有利于生产要素的合理配置与充分利用;第四,有利于提升经济发展的规模效应;第五,有利于发展中国家抓住新的发展机遇,引进先进技术与资金投入,开拓国际市场,发挥后发优势。另一方面,经济全球化也伴随着许多消极影响。首先,当今国际经济秩序由西方发达国家主导,发展国家垄断一流的技术和资源,特别是在现代国际分工体系不公平的大背景下,发达国家从中受益,发展中国家深受剥削,加剧了世界资源配置与经济发展的不平衡,导致南北差距扩大,贫富分化加剧。其次,各国经济相互依赖,一国的经济波动与震荡会波及其他国家甚至全世界,形成经济危机的全球化趋势并产生强大的关联效应。最后,经济全球化对发展中国家的创新能力及创新精神提出了强大挑战。

3. 文化多元化发展

随着经济全球化的发展,各国之间经济贸易联系加强,国与国之间的文化交流也日益频繁。在当今世界,各种文化之间呈现相互碰撞、相互影响、相互吸收、相互借鉴和融合的趋势。与此同时,一定范围内,文化之间的冲突也随之表现出来。

多元文化的发展在为各国丰富、繁荣自己的文化事业提供机遇的同时,也将带来巨大的挑战。文化的多样化增强了人们的创造积极性和自主意识,为人们增加了更多的发展空间,为促进社会创造活力提供了有利条件。但是,正是由于这种文化的多元化,使得当今世界价值观念形态万象、潮流迭起。在这种情况下,也使得我国价值观念方面出现一定程度的混乱,文化软实力的提升也受到西方资本主义社会强势价值观的传播与文化同化的挑战。

在主流价值观念发展的同时,消极层面的价值观念在市场经济负面影响的刺激下也获得了一定的发展空间。主流价值观与消极价值观本身存在着根本认识上的矛盾,二者在发展中相互碰撞和冲突。这些现象给当前的大学生思想政治教育带来了前所未有的复杂难题与困境。旧的价值观念从人们的选择中逐渐解体和消失,对于新生的价值观念人们又无从选择,这就出现了一种"价值真空"或"信仰的失落"。在人的综合素质评价上,人们不再相信有一个适合于一切人的恒定的标准,因而常常陷入自相矛盾的窘境。社会越轨和失范现象时有发生,有时表现得相当突出。人们从盲目的权力迷信和思想束缚当中解放出来,转而又进入了一种无所畏惧、无所束缚的浮躁状态,并陷入了一种两难的境地,这显然比思想上的禁锢更加可怕。

总之,在市场经济和国外价值观念的影响下,我国出现的各种不和谐的社会现象在一定程度上影响了我国公民思想政治建设工作的顺利开展,对我国主流价值观造成了一定的冲击。因此,在今后的发展中我们要注重对主流价值观的宣传和教育,帮助人们加深对社会主义主流价值观的认同,保证人们精神文化生活的丰富和物质生活的富足。

(二)国内社会的变化

1. 我国社会经济基础变化

改革开放使得中国的社会经济基础发生了深刻的变革,从而对社会的意识形态也产生了影响。改革开放之前,我国的所有制结构几乎是单一的公有制结构,即国有制和集体所有制两种形式,个体和私营等非公有制经济所占的比重微乎其微。改革开放之后,我国鼓励和支持非公有制的发展,其他经济成分迅猛发展,形成了以社会主义公有制为主体,多种经济形式并存的所有制结构。

2. 转型中的思想觉悟滑坡

大学生思想政治教育是与我国现阶段的社会发展状况密切相关的。改革开放以来,我国进入了社会主义现代化发展的新时期,在这个社会的转型阶段,社会利益主体不断多元化与复杂化,人民内部的矛盾出现了许多新的情况与新的问题。一些人不同程度地存在政治信仰迷茫、理想信念模糊、信仰缺失、诚信意识淡漠、法制观念不足、价值取向扭曲的问题。具体表现为思想政治基础的滑坡,人与人之间的不信任感和隔膜增加,这些社会现象和社会问题都给大学生思想政治教育带来了巨大挑战。

可以说,中国传统文化中包含大量传统美德的内容,对于人的道德培养具有重要的作用,这是我们古老文化的精华,即使在当代社会也不过时,同样适用。虽然在多元价值观并存的时代,人变得越来越以自我为中心,忽视集体观念,但我们依然需要一种无形的统一的道德约束力来规范人们的行为。

第二节　当代中国社会变迁对大学生思想政治教育的影响与冲击

当代大学生的成长正处于我国经济体制转轨与社会转型的双重变革时期,这一变革时期,中国经济、政治、文化和社会各方面发生了前所未有的变化,出现了一些新的情况和问题。这些变化对当代大学生思想政治教育带来了巨大的影响和冲击。

一、社会主义市场经济体制改革对思想政治教育的影响

建设什么样的经济体制,是建设中国特色社会主义的一个重大问题,也是我国经济体制改革的核心内容。这个问题最重要的是选择资源的配置方式,正确认识和处理计划和市场的关系。我国社会主义制度建立后,建设社会主义应当实行什么样的经济体制,有一个历史的探索过程,经历了从传统的计划经济体制向社会主义市场经济体制的转变过程。

新中国成立后很长一段时期,我们坚持社会主义计划经济体制,所有制方面追求单一的公有制形式。计划经济在一定阶段,对于稳定国家经济秩序,恢复国民经济方面发挥了巨大作用。但是随着社会的发展,计划经济的弊端也不断显现出来,国家管得过宽过死,使经济缺乏活力和创造力,严重影响经济的进一步发展。十一届三中全会之后,我国开始实行改革开放政策,计划经济也开始不断向社会主义市场经济过渡,社会主义市场经济体制

在我国逐步建立和完善起来。30多年的社会主义市场经济的发展，给我国带来了翻天覆地的变化，我国经济得到迅猛发展，经济实力和综合国力都有了明显的提升。

党的十八届三中全会审议通过的《中共中央关于全面深化改革若干重大问题的决定》指出，"经济体制改革是全面深化改革的重点，核心问题是处理好政府和市场的关系，使市场在资源配置中起决定性作用和更好发挥政府作用"。这一表述不仅明确了未来全面深化改革的重点所在，更对市场的地位和作用进行了重新定位，是市场与政府关系认识上的一次重大理论突破。

（一）社会主义市场经济的科学内涵

1. 以公有制为主体、多种所有制并存的基本经济制度

基本经济制度主要是所有制的问题，党的十五大提出，以公有制为主体、多种所有制经济共同发展是社会主义初级阶段的基本经济制度。当前，在我国公有制的形式主要有全民所有制、集体所有制和混合所有制中的国有和集体成分等形式，其他所有制形式主要有个体经济、私营经济、混合所有制中的非公有制成分等形式。这种所有制结构的形成，是由我国的客观经济条件决定的，从根本上来说，是由我国现阶段的生产力状况所决定的。

毫不动摇地巩固和发展公有制经济，是坚持和完善社会主义初级阶段基本经济制度必须遵循的一条基本原则。公有制的主体地位主要体现在两个方面。

其一，公有资产在社会总资产中占优势。公有资产占优势，要有量的优势，更要注重质的提高。实际上，公有制的主体地位和作用，不仅表现为数量上的要求，而且还表现为质量上的要求，即效益和竞争能力。公有制经济在质量上占据主体地位就会有更大的活力，更能充分发挥公有制应有的作用。其二，国有经济控制国民经济命脉，对经济发展起主导作用。国有经济控制国民经济命脉，主要是指控制那些能够影响和制约整个国民经济运行

的产业,例如金融、交通、邮电、电力及基础性原材料等,这些产业中相当一部分带有较强的天然垄断性。这些命脉产业本身提供的产值虽然在国民生产总值中占的比重并不高,但是,缺少它们,整个国民经济就无法运行。这样对公有制主体地位的认识从过去单纯注重它们在国民经济中的比重,转到着重于质和量两方面的统一;从过去偏重于量的优势发展到更注重质的提高,强调发挥控制力。只要坚持公有制为主体,公有制经济控制经济命脉,在经济中的控制力和竞争力得到增强,在这个前提下,国有经济比重减少一些,并不会影响我国的社会主义性质。

毫不动摇地鼓励、支持和引导非公有制经济发展,激发非公有制经济的活力和创造力,是坚持和完善社会主义初级阶段基本经济制度必须遵循的又一条基本原则。目前,我国非公有制经济国内生产总值所占比重超过 60%,税收贡献超过 50%,就业贡献超过 80%,新增就业贡献达到 90%。发展非公有制经济根本的是由我国社会主义初级阶段的低水平、多层次、不平衡的生产力发展状况决定的,同时也是发展社会主义市场经济以及缓解我国现代化建设中的各种矛盾的需要。

第一,非公有制经济的发展在构建社会主义市场经济微观主体方面有重要的作用。市场经济发展的前提是市场主体的多元化、决策的分散化,单一的公有制经济与市场经济发展要求不太一致。非公有制经济的存在,可以与公有制经济形成一种竞争态势,促进公有制经济的发展。第二,非公有制经济的发展,特别是外资经济的进入,可以为探索公有制经济实现形式提供借鉴,也可以为发展公有制经济多种实现形式提供空间和机会。第三,我国是发展中国家,在现代化建设中有很多困难和矛盾,其中资金短缺和就业压力是比较大的难题。因此,从我国实际出发,发展非公有制经济,有利于调动多方面积极性,充分利用社会资金及引进外资,弥补建设资金不足,多渠道增加就业岗位,扩大就业。

2. 以按劳分配为主体、多种分配方式并存的收入分配制度

分配制度即劳动产品在社会主体中如何分割、配给制度的总

称,有按劳分配、按资分配、按需分配以及多种分配方式并存的分配制度。个人收入分配制度是由生产资料所有制性质决定的,有什么样的所有制性质,就有什么样的分配方式。社会主义初级阶段的公有制为主体、多种所有制经济共同发展的基本经济制度,决定了收入分配领域必须实行按劳分配为主体、多种分配方式并存的分配制度。

按劳分配是人类历史上一种崭新的分配制度。邓小平继承和发展了马克思主义的按劳分配学说,他坚决反对长期以来在个人收入分配中存在的不讲物质利益原则的平均主义倾向,主张多劳多得,少劳少得,不劳不得。他认为,在社会主义社会,必须实行按劳分配,必须把国家、集体和个人利益结合起来才能调动积极性,才能发展社会主义的生产。按劳分配的主要含义是,凡是有劳动能力的人都应尽自己的能力为社会劳动,社会以劳动作为分配个人消费品的尺度,按照劳动者提供的劳动数量和质量分配个人消费品,等量劳动获取等量报酬,多劳多得,少劳少得,不劳不得。

改革开放以后,随着多种所有制经济的发展,公有制实现形式的多样化,以及社会主义市场经济体制的建立,除了按劳分配这一主体分配形式外,出现了多种分配方式。具体来说,主要有:①按劳分配以外的劳动和经营收入。主要是指个体劳动者和农村专业户的个人收入。②按劳动力价值分配获得的收入。主要是指在私营企业和外资企业中工作的劳动者得到的工资收入。③资产收益。主要指社会主义公有制经济和个体经营者获得的资产收益,如通过直接或间接融资方式向资金需要者提供资金,取得红利、股息、利息、债息或分享收益收入。④社会成员提供技术、信息等生产要素获得的收入。包括凭借知识产权、技术转让或入股、信息咨询等方式获得的收入。⑤按资本分配得到的利润收入。主要是指我国私营企业主和外资及港澳台投资者按资本获得的利润收入。

收入分配改革是经济体制改革的重要内容,是经济发展和社会进步的重要体现。十八届三中全会召开前,人民网财经频道推出互动调查"大变革与小日子",调查列举的 10 个改革关键词依照网友投票数量排列依次为:"收入差距""物价上涨""食品安全""房产税""空气污染""看病难看病贵""户籍制度改革""就业难""营改增""延迟退休"。其中"收入差距"获得约 7000 名网友关注,占总投票数的近 1/3,收入分配改革成为百姓最关心的领域。目前,我国收入分配改革主要是坚持"提低、控高、扩中"的主线,从宏观层面对收入分配改革做出整体部署,包括提高低收入群体的收入水平,调节垄断部门高收入、部分企业高管的过高收入以及某些社会群体的高收入,继续完善社会保障制度,着力缩小不合理的收入分配差距等等。

　　3. 有效、合理的宏观经济调控体制和法律监督机制

　　西方资本主义市场经济和中国特色社会主义市场经济都存在着国家的宏观经济调控,但是宏观调控的有效程度和调控的合理性是不同的。一些发达的资本主义国家如法国、德国、日本等,特别重视由国家运用计划机制来进行宏观经济调控,但是,资本主义国家整个经济基础是资本主义私有制,虽然有些发达资本主义国家垄断经济比较发达,但毕竟起不到基础的作用。国家总是站在个别资本主义企业之上,以资本家的身份通过计划对经济进行调控,当这种调控与个别资本家的直接利益一致时,调控的效果是明显的;而当这种宏观调控与个别资本家的利益不一致,或者不完全一致时,那么这种调控就会失灵或者效果不明显。所以,资本主义国家的宏观调控大多是主要运用经济手段,即通过利率、税率和各种财政补贴等形式来实施宏观调控。此外,资本主义国家还把制定一系列的经济法规作为宏观调控的重要手段。资本主义市场经济已有数百年的历史,积累了比较丰富的组织管理社会化大生产的经验,包括对市场经济运行实施宏观调控的经验,但是,资本主义内在的、不可克服的基本矛盾,即生产的社会化同生产资料的资本主义私有制之间的矛盾的存在,使得资本主

义的宏观调控的有效性和合理性受到了很大的限制。资本主义市场经济产生的数百年来,经济危机、货币金融危机、农业危机等从未间断,经济滞胀状况更是成了治不好的"慢性病",这些经济状况都有力地证明了资本主义市场经济下宏观调控的局限性。

我国的社会主义市场经济是建立在以公有制为主体的所有制结构的基础上的,强大的国有经济在整个国民经济中处于主导地位,公有制经济占主体地位,整个市场经济运行的根本目标是为了实现共同富裕,社会主义国家站在全体人民根本利益的高度,按照整个国民经济又好又快发展的要求,对市场经济运行进行宏观调控,这种调控从根本上同社会主义市场经济下占主体地位的市场经济主体的利益是一致的,而且社会主义国家能够把人民的当前利益与长远利益、局部利益与整体利益结合起来,更好地发挥计划和市场两种手段的长处。这就决定了社会主义市场经济下的宏观经济调控比资本主义市场经济下的宏观经济调控更加有效,更为合理,能更好地保持整个国民经济总量的基本平衡,促进经济结构的优化,引导国民经济持续、快速、健康发展,推动社会全面进步。

社会主义市场经济还是更加完善的法制经济。市场经济本质上是一种法制经济,特别是现代市场经济,由于经济运行过程中的关系更加复杂,市场规则和法制也更加趋于系统化和完备。一方面,作为市场经济正常运行保障的法规,有很多是具有普遍性的,即只要是市场经济,不管是同何种社会经济制度相结合,总是存在着市场经济运行共同遵守的法规,从这一点来说,社会主义市场经济法规的建立,完全可以借鉴资本主义市场经济中已有的、体现市场经济一般性的市场法规;另一方面,市场经济最早是同资本主义经济制度结合在一起的,因而资本主义市场经济的法规中,也在不少地方打上了维护资产阶级利益的烙印。此外,由于资本主义经济制度本身存在着种种矛盾,从而使资本主义市场法规体系中也必然存在着相互矛盾的规定。例如,一方面为了保持市场竞争,在资本主义国家的市场法规中都有类似的反垄断法;另一方面也有一些法规都是有利于垄断资本发展壮大的,正因为如此,第二次世界大战以来垄断资本主义并未在反垄断法的规范下趋于萎缩,而是不断地发展和加强,并从国内垄断发展到国际垄断,而且近十年来垄断资本国际化的趋势越来越明显。

(二)社会主义市场经济带来的影响

从传统的计划经济逐步过渡到社会主义市场经济,我国基本经济制度领域发生了重大变化,与此同时,这种变化也影响着整个国家、社会结构的变化。

1. 社会结构多样化

经济市场化造成了我国社会结构呈现出多样化的特点。这主要是由于经济成分和经济利益的多样化决定的,而社会结构的多样化具体表现为社会阶层的多样化,社会阶层的多样化又会进一步推动人们生活方式、思想模式以及行为方式的多样化。

2. 经济管理体制发生了重大变革

随着我国经济市场化的发展,我国的经济管理体制和管理模式也经历了一系列的改革。政府逐步取消了对经济生产的指令性控制,让市场对生产进行调节,让企业能够自己决定产量。政府放开了对价格的管制,中介组织的出现使政府对市场和价格的行政干预的作用下降。

党的十八届三中全会审议通过的《中共中央关于全面深化改革若干重大问题的决定》进一步明确了市场和政府的关系。市场决定资源配置本来就是市场经济的一般规律,市场决定资源配置能够最大程度地提高资源配置效率。要使市场在资源配置中发挥决定性作用,必须进一步破除各种形式的垄断。更好地发挥政府的作用强调使市场在资源配置中起决定性作用,不是忽视更不是取消而是更好地发挥政府的作用。市场配置资源方面有其固有的缺陷,比如市场无法解决公共产品的生产问题,例如国民经济正常发展所必需的公共基础设施、生态平衡、环境保护等一些不以盈利为目的的投资项目,靠市场机制是难以解决的。市场调节的分配功能在于促进提高效率,但完全由市场自发地进行分配又会造成收入高低悬殊,甚至出现两极分化。这些都需要通过政府的作用加以解决。

3. 社会主义市场经济发展成果丰硕

社会主义市场经济的发展使我国经济领域取得了丰硕的成果。比如,从 1978 年到 2012 年,我国经济保持了年均 9.8% 的增长速度,国内生产总值由第十位上升到第二位,经济总量占世界的份额由 1.8% 上升到 11.5%,开放型经济不断形成并不断发展,进出口贸易总额位次由 29 位上升到第二位。十八大以来,2013 年到 2015 年,我国国内生产总值年均增长率为 7.3%,远高于世界同期 2.4%,对世界经济增长的贡献率平均约为 26%,2015 年国内生产总值达到 10.8 万亿美元,占世界比重为 15.5%,稳居世界第二位。根据世界银行统计,2012 年人均 GNI 为 5870 美元,2013 年达到 6710 美元,2014 年为 7400 美元,2015 年增加到 7880 美元。按照世界银行的划分标准,已经由低收入国家跃升至中等收入国家,人民生活从温饱不足到向全面小康迈进等等。

(三)市场化改革对大学生思想政治教育的影响

1. 我国社会经济基础变化对共产主义崇高理想产生影响

改革开放使得中国的社会经济基础发生了深刻的变革,从而对社会的意识形态也产生了影响。

从计划经济向社会主义市场经济的转轨,社会经济结构的变化必然导致分配方式与利益格局的重组。改革前吃大锅饭以及平均主义现象严重,挫伤了广大劳动者的积极性。改革后实行市场经济,利益主体的多元化要求分配方式的多元化,导致了利益关系的多元化以及人们在利益上的冲突。社会经济结构变动的过程中也会不可避免地产生因社会结构失衡而出现的各种社会问题。这一系列的问题反映到人们的头脑中来，势必引起人们价值观的变化和冲突。

随着我国经济和社会发生的深刻变化，不可避免地出现价值观取向多样化，多重价值观相互碰撞的现象。在这个关键的时刻，人们容易在理想、信念、价值追求与人生意义等方面产生困惑、迷茫、焦虑和无所适从。社会主义市场经济对人们的价值判断和选择具有双重效应。一方面，人们摒弃了因循守旧、不思进取、得过且过的旧观念，变得勇于创新、积极进取，使得竞争、风险、公平、效益等观念深入人心；另一方面，受市场经济的影响，人们的价值观也出现偏差，盲目逐利的思想进一步放大，如金钱至上、诚信缺失、唯利是图、责任感淡漠等。

当前，中国社会处于经济社会发展和社会转型的关键时期，同时也是热点难点问题及群体性事件增多、经济容易失调、社会秩序需要完善及重建的重要时期。在这个关键的时刻，我们必须坚持马克思主义的指导思想，坚定不移地走中国特色社会主义道路。用全面建成小康社会和实现中华民族伟大复兴的中国梦来凝聚共识和信念，形成全民族奋发向上的精神力量和团结和睦的精神纽带，推进我们社会主义伟大事业的顺利进行。

2. 市场经济发展对大学生思想政治教育提出的挑战

第一，国内政治、经济局势的变革。随着市场经济深入发展，国内的政治、经济形势也开始表现出新的特点。在这样的环境下，各种社会思想交叉、碰撞，冲击着人们对社会的认知。在这些社会思想中，既有以马克思主义为指导的积极思想，同时也有违反马克思主义科学理论的消极思想、帮助大学生形成科学的人生观、树立正确的价值观，正确认识这些思想和观点，是大学生思想政治教育工作者当下应该努力的方向。

第二,市场经济发展过程中暴露出的一些弊端对大学生思想造成了不利影响。在市场经济不断发展中,虽然我国经济和综合国力都得到了提升,但是不可否认的是,市场经济体制的发展仍然暴露出一些问题,比如,市场经济自身的局限性决定了其可能诱发拜金主义、享乐主义、利己主义等思想的出现。这些思想对我国传统的思想造成了冲击,给大学生思想政治教育带来了一系列挑战。由于这些思想的出现,大学生开始出现一些不健康的心理倾向,比如投机心理等,这些心理会指引大学生养成不良的行为方式。大学生思想政治教育工作者必须时刻对学生的行为和思想进行关注,发现问题时,要以正确的人生观和价值观加以引导。

二、社会信息化给大学生思想政治教育带来的影响

社会信息化对当代大学生思想政治教育的冲击是显而易见的,主要表现在以下几个方面。

(一)淡化了主流意识形态和价值取向在网络领域的主导地位

网络本身的自由开放性在很大程度上决定了网络行为具有很大的自由性,因此,网络中信息的接受和信息的发布、传播行为被认为是一种私人通信行为。而当下网络技术的迅猛发展为网络信息的发布创造了多样的可供自由选择的途径和手段。然而,网络行为的自由性在一定程度上为各种非法信息的滋生提供了一定的网络空间,还会导致一些常规的控制手段对网络行为失去效力。在网络传播中,真假性和准确性不同的各种信息交织在一起,这对人们科学判断信息、甄别信息和利用信息造成了很大的麻烦。事实上正是基于信息决策的价值取向和动力取向造就了人们不同的行为选择,在多元化迅速发展的时代主流文化的声音和影响力在一定程度上开始减弱。在信息技术的支持下,互联网作为一种新的文化传播平台,一定要得到充分的尊重和认识,充

分利用互联网传播积极的价值观,引导当代大学生思想政治水平向更高的层次推进。

(二)弱化了教育者在网络领域的权威性和主导作用

作为一种系统性的教育活动,大学生思想政治教育贯穿于我国教育工作的各个环节当中。传统的大学生思想政治教育是一种比较严肃的、权威的教学活动,在互联网时代,大学生可以从网络中轻松获取各种信息,学生的思想受到了影响,大学生思想政治教育的权威地位也因此受到了影响。虽然信息化彻底改变了人们对于信息和获取信息的方式的认知,但是由于西方国家在信息技术和信息传播方面的优势,一些充满资本主义思想的信息给我国青年带来了不良的影响。西方国家往往打着"自由平等"的幌子,对其他国家进行意识渗透和价值观输出,尤其是发展中国家。英文作为世界上应用范围最广的语言,西方国家利用这一优势对发展中国家进行文化殖民,通过铺天盖地的信息输入刺激发展中国家对西方文化的认同和向往,这种行为我们可以将其看成一种文化上的入侵。大学生在信息传播过程中是受到影响最大的群体,在各种信息和文化的传播下,大学生的思想认识会受到很大的影响,削弱了大学生思想政治教育的作用。

(三)消解了教育对象在网络领域的主体性

人机交往与"网络沉溺"导致受教育者心里冷漠和心灵扭曲,教育对象的主体性在网络领域消解。网络时代人与人之间的面对面交往正逐步被人机之间的交往所替代,而人成了机器的附属物。同时,人对网络的过度依赖还造成了人类生活的一种异化现象——"网络沉溺"。但是,机器必定是机器,不具备人类所特有的思维、情感等人格化特征,因此,人机交往中缺乏人际交往中那种直接的思想、情感、知识、话语的交流与体验,这也就意味着很难形成那种平等互助、和谐相处的相互关系。从大学生思想政治教育对象的主体性的角度讲,受教育者的自我主导性主要表现在能够自觉遵守各种社会规范,以积极的态度去面对个人和社会的发展。在网络世界中各种思想的泛滥、身份隐秘对人们思考和行为方式造成了很大的影响,这些都是在网络时代我们不得不面对的变化。

(四)管理和利用不当影响着大学生的身心健康

网络本身就是一把"双刃剑"。互联网带有一定的隐匿性和相关制度规范、教育引导措施的滞后性,由此会引发一些大学生的网络行为失范和心理健康等问题。网络的分散性和匿名性增加了信息管理的难度。网络信息管理的乏力意味着网络行为得不到有效制约,这样会助长和纵容某些大学生网民自我意识的膨胀和思想道德与责任心的淡化,导致其网络行为的失范。

三、文化多样化给大学生思想政治教育带来的影响

文化是一个国家、一个民族或一群人共同具有的符号、价值观及其规范,以及它们的物质形式。在 21 世纪,大学生思想政治教育所面临的新境遇的突出特点之一就在于文化的开放性、多元复杂性,各种不同性质的思想文化的相互激荡构成大学生思想政治教育所必须面对的思想文化大背景。文化多样化给大学生思想政治教育带来的挑战主要表现在以下几个方面。

(一)挑战我国主流文化的主导地位

不断高涨的经济全球化浪潮和快速发展的信息化必然带来国际范围内不同思想文化之间更加激烈的碰撞。因为在任何文化的交流、碰撞中总是高势位文化掌握着交流的主控权。这种文化交流的一般规律决定了现实文化交流的不平等性。我国当代大学生主要把好莱坞电影、韩国的电视剧、日本的动漫等纳入自己精神享用的重要范畴,而对我国的主流文化作品却不感兴趣。

在当前世界范围内文化大交汇的态势下,我国也客观地处于文化交流的被动地位。这种被动地位,使得我们在改革开放、吸收外来文化的过程中,难以避免各种西方文化霸权主义和文化殖民主义的影响。如果不警惕这一点,帮助大学生树立起中华民族的文化自信,用社会主义核心价值体系构筑起一道坚固的文化防线,文化多样化就必然带来主流文化边缘化。

(二)挑战我国的核心价值观念

在我国,改革开放的实践丰富了人们的思想观念和价值观念,使其日益多元化、多样化。

1. 不同利益群体的不同价值观念挑战大学生的价值观

由市场经济的发展导致的社会流动性的增强和社会阶层的分化产生了不同的利益群体,这些不同的利益群体都有各自不同的价值观念。如民营经济、私营企业、外资企业的从业者在价值取向上更注重竞争、经济效益,而国有企业、事业单位工作人员在价值取向上则更注重合作、社会效益等。在社会思潮领域中这种反映不同社会群体利益诉求的价值观念就会表现为各种不同的甚至错误的思想主张。当代大学生接受着来自这些不同利益群体的不同价值观念的熏陶和感染,必然会导致他们在价值取向上存在矛盾、迷茫甚至混乱等问题,增加他们进行价值选择的难度。

2. 对大学生鉴别、选择不同价值观提出新挑战

大众传媒的发展为不同群体的不同的价值观念提供了各种表达的载体和渠道。在大众文化领域,以电视、网络为载体而登场的流行文化、酷文化、星座文化、风水文化、鬼神文化等各种五花八门的亚文化难免鱼龙混杂、泥沙俱下。然而当代大学生又缺乏对这些亚文化的鉴别能力,一些人陶醉于流行文化的温柔女儿乡,迷恋于星座文化、风水文化的非理性想象,于是逐渐疏离甚至背离了现实社会生活中积极的、正面

的、健康向上的价值观。如何在利益群体多元化,表达路径多元化的条件下引导社会舆论,以社会主义核心价值体系领多样的社会思潮和价值观念,帮助大学生学会在不同价值观中进行鉴别、选择,这是文化多样化给大学生思想政治教育提出的又一个挑战。

(三)弱化思想政治教育的文化整合功能

文化整合是各种不同的文化要素或类型相互适应、协调从而成为一个有机整体的过程。思想政治教育可以依靠自身的整合力量,经过文化选择和文化传播等手段,将不同的文化加以协调、归整,使得文化的各要素都有机地结合起来,为一定的社会成员所掌握,使社会成员在一定程度上共享相同的价值和思想观念。但思想政治教育的这种文化整合功能由于多元文化激荡而产生了一系列变化。当今社会随着各文化群体的成员主体意识的提升,要求尊重和学习不同文化特别是亚文化的呼声越来越高,这一切都促使已有的价值观念逐步发生变革,在很大程度上弱化了思想政治教育的文化整合功能。

世界文化的多元性是客观存在的,不以人的意志为转移。在先进文化的创新和发展中,已经融入全球化的进程中的中国每天都与世界各国和各民族的文化交流和融通。在多元文化特别是西方强势文化的影响下,当代大学生思想空前活跃,价值取向也呈多样化趋势,部分学生政治观念模糊,思想变得混乱,呈现多变性、动态性的特点。而大学生思想活动的多变性、动态性,又使得他们思想变化的结果更加复杂,不确定性明显增加,可预测性明显减弱,反复性更加突出。这些都加大了当代大学生思想政治工作的难度。

可以说,在这些新的环境和新的机遇面前,大学生思想政治教育工作在政治多极化、经济全球化、文化多样化、社会信息化和体制市场化方面面临着全面挑战。

第三节　大学生思想政治教育在社会变迁中的时代特点、功能与发展趋势

在社会的变迁中,大学生思想政治教育表现出了不同于以往的特点,主要体现在教育的紧迫性、教育活动的国际化、教育载体以及教育资源与教育内容上。深入了解大学生思想政治教育的特点后,要科学把握大学生思想政治教育的发展趋势,推动大学生思想政治教育工作的稳定发展。

一、大学生思想政治教育的时代特点

(一)紧迫性更加凸显

当今世界,世界范围内综合国力的竞争伴随着经济全球化和信息化浪潮的兴起更加激烈,而人才的竞争在综合国力的竞争中又居于主导地位。我们不得不思考作为人力资源大国的中国在经济科技水平落后于其他西方发达国家的情况下如何将人力资源转化为科技资源,将科技资源转化为经济资源进而成为一个人力资源强国的问题。我们还要在人力资源的开发过程中处理好科学文化素质和思想政治素质两者的关系。知识经济和信息技术的发展必然会更加凸显出社会思想政治及人的情感等精神因素构建的重要性。经济全球化的发展和知识经济的兴起当然需要能站在世界前列的高科技人才和经济管理人才,这并不意味着我们可以忽视人的思想政治素质方面的要求而只注重对人的科学文化素质的培养。相反,塑造一大批德才兼备,具有高度社会责任感、爱国主义精神和创新精神的高科技人才在世界范围内综合国力竞争日益激烈的条件下显得更加迫切和重要。如果忽视了这一点,我们就会丧失经济和社会发展的强大精神动力,我们

就会在人才高度流动的国际经济竞争中流失大量的人力资源。因此,我们必须注重科教兴国,注重对人的素质的全面发展的高度,正确认识思想政治教育在培养新时期具有国际视野、思想政治素质过硬的高素质人才中的重要作用,切实加强大学生思想政治教育的高效运行。

(二)教育更加国际化

1. 拓展大学生思想政治教育的时间视野

经济全球化和信息化的发展前所未有地拓展了大学生思想政治教育的时间和空间,客观上要求我们具备一种宏大、开放的国际视野来重新审视大学生思想政治教育的理论和实践。大学生在经济全球化的大背景下处于一个空前开放的世界,他们的视野更加开阔,思想更加活跃、自由和开放。他们比任何时候都更加关心国际形势的变化和发展。经济全球化唤醒了他们的国际意识、竞争意识和进取意识,缩小了不同国家、不同民族之间的差距,同时也加深了不同国家、不同民族之间的联系和理解,这些都对大学生的思想状况产生了深刻的影响。西方国家的一些势力在经济全球化的发展进程中既想从中国获利,又想尽量抑制中国发展以长期保持自己的经济优势,延缓中国上升为世界强国的步伐,并企图利用经济全球化实现其"西化""分化"中国的政治图谋。以上这些现象都强烈地影响着大学生的思想,激发了他们的国家主权意识、民族认同意识和历史使命感,为新时期加强对大学生的国际意识教育和爱国主义教育提供了很好的契机。

2. 拓展大学生思想政治教育的国际视野

时间和空间视阈世界性一方面拓展了大学生的国际视野,激发了大学生的爱国意识;另一方面为我们充分利用这种新境遇做好大学生思想政治教育工作提供了新的思维方式和理念。经济全球化趋势已经势不可挡,大学生思想政治教育规划的制定也要与时俱进,面向国际。大学生思想政治教育必须立足当今我国和世界发展的基本趋势,以广阔的胸怀和国际化的视野吸收人类发展的一切文明成果,不但可以丰富我国大学生思想政治教育的内容和方式,还可以促进我国大学生思想政治教育的现代化与国际化,适应时代发展的潮流。传统的思想政治教育有很多缺点,比如教学封闭、教学模式单一、教学内容枯燥等等。要想从根本上改变传统思想政治教育的缺点,充分认识思想政治教育规律和当代大学生的特点,要从客观实际情况出发,开拓新的教学模式、丰富教学内容,以不断提升大学生思想政治教育的效率。

(三)载体更加高效

随着现代信息技术特别是互联网的高速发展和日益普及,现代社会逐渐进入"网络时代"。以网络技术为核心的现代信息技术的迅速普及不仅推动了经济全球化的进程,还是经济全球化的重要表现之一,而且给大学生思想政治教育创造了新的载体。互联网不仅是 20 世纪末以来资讯传播技术发展的结晶,也是继报纸、广播、电视之外最近兴起的"第四媒体"。与传统媒介相比,网络作为大众媒介显示了自己的诸多特点和优势。

1. 多媒体化的传播手段

作为一种新的信息传播方式,网络同时具备现有的文字、图像、视频、音频等一切传播手段,也就是说网络整合和实现了报纸、广播、电视等传统媒介的功能。网络可以发挥多媒体技术手段的优势,使传播效果最优化。如交互性多媒体包括计算机软件、硬件和外部设备,融多种传媒的功能于一体,可以提供文字、声音、影像、数据和其他信息,可为大学生提供图文并茂的人机交互方式和演示、游戏、协商讨论等多种教育方式以便激发大学生的学习兴趣和主动性。根据自己的兴趣、爱好、知识经验、学习任务,大学生可以有选择地确定学习路径和内容,使学习方式、进度和过程变得相当个性化并易于接受。

2. 交互的传播方式

传播者和受众在网络上可以通过电子邮件和公告版、聊天室等方式及时沟通、及时实现信息反馈，在全新的意义上实现了受众参与信息传播的全过程。

3. 高效的信息传播

信息在现代化条件下能随时更新、实时传播。与传统思想政治教育相比，网络不仅在承载思想政治教育的信息量、速度方面具有很大的优势，而且网络媒体的交互性、形象性和对思想政治教育对象的吸引力更高一筹。

4. 全球化的传播空间

目前，网络已经延伸到了全球 200 多个国家和地区。信息在任何角落进入网络，在瞬间就可以传遍整个世界。网络消除了有形和无形的国家边界，使信息传播达到了全球的规模。由于网络没有地域上的限制，交互式远程教育为思想政治教育提供了广泛的传播途径，不同地点的高校学生，可通过网络共享思想教育资源。网络使家庭与学校对学生的思想教育连为一体。通过网络，家长可随时关注子女在学校的政治思想、学习生活等状况，学校也可随时与学生家长保持联系，做到家校结合，共同做好学生的思想政治教育。这样就使狭隘的教育空间变成了全社会、开放性、立体化的教育空间。

总之，网络技术给大学生思想政治教育创造了迄今最为先进强大的信息载体。如何充分利用和开发网络载体，使网络成为传播大学生思想政治教育信息的新渠道和新阵地是当前推动大学生思想政治教育方法和载体创新的突出课题。

(四)教育的资源和内容更加丰富

1. 大学生思想政治教育资源的挖掘

随着信息技术的发展，大学生面临着一个开放的、丰富多彩的、可以尽情地漫游的信息世界。与此同时,大学生思想政治教育者也获得了更加便利地可以通过各种现代化的信息技术调用各种教育资源的条件,可以在全世界范围内去发现、收集相关的教育信息、教育材料,收集现实生活中富有教育意义的最新教育资源运用到大学生思想政治教育过程中,以增强大学生思想政治教育的信息含量、科学含量,提高大学生思想政治教育内容的有效性。

大学生思想政治教育者还可以在网络中进行互动,比如BBS、QQ、微博、微信对话沟通中更为准确地把握教育对象的心理状态、思想动向等。教育者对这些情况的掌握,实际上也是对教育资源的掌握。教育者对这些资源的掌握与开发越多,大学生思想政治教育就越有针对性和成效性。

2. 大学生思想政治教育内容的丰富

在经济全球化的大背景下,大学生思想政治教育新的内容是如何在确保我国文化安全,确保和维护以马克思主义为指导的意识形态的主导地位,同时增强人们的全球意识、开放意识、合作意识和生态意识,"学会共同生活"等等。在社会信息化条件下,培养大学生的信息素养,增强大学生的信息意识和信息观念,提高他们对信息的收集、甄别、分析、处理和消化能力以及创新能力,这些也成为当前社会信息化条件下大学生思想政治教育的新内容。

在文化多样化的条件下,不仅要进一步加强和改进以马克思主义为指导的主流文化的教育,而且要在大学生的通识教育中将中华民族传统文化中的精华和世界其他一切优秀文化中的有益成分结合起来,加强大学生对传统文化和西方文化以及人类历史上所创造的一切优秀文化的了解,全面提高大学生的人文素养和综合素质。

当代大学生思想政治教育环境的新变化表现在:政治多极化、经济全球化、文化多样化、社会信息化、经济体制市场化等等。

文化多样化是政治多极化、经济全球化、社会信息化、经济体制市场化带来的必然结果。文化多样化一方面丰富了社会主义文化的内容,另一方面又给人们的思想观念和价值取向带来了巨大的冲击,给人们形成正确的思想观念和价值观带来了一定的困难。在这种新的环境下更加凸显了大学生思想政治教育工作的极端重要性;拓展了大学生思想政治教育的国际视野;为加强和改进大学生思想政治教育提供了良好的载体;为大学生思想政治教育资源开发和内容拓展提供了良好契机。

二、大学生思想政治教育发展的趋势

(一)大学生思想政治教育人本化发展趋势

大学生思想政治教育以人为本的人本化趋势,主要表现在以下几个方面。

1. 大学生是发展的主体

大学生思想政治教育以人为本,主要体现为大学生思想政治教育以大学生的发展为根本目标,以提升大学生的综合素质为行动依据。大学生是发展的主体,要保证大学生作为发展主体的地位应该从以下两个方面来入手。一是重视教育和引导大学生科学认识现实发展与未来发展的需求,教会他们用发展的眼光看问题,将现实利益和未来意义统一起来。二是引导大学生正确认识个人发展与社会发展的关系,使他们认识到个人的发展是建立在社会发展的基础之上的,大学生应该将个人的发展与社会的发展结合起来,从而实现个人价值与社会价值的统一。

2. 大学生是价值主体

大学生思想政治教育以人为本还可以从大学生的价值主体地位中体现出来。大学生思想政治教育要引导大学生科学认识个人需求与社会需求之间的关系,使他们认识到个人需求是建立在社会需求之上的,个人需求的实现有赖于社会需求的实现。大学生只有对自己的价值有一个科学的认识,才能做出正确的选择,实现自身的价值和利益。马克思认为,"'价值'这个普遍的概念是从人们对待满足他们需要的外界物的关系中产生的"。[①] 在价值教育中,大学生思想政治教育承担着让大学生科学认识价值、对待价值的责任,大学生思想政治教育要结合这一责任开展。

3. 大学生是实践主体

大学生思想政治教育以人为本还体现为以大学生为实践之本。大学生的主要任务是学习,这是大学生在校期间作为实践主体的主要活动形式。大学生思想政治教育越来越注重寓思想政治教育于大学生学习活动之中,引导大学生明确学习目的和科学知识的价值,激励他们勤奋学习和系统掌握人类创造的全部科学文化成果,提高创新精神和实践能力,培养与所学专业密切相关的职业思想政治和职业精神,全面提升思想政治素质,为大学生的全面发展和毕业以后走向社会,推动社会实践活动奠定重要的思想基础。要不断调动大学生学习的积极性、主动性和创造性,激发大学生刻苦学习、严谨治学的精神动力。大学生思想政治教育还要更加注重引导在校大学生积极参与社会实践活动,运用学习掌握的科学理论知识指导和推进社会实践活动,自觉走与实践相结合的青年知识分子成长道路,在社会实践中受教育、做贡献、长才干。

(二)大学生思想政治教育社会化发展趋势

社会学认为,人的发展实际上是一个不断融入社会的过程,思想政治教育是人融入社会实现社会化的重要因素,其根本目的是让人能够适应社会主流的思想潮流,帮助他们更好地适应社会

---

① 马克思恩格斯全集(第19卷)[C]. 北京:人民出版社,1963,第406页.

以及社会的发展,使他们能够以健康的人格参与到社会活动当中。一般来说思想政治教育的社会化主要体现在以下几个方面。

1. 大学生思想政治教育理念的社会化

大学生思想政治教育必须将他们看成独立的社会个体,不能只看到他们的大学生身份,更要注重他们的社会成员身份。思想政治教育的目标是要学生最终在社会生活中能够保持端正的思想态度,从这点出发,我们也必须重视大学生的社会成员身份,让他们接受社会的检验。因此,在大学生思想政治教育中我们要牢固树立开发育人的观念,注重实践教育,不能将大学生思想教育封闭在校园之内,要让学生接触社会、接触外界,在开放的环境中接受思想政治教育和训练,提升他们的思想政治素质。

2. 大学生思想政治教育主体的整体化

从学校内部来说,无论是教师、管理人员还是学生骨干,在大学生思想政治教育过程当中不仅要履行好自己的职责,还要根据实际情况彼此协调配合提升大学生思想政治教育的效果。另外,校内组织要积极配合相关部门以及其他单位的联合活动,通过外部合作提升大学生思想政治教育的实践效果。

3. 思想政治教育内容的社会化

人们的思想意识在任何时候都是能够被感知到的一种社会意识。作为人们对社会存在的客观反映,思想意识的科学性受到社会实践的影响,思想政治教育内容和模式也应该根据社会实践确定,呈现出社会化的趋势。大学生思想政治教育应该根据社会实践的发展和变化来确定具体的教学内容、传播方式、教学方式、覆盖面积等。在大学生思想政治教育实践活动当中,必将时代的发展和社会的变化考虑进整个教育教学体系,在深入分析与了解社会实践和大学生教学实践的基础上,将学校教育与实践教育结合起来,通过社会化的培养来加强大学生思想政治教育的效果。

(三)大学生思想政治教育民主化发展趋势

民主是社会主义制度的基本特征,在大学生思想政治教育活动当中,充当着教育评价的基本原则。大学生思想政治教育民主化发展趋势主要体现在以下几个方面。

1. 思想政治教育方法的民主化

大学生思想政治教育方法的民主化主要是指大学生思想政治教育要保证民主精神得到体现,各种活动的开展和规划的确定必须建立在民主的基础之上。大学生思想政治教育民主化主要表现在两个方面。第一,自律与他律相结合。大学生思想政治教育发展的规律表明,人的思想政治素质的形成受到很多因素的影响,其中最主要的是自律与外部约束,想要将思想政治教育的民主效果发挥到最大,就必须做好自律并将自律与其他约束手段相结合。第二,教会接受与学会选择相结合。大学生思想政治教育要科学运用不同的思想政治教育手段,不断引导和教育大学生将先进的、正确的社会思想内化为自身的思想意识。

2. 思想政治教育过程的双向化

传统的思想政治教育主要是通过课堂教学由教师向学生传授知识,这种教学是被动式的单向教学,学生在教学中完全扮演着接受者的角色,没有自己思考的余地。教育是一个互动的过程,只有参与教学的双方都积极参与到整个教学过程当中,思想政治教育活动的效果才能得到保障。在现代思想政治教育活动中,学生在教学中的地位和角色已经发生了很大的变化,他们不仅仅以一个接受者的角色出现,他们在教学活动中主动寻求参与、积极参与互动,成为教学活动的主体。在思想政治教育教学活动当中,有主体与客体之分,但主体与客体的位置是不固定的,在新的教学模式当中,教师只是对课堂进行引导和协调,大部分时间学生会成为课堂的焦点和主体,这时教师扮演着客体的角色。一般来说,大学生思想政治教育要充分发挥大学生在思想政治教育教学中的作用,通过与教师的互动、联系,增强大学生思想政治教育教学的效果。

3. 主客体关系的平等化

思想政治教育主体和客体的关系是教学中的一对基本关系,在传统的思想政治教育教学过程中,教育者和被教育者之间的地位实际上是不平等的,因为被教育者全程都在听教育者讲述知识,并没有真正参与到整个教育教学活动当中,而且二者在传统教育中的地位是不平等的。现代思想政治教育认为,参与教育的所有个体都是平等的,教师与学生在教育过程当中应该平等地交流与互动,将自己对教育教学的看法表达出来,双方通过讨论决定教学的内容和模式。

(四)大学生思想政治教育综合化发展趋势

大学生思想政治教育是一个综合性、系统性的工程,大学生思想政治教育综合化发展趋势主要体现在以下几个方面。

1. 思想政治教育内容的系统化

大学生思想政治教育的根本任务是提高大学生的思想政治素质,促进大学生的全面发展,进而促进社会的全面发展。中共中央、国务院《关于进一步加强和改进大学生思想政治教育的意见》明确指出,在大学生思想政治教育中,要坚持以理想信念教育为核心,以爱国主义教育为重点,以公民思想政治教育为基础,以促进人的全面发展为目标。这体现了思想政治教育内容的系统化与整体化,它是全面提高大学生思想政治素质和综合素质的内在需要。大学生思想政治教育的内容结构与大学生的思想政治素质结构有着内在联系。大学生的思想政治素质包括思想素质、政治素质、心理素质,大学生思想政治教育也应包括思想教育、政治教育、心理教育等等。通过加强大学生的思想教育、政治教育、心理教育,可相应提高大学生的思想素质、政治素质、心理素质,优化大学生的思想政治素质结构,提高大学生的整体素质。

2. 思想政治教育力量的综合化

要整合教育力量,优化资源配置,不断增强思想政治教育的合力。具体来讲,从高校来看,就是要促进教书育人、管理育人、服务育人相结合,不断提高大学生思想政治教育的教育合力。高校的根本任务是培养人才,无论是教师、干部还是职工,都在大学生思想政治教育中扮演着重要的角色,担负着特殊的使命,并且具有不同的教育优势,只有把教书育人、管理育人、服务育人结合起来,才能营造良好的育人环境,切实增强大学生思想政治教育的合力,促进大学生的全面发展和健康成长。家庭教育、学校教育、社会教育在大学生思想政治教育中具有不同的职能和各自的优势。从全社会来看,就是要促进家庭教育、学校教育、社会教育相结合,不断增强大学生思想政治教育的社会合力。

3. 思想政治教育方法的多样化

思想问题的性质不同,解决思想问题的方法也不同。大学生的思想问题与大学生所处的环境有密切的关系。今天,大学生所处的时代环境比以前复杂得多,由此产生的大学生思想问题也比以前复杂得多,许多思想认识问题同政治问题、思想政治问题、心理问题交织在一起,解决这些思想问题不是某种单一的方法所能奏效的,必须同时运用多种方法才能加以解决。在这一过程中,尤其要注重多样化思想政治教育方法的组合运用,以不断提高思想政治教育整体效果。比如对大学生开展理想信念教育,理想信念教育既是个理论问题,又是个实践问题,既要通过加强理论教育引导大学生认识人类社会发展的客观规律和必然趋势,坚定共产主义和社会主义的理想信念,又要加强实践教育。

第二章 ‖ 传统文化与大学生思想政治教育

　　中华传统文化源远流长,博大精深,流派众多,品类繁富。尤其是以孔孟为代表的儒家学说和以老庄为代表的道家学说对中国两千多年的发展产生了深远的影响。大道之行、天下为公的社会理想,重德重义、仁者爱人的道德情怀,持中贵和、收放自如的处世哲学,自强不息、厚德载物的奋斗精神等,历数千年,沉淀为中华传统文化的精华,代代相承,使中华民族在漫长的历史进程中不断地焕发出新的生机和景象。今天,随着中国综合国力和世界影响力的日益提升,中华传统文化更彰显出其重要价值和旺盛的生命力,并受到全世界人民的高度关注。

　　我国优秀的传统文化在长期的历史发展过程中,被中华民族世代沿袭,深深地影响着我们的思维模式、知识结构、行为方式、审美情趣等,内化为人们的一种文化心理和性格。而当代大学生是中国传统文化的现实承袭者,因此,大学生思想政治教育不能脱离我们所处的文化背景。中国传统文化蕴含着丰富的育人理念及方法,其注重先"修己德""内省"而后"化人"的修身理念,有助于大学生道德情操和人格塑造的培养,可以在德育教育方面发挥更大作用,为大学生思想政治教育工作提供有益的经验和参考。

第一节　中国传统文化的主要内容和特点

　　中国具有悠久而灿烂的历史,作为人类的四大文明古国之一,在漫长的发展过程中形成了博大精深的民族传统文化,它的精华至今对我们仍有十分积极的意义。

一、文化与传统

（一）文化

1. 文化的含义

文化是人类劳动创造的、人类社会特有的现象，是人和动物区别的标志。文化是一个非常广泛的概念，给它下一个严格和精确的定义是一件非常困难的事情。不少哲学家、社会学家、人类学家、历史学家和语言学家一直努力，试图从各自学科的角度来界定文化的概念。然而，迄今为止仍没有获得一个公认的、令人满意的定义。据统计，有关"文化"的各种不同的定义至少有二百多种。词源"文化"一词在西方来源于拉丁文 cultura，原义是指农耕及对植物的培育。自 15 世纪以后，逐渐引申使用，把对人的品德和能力的培养也称之为文化。一般认为，广义的文化是指人类创造的一切物质产品和精神产品的总和。狭义的文化专指语言、文学、艺术及一切意识形态在内的精神产品。概括地说，文化是一种社会现象，是人们长期生产、生育、生活的积淀，它是一种历史现象，是社会历史的积淀物，是一个国家或民族的历史、地理、风土人情、传统习俗、生活方式、文学艺术、行为规范、思维方式、价值观念等。

2. 文化的特征

文化是人类创造的，不同的民族由于不同的地理环境和历史条件，产生了不同的社会心理、价值取向和思维方式，从而形成了不同的文化特征，这也就是文化的民族性。文化是一个社会历史范畴，文化的主体始终是人，而客体是整个客观世界，由此构成了文化的两大因素都是属于社会历史范畴的概念，因而不同的时间和空间就必定形成不同的生产方式和时代精神，也就是文化的时代性。每一时期文化的形成和发展都是对前一时期文化的批判继承而来,文化本身就意味着它是一种延续性、一脉相承的活体,这也就是文化的继承性。人类的历史自从出现了私有制,也随之产生了阶级,阶级作为文化的主体是在客观世界的作用中所产生的文化形态,不可避免地带有某一阶级的烙印,这也就是文化的阶级性。

(1)时代性与稳定性

每个历史时期都有着自己独特的文化,如中国文化分期中的先秦文化、汉唐文化、宋元文化、明清文化等。再如人们常说的游牧文化、农业文化和工业文化,也是指它的不同时代特征。当然文化的时代性,并不否认文化的稳定性。一个民族的文化,都有其深层的文化积淀成分。这种属于思想意识形态的文化因子,作为一种文化的代表内容或标识,将在较长的时期内沉积在一种文化深层中,在一定程度上,还可以成为一种文化的传统与这种文化相始终。如语言、文字,或宗教思想、思维方式等。

(2)民族性和趋同性

文化的民族性是文化最为显著的特征,但是任何一种文化绝对不是与其他文化隔绝和殊异的。从人类文化史的轨迹中可以看出,人类从许多小的地区逐渐融合交流,逐渐构成一个大的地区文化,从小的慢慢合成大的,这是一个不断继续的过程。从20世纪到21世纪,我们已经看到,人类文化的趋同文化途径越来越明显。自从第二次世界大战之后,各方面的发展突飞猛进,各民族、各地区交流的频繁,各种错综复杂、切不断的关系,使得世界文化愈益结合起来,世界无法分割的事实已经被证明。在历史演变的过程中可以看到最初几个重要的文化突破,在世界若干地区构成共同文化体,这是文化从民族性走向趋同性的大势所在。

(3)文化的阶级性与非阶级性

我们承认在阶级社会中存在着剥削阶级与被剥削阶级彼此对立的两种文化,否认文化的阶级性就不是唯物史观,但不承认文化同样有它的非阶级性的一面,也同样不是辩证唯物主义所应持的观点。不是一切文化都被打上阶级的标志,文化也常常表现出超民族、超地域、超时代以及超阶级的特征。如人们常说的"科学无国界"就是最好的证明。

(二)传统

1. 传统的含义

"传"即传承之意,"统"即一以贯之之意,传统就是指从古代一代一代地传下来,一直传到今天,且在今天仍然产生巨大影响,起着重要作用的东西。文化又是一个生生不息的运动过程,任何一种民族文化,都有它发生、发展的历史,都有它的昨天、今天和明天。传统文化指文化的昨天。文化传统是一个民族的一以贯之的文化精神,而不是某一个阶层的、某一个区域的、某一个时期的文化现象,它具有高度的抽象性和统一性。

2. 传统的特点

(1)传统具有社会遗产性

通过上述的文化内容和文化结构的介绍,我们可以发现文化的内容及结构所集中显示的主导意向,即这样两个关系:

第一,个人为社会提供财富的创造,但社会文明进步的标志不是个人性的而是群体性的,群体性的整体水平代表了社会文明的水平,因此,作为遗产延传下去的不是个人的那一部分,而是社会遗产。

第二,在同群体提供的社会遗产那里,所有产生于宗教、传统、习俗中的东西,对继承者来说,他们更易于大量地获取。因为,往往由于时间过程的选择积累而沉淀下来的东西已经淳化成一种精神力量,一种控制人的行为的习惯力量,故而人们在接受它们的时候,采用的是无意识的直觉性的接受。可见,传统是作为一种社会遗产的形式传袭下来的,是人们生产生活中的一种习惯力量,一种潜在的精神力量。

(2)传统具有民族性

每个民族都有自己的生活区域、生活习惯和社会习俗,共同的语言和文化造成了它们相同的文化特性和心理意识。在共同的生活和成长过程中,民族成员之间通过语言来表达自己的意愿、理想以及对世界的认识,这种表达诉求具有相同的文化根源,虽然内容有所不同,但都是在相同的文化下形成的。当然并不是每一个人的想法都是一样的,不同的民族成员会因为不同的个人经历而改变对事物的看法,形成不同于其他人的认识,但是这种认识无论是思考问题的角度还是得出结论的方式都带有浓郁的民族特色,因此即使民族成员产生了不同的认识,这种认识也与其民族特性有密切的联系。

(3)传统的惰性

文化具有相当的稳定性,在这种稳定性的影响下文化的惰性力量体现得更为明显。文化是一种无形的行为准则,它影响着人们思考问题的方式,也支配着人们的日常行为,无论是情感的抒发表达还是人们的价值取向,都与文化传统密不可分。正是因为文化传统具有如此广泛与深刻的影响,所以从某种意义上来说文化传统是一种指令、力量、象征。如果没有共同的文化作为基础,一个民族根本不可能会存在,社会也必将会处于涣散的状态,国家必然会分崩离析。

(三)传统与文化之间的关系

传统与文化既有联系又有区别。文化是这样一个结构,它由三个层次构成:第一层是浅层结构,是文化的物质技术层次,表明社会物质生产的状况。第二层是中层结构,对社会上所发生的一切现象进行探索、研究,制定规则、政策,运用意识约束和疏导的手段,引导和控制社会现象,这就是根据现象产生出来的制度、理论、行为,有人称这个层面为物化了的意识或意识化了的物质。第三层是深层结构,这是由表层文化和中层文化凝聚而成的心理积淀。有文明的文化,有黑暗的文化;有人民的文化,有反动的文化。传统不等同于文化,它要比文化抽象得多,它不是文化结构浅层的物质技术,也不是文化结构中层的制度、理论和行为,而归属于文化结构深层的抽象的核心,它是民族发展过程中的精神积淀和心理积淀,是作用于人的精神和意识的文化核心精神。它包括价值观念、信仰、行为模式、心理定式、思维方式等。可见,传统是文化的一部分,且是文化当中的核心部分,是文化的精髓,是文化的基本精神。

二、中华传统文化的基本内容

中华传统文化是指居住在中国地域内的中华民族及其祖先所创造的、为中华民族世世代代所继承发展的、具有鲜明民族特色的、历史悠久、内涵博大精深、传统优良的文化。它是中华民族几千年积累下的精神财富,集中体现了中华民族的聪明才智与创造力。

由于地域辽阔、民族众多,中华文化体系博大,内涵丰富。从地域的角度讲,中国文化以黄河与长江两大区域文化为主体,黑龙江流域和珠江流域文化为两翼,不仅历史遗迹众多、文物丰富,而且形成了中原文化、齐鲁文化、三晋文化、吴越文化、巴渝文化、西域文化、关东文化、岭南文化等地域文化圈。地域文化的魅力,在祖国辽阔的土地上绽开了千年文明绚丽的花朵。如新疆充分展示"丝路风情""沙漠明珠"及"唐风秦韵"的地域品格;历史文化名城西安展现了历史剪影、古迹寻访、古都风情的独到风格;西藏高原则以一千七百多座古建寺庙文化和壁画、唐卡、岩画、碑铭石刻等人文景观,强烈地吸引着国内外越来越多游客的目光。从历史的角度讲,中华传统文化是以汉民族文化为主体,各民族文化多元共存的一个文化体系。在长期的历史发展过程中,各族人民以自己的智慧和劳动创造了各自的文化,这些各具民族特色的文化相互交流,相互借鉴,不断丰富和完善,最终融入中华文化的主流之中,形成了中华文化大河奔流般的气势。

（一）多姿多彩的远古文明

历史学家习惯地把文字产生以前的历史称为远古（或上古）时期。在我国云南的开远县和禄丰县，都发现了古猿的化石，有力地证明了中国是人类的发源地之一。1965 年在距开远、禄丰不过百里之遥的元谋县发现的元谋人化石，则是我国境内发现的最早的人类化石。从元谋人、蓝田人（陕西蓝田）、北京人（北京周口店）到马坝人（广东曲江）、长阳人（河北长阳）、丁村人（山西汾县）再到柳江人（广西柳江）、资阳人（四川资阳）、河套人（内蒙古河套）、北京山顶洞人，在这样一个从猿到人的发展过程中，中华古文化逐渐萌生并发展起来。

中华远古时期的文化因此也就呈现出多姿多彩的状态。火的使用是旧石器时代先民的一项具有划时代意义的文化创造。距今 50 万年前的北京猿人已能熟练地使用火，并能有效地保存从自然界取来的火种。恩格斯在《反杜林论》中曾有这样精辟的论述："就世界性的解放作用而言，摩擦生火还是超过了蒸汽机，因为摩擦生火第一次使人类支配了一种自然力，从而最终把人同动物界分开。"[①]除了火的使用以外，在仰韶文化的典型遗址——半坡村遗址中还可以看到，我们的原始先民已学会了农作、狩猎、制陶，发明了彩绘陶画和简单的音乐舞蹈；在大汶口文化遗址中除了有更加精美的陶器外，还出现了冶铜、酿酒、制玉、象牙雕刻等新的工艺。

与物质文化的发展相适应，远古时期的观念文化也呈繁花初绽的现象。对大自然的崇拜是先民最原始的崇拜形式之一，在仰韶文化遗址出土的陶器上，人们常发现太阳图形的纹饰。与此同时，出于对自身繁衍的关注，又产生了炽热的生殖崇拜。与自然崇拜和生殖崇拜相比，图腾崇拜则是较为高级的宗教形式。从考古发掘和神话传说中，发现和保留了我国远古时代丰富的图腾崇

---

① 马克思恩格斯选集（第 3 卷）[C]. 北京：人民出版社，1995，第 456 页.

拜资料。相传黄帝率熊、罴、貔、貅、豹、虎六兽同炎帝殊死搏斗，这六兽其实就是指以其为各自图腾的六个氏族部落。

(二)百家争鸣的中华古代文化

中华文化到夏、商、周时期进入了真正意义上的发生期。而商代甲骨文的发现则使这一时期的文化发展第一次有了文字的记载。由于生产水平的落后和认知水平的局限，这一时期的文化是以神为本的，用《礼记·表记》中的话来说就是"殷人尊神，率民以事神"。这种以"天帝""上帝"为最高存在的神学观念广泛地见诸我国古代最早的文字、典籍以及青铜艺术品之中。公元前722年，周平王被迫东迁，意味着中国历史从此进入了春秋战国时代，中华文化也进入了百家争鸣时期。

春秋战国时期的社会大变革、大动荡给当时的知识分子提供了丰富多样的思想素材，气象恢宏的先秦诸子百家争鸣中，最重要的有儒、墨、道、名、法、阴阳、农、纵横、杂、小说十家。孔子创立了以民为治国之本、以仁为思想核心、以礼为行为规范、以义为价值准绳的儒家思想体系。这是一个与社会政治、个人身心性命紧密相关的文化体系，经后世儒学传人的不断充实和完善，成为中国传统文化的主流。

代表中下层劳动者利益的墨家学派的创始人是墨子。墨家学说强调物质生产劳动在社会生活中的地位，反对生存基本需要之外的消费，同时又尊崇天神，鼓吹专制统治。秦汉之后，曾作为显学的墨家学说逐渐衰落。

道家学派的始祖是老子。相传老子曾做过周王室史官，他还曾和孔子讨论过"周礼"。但面对着礼崩乐坏的争霸局面，他与孔子的积极有为精神相反，主张无为而治。在老子看来，"人法地，地法天，天法道，道法自然"，而自然是无为的。与孟子大约同时代的庄子则进一步发挥了老子的无为思想，并在自己的人生活动中处处遵循这种无为逍遥的生存方式。《史记》中就记载了庄子拒聘为相的故事。

除了儒、墨、道三家之外,名家、法家、阴阳家、农家在当时也较有影响。名家的代表人物是惠施与公孙龙。名家好辩,当时被称为辩者。惠施与庄子不仅交往甚多,而且有过许多的辩论。《庄子》一书中保存了惠施"合同异"等一些著名的命题。公孙龙的著名命题则有"离坚白""白马非马"等。名家的好辩往往因为混淆名与实、一般与个别的区别而流于诡辩,但其思想对于启迪人的智慧无疑是有积极意义的。与孟子同时的楚国人许行则是农家的代表,其学说只见于《孟子·滕文公上》。他主张统治者应与民同耕、同食,这种平均主义的农民意识对中国古代历史的影响也极为深远。

除了上述诸子学说之外,以张仪、苏秦为代表的纵横家,主张合纵连横,由于其直接为君主权术作论证,故其思想影响不大。而"兼儒道,合名法"的杂家则主要是折中糅合了诸家学说,故也无太大的影响力。小说家则被认为是记录"街谈巷语"的小道而不被看重。由此可见,真正构成百家争鸣核心的是儒、道、法、墨诸家,这些思想作为一种文化传统对此后的中国历史产生了极为广泛而深远的影响。

(三)"有容乃大"的中华传统文化

公元前221年,中国历史上第一个专制主义君主集权的统一帝国秦王朝建立。秦汉时期文化的又一个基本特征是儒学因董仲舒向汉武帝的建议而被定为一尊,因为强大的统一的帝国需要有统一的思想文化与之相适应。与秦始皇焚书坑儒、独尊法家的强硬专制做法不同,董仲舒建议汉朝统治者独尊倡导仁义之说的儒学。从此之后,不仅有关儒学的经典之学——"经学"成为历代统治者的官方哲学,而且儒家思想在政治、思想、文化、学术诸领域的统治地位一直延续至清代,前后长达2000年之久。

汉末的董卓之乱,终于导致了汉王朝的瓦解,中国历史开始进入了三国两晋南北朝的分裂与战乱时期。这一时期由于佛教和道教的发展,基本上奠定了隋唐以后儒、佛、道三家并立的文化格局。由于边疆少数民族入主中原，与广大汉族人民逐渐融合，在文化上也表现出多民族交融的特点。如在制度上出现了均田制、府兵制，在文学、绘画、音乐及社会生活各方面也都受到少数民族文化的影响。盛行于隋唐的《西凉乐》就是少数民族乐舞与汉族传统乐舞融合的产物。文化上的开放是这时期文化发展的重要特点。佛教原是外来宗教，它的传入改变了两汉以来封建文化的单一封闭状态，使中国文化吸收了外来文化的营养，在文化各个领域都呈现出丰富多姿的新面貌。如石窟艺术、各种莲花纹装饰的建筑物、大莲花尊的青瓷等，都是这一时期中外文化交流的见证。

隋唐时期是中国传统文化空前繁荣和大发展时期。这一时期，由于国家的统一和强盛、社会经济的繁荣、各民族联系的加强、中外经济文化交流的扩大和文化政策的开明，迎来了中国传统文化的腾跃和辉煌，并显现出继承性与创新性、主体性与兼容性、领先性与世界性并存等文化特点。隋唐时期，佛教在魏晋南北朝传播和发展的基础上，与中国传统文化融合，创造出中国式的佛教学派——禅宗等宗派。唐代文学在继承和发展中国古典文学的优良传统基础上，创造出许多新形式，如词、变文、传奇、小说等。隋唐时期中国雕塑艺术发展到高峰，绘画艺术独立成门，"颜体""柳体"是书法艺术新的创造成果。凡此种种，中国传统文化至隋唐时期，显示出一种阶段性的集大成的灿烂风采。

宋元时期的文学成就则主要以宋词和元曲为代表。宋代是我国词发展的黄金时代。词是由诗发展而来的，但又与诗不同，它的句式有长有短，可以配乐歌唱，后来在音节和句型方面都形成了一套固定的格律。据《全宋词》一书所辑，当时的词家超过千家，篇章超过两万。这一时期最具有代表性的词人有苏轼、辛弃疾、李清照等人。他们的作品或豪放或婉约，成为中国文学史上最珍贵的遗产之一。以关汉卿、王实甫、马致远等为代表的元曲，则是元代文学成就的主要标志。《窦娥冤》《西厢记》等作品已成为文学史上的经典之作。元曲和唐诗、宋词一道成为我国古代文学的三颗璀璨明珠。

特别值得一提的是,这一时期由忽必烈所建立的横跨欧亚大陆的大元帝国不仅使中国版图空前扩大,而且使古代中国的西部和北部边界实际上处于一种开放状态。于是,一方面,不仅指南针、印刷术、火药等宋代科技文化最杰出的成就不断向世界传播,而且中国的历法、数学、瓷器、茶叶、丝绸、绘画术、算盘等亦通过不同途径,流传到俄罗斯、阿拉伯与欧洲各国,世界古代文化的总体面貌因此而焕然一新。另一方面,国外的先进科技,尤其是当时处于世界领先水平的阿拉伯天文学、数学,也经开放的国门,流入中国科技文化界。元代天文学家郭守敬在发展中国传统天文学的基础上,充分吸收阿拉伯天文学的成果,制定了中国历史上使用时间最长的《授时历》。可以说,这是中国古代文化发展继唐代之后又一个对外开放、兼容并蓄的时代。

(四)孕育转型的中华传统文化

明清文化正处于传统文化转型前的准备时期。

第一,明清时期对中国传统文化的清理和总结,为中国传统文化的转型准备了必要的条件。《永乐大典》《古今图书集成》和《四库全书》等大量综合性著作的纂修;《全唐诗》《全唐文》《全上古三代秦汉三国六朝文》和《明清两代经世文总集》等文学巨著的汇编;《康熙字典》《佩文韵府》等大型辞典的问世;总结我国古代农业科学成就的集大成著作——《农政全书》,综合农业手工业生产的科技著作——《天工开物》,封建社会药物学集大成总结性巨著——《本草纲目》,总结性的历算著作——《数理精蕴》和《历象考成》等集历代大成的总结性著作的涌现,不仅标志着中国传统文化进入了总结时期,而且为中国传统文化的转型、继承和发展储备了大量珍贵的文献资料。

第二,对中国传统文化的反省和新的学术思想的出现,为中国传统文化的转型作了先期思想、舆论准备。明清之际思想文化领域里占统治地位的仍是封建理学,但经济领域中资本主义萌芽因素的不断滋长，引发了政治上出现一些前所未有的现象。与此相适应，学术思想领域出现了早期启蒙思潮，以李贽、黄宗羲、顾炎武、王夫之为代表的进步思想家纷纷著书立说，把批判的矛头直指封建专制制度的理学，鼓吹情欲私利，主张工商皆本，讲求经世致用，追求社会变革。这股学术思想虽暂时还处于非主流状态，但它在中国思想文化领域的出现是空前的，代表了社会的进步方向，因此，在其影响下文艺作品中也出现了具有初期民主思想的作品，如传奇《牡丹亭》《长生殿》和《桃花扇》，长篇小说《三国演义》《水浒传》《西游记》《儒林外史》和《红楼梦》，短篇小说"三言""二拍"和《聊斋志异》等，都是伟大的反封建的现实主义和浪漫主义相结合的文学作品。戏曲、传奇、小说已成为明清文学发展的主流和特色，并为中国传统文化转型营造了艺术氛围。

第三，明末清初的"西学东渐"，使西方知识开始传入中国，并成为中国传统科学的新的补充。明末清初，随着西方传教士在中国的活动，西方的科学文化也随之传入。西方的天文历法、物理学、机械学、数学、地图测绘学、医学、建筑学、火炮技术、绘画、音乐等学科开始在中国流传，中国也出现了一批接受西学的学者和科技人才，他们将西方的科学技术引入各自的研究领域，"西学东渐"对中国传统科学产生了巨大的影响。中国传统文化面临着挑战，鸦片战争前的中国正处于西方文化对中国传统文化全面冲击的前夜。1840 年，鸦片战争爆发后，闭关自守的清帝国大门被外国资本主义的枪炮轰开，传统的封建自然经济被迫加速了解体进程，中国进入了半殖民地半封建社会，西方的文化随之大量输入，中国传统文化开始发生巨大的变化，直至转入近代文化领域。

三、中华传统文化的主要特点

不同的地理环境产生了不同民族的文化，不同民族呈现出不同的文化特征。中华传统文化的主要特点是由其产生的自然条件和社会历史背景决定的。从物质生产方式看，中国文化植根于农耕社会的基础之上,在生产技术尚不发达的情况下,人们靠天吃饭——风调雨顺,人们就衣食无忧,因此,人们对"天"怀有一种敬畏之情,这是天人合一思想形成的主要原因;从地理环境看,中国是处于一种半封闭状态的大陆性地域,与外部世界的相对隔离,使中华文化能以自身独立姿态保持前后相关的延续性,形成共同的民族心理与伦理观念;从社会政治制度看,宗法制度在中国漫长的历史中成为维系社会秩序的重要纽带,专制制度在中国延续两千年,这在世界文化史上也是极为罕见的。中国传统文化的特质主要表现在以下几个方面。

(一)延续性

中国作为世界四大文明古国之一,其文化是不间断的。中华传统文化强大的生命力具体表现在它的同化力、融合力、延续力和凝聚力等方面。就同化力来讲,中华传统文化对一切外来文化都具有很强的"改造"作用,使其具有中华民族文化的基因,继而成为中华文化的一部分。佛教文化在两汉之际开始传入中国,经过魏晋、隋唐佛教经典的翻译,最终变为中国式的佛教,一部分消融于宋明理学之中,成为中华传统文化的一部分。就融合力来讲,以汉民族文化为基础的中国文化广泛吸收华夏大地各民族及不同地域的文化——如楚文化、吴文化、西域文化等,成就了自己博大的体系和丰富的内涵。就凝聚力来讲,自古以来,中华儿女对祖国的热爱,海外华人对中华文明的认同与执着都是有目共睹的。就影响力来看,中华文明对周围地区、对世界的影响都是巨大的。

从比较的角度来看,人类历史上因为异族入侵而导致文化断绝的悲剧时有发生。但是中华文化虽屡遭冲击,却历经几千年不曾中断,这在世界上是绝无仅有的。不仅如此,生命力愈来愈强。从五胡十六国时期的"五胡乱华"到宋元时期契丹、女真、蒙古人接连南下,再到明末满族入关,甚至多次建立起强有力的统治政权,但文化方面,却总是自觉不自觉地被以华夏农耕文化为代表的先进的中原文化所同化。

　　传统社会使用的文字，现代社会还在使用，没有发生多大变化，这为文化不间断性提供了可靠的载体。中国文字是象形文字，但是文字的构造有象形、假借、会意、指事等方法，因此，中国文字就不完全是具象化的文字，而是抽象化、意象化了。在中华文化的传承过程中，文字起了极大的作用。

　　(二)务实性

　　中国自古以来是农业大国，亿万从事农业生产的农民构成中国社会的国民主体。农民长期的"一分耕耘一分收获"的农耕实践影响到国民性格的形成，养成了脚踏实地的求是务实精神。孔子主张"学而时习之""每事问""知之为知之，不知为不知"，这是求是务实精神在学习方法和学习态度上的反映。老子认为"知人者智，自知者明"，庄子主张"析万物之理"，这是道家对人对事的求是务实精神的具体反映。中国传统史学坚持"不为亲者讳，不为尊者讳"，不畏权势、秉笔直书的传统，也是中国传统文化求是务实精神的体现。中国古典文学中一以贯之的现实主义传统，也与中国人立足现实、求是务实的精神密不可分。可见，求是务实精神在民族性格心理中已打下了深深的烙印。中国人的性格朴实无华，立身行事讲究脚踏实地、循序渐进，鄙视华而不实的作风，这种实事求是的精神是中国传统文化精神和中华民族素质中优秀的一面，曾引导中国人在世界古代文明中创造了辉煌的农业文明和世界上最辉煌的中古文化。但是也必须看到，在这种求是务实精神中，也包含着某些消极的因素：传统文化中求是务实精神的经济基础是小农经济的简单再生产，它往往以经验主义为基础，偏重实惠和眼前功利，忽略精密严谨的思维，这种"实用—经验理性"使中国人不太注重纯科学性的玄思，扼制了中国人对自然奥秘的好奇心和对自然科学的研究愿望。中国传统文化求是务实精神的短视特点和思维的偏向，是小农经济局限性的必然反映和结果，是造成近代中国科技文化落后的主要原因之一。

(三)人文性

中华传统文化的人文性,是中华传统文化绵延数千年而依然充满活力的重要因素。中华传统文化主要以思考人自身的存在为出发点,以人为中心,天地人合而为一。可以说,人文性的特征造就了中华传统文化。相对于世界上其他民族来说,中华民族是摆脱神学束缚最早的民族。因此,中华文化闪耀着熠熠生辉的人文精神。

中华传统文化的人文性首先表现在强调人与自然和谐相处的"天人合一"观念。自古以来,中国都是以农为本、"靠天吃饭"。人以土为本,以水为命,顺天时,因地利,靠人和,这是中国农业文化的特点。人与自然的和谐相处,是人类文明顺利发展的基石。强调人与自然和谐相处的"天人合一"思想,是中华文明的精髓。这种思想既是中国传统文化的基本精神,也是中国古典哲学的核心。它在中华文明的起源、形成和发展过程中,具有重要意义。

其次表现为重人生、轻鬼神的思想。同世界上任何一个民族一样,在中国远古时期,也产生过原始的宗教以及对天命鬼神的崇拜。但在殷周之后,中国人的宗教观念产生了重要变化,这就是从西周开始的疑"天"思潮以及"敬德保民"的思想观念。周统治者通过对殷王朝灭亡的经验教训的总结看到,"民心"比"天命"重要,而要得到"民心",就要施行"德政"。因此,他们提出了"敬德保民"的思想。可见,周人对天人关系不再像殷人那样完全听命于天,而是在天神思想笼罩下,尽人事以待天命。到春秋时期,子产就说过:"天道远,人道迩。"孔子曾教导他的弟子说:"敬鬼神而远之,可谓知矣。"又说"未知生,焉知死""未能事人,焉能事鬼",所以孔子自己"不语怪、力、乱、神"。这些都体现出这位儒家圣人的非宗教倾向。

中国文化一贯注重现世的人生,真实生命的价值。人一直居于核心地位,而神的地位不能与人相比。这种重现世人生,排斥、轻视鬼神的思想,促进了中国文化的发展。

（四）伦理性

伦理道德是中国文化的精髓与根本，也是中华传统文化优于其他各国文化的地方。伦理道德是指人们在社会生活中的行为规范，它在调解人与人之间的关系、实现人的价值方面具有极其重要的作用。人类社会要和谐，各民族要和睦相处，无一不需要道德的力量来支持。中华传统文化关于道德的论述涵盖了人类生活的方方面面，全面而透彻。从中国哲学的"天命无常，唯德是辅"和中国古代史学的"寓褒贬，别善恶"，到中国古代文学的"文以载道"和中国古代教育的"教之道，德为先"，中华传统文化处处闪耀着伦理道德思想的光芒。

崇尚伦理道德是中国封建社会调和人际关系的准则，更是维系整个社会大厦的精神支柱，以人为本的伦理道德受到历朝统治者大力倡导，也得到民众的重视。伦理道德在中国威力强大和影响深远，是其他民族文化所不能比拟的。如果说欧洲长期以来曾是神学统治天下，那中国则是伦理道德主宰天下。伦理道德渗透于整个中国社会方方面面。中国文化的伦理道德正是为适应家国一体的宗法社会需要而形成。宗法制社会结构以血缘为宗法组织的基石，家族或宗族的存在与巩固离不开以血缘关系为纽带的长幼尊卑秩序。传统伦理道德的一个重要功能就是维护这种尊卑秩序，以家庭为本位的宗法集体主义文化使家族走向国家，以血缘纽带维系奴隶制度或封建制度，形成一种"家国同构""家国一体"的体制格局。

关于道德修养，中国文化强调"厚德载物"，即以宽厚之德包容万物。中国文化是对道德问题阐述最全面、最透彻的人类文化，其思想涉及人类道德的方方面面。首先，强调做人要成大器，必须虚怀若谷。关于这一点，孔子曰："三人行，必有我师。"庄子的《秋水》将谦虚的美德阐述得更加透彻。其次，强调立志。孔子曰："三军可夺帅也，匹夫不可夺志也。"孟子道："富贵不能淫，贫贱不能移，威武不能屈，此之谓大丈夫。"再次，倡导博爱精神。从孔子的"人不独亲其亲,不独子其子,使老有所终,壮有所用,幼有所长,鳏寡孤独废疾者皆有所养",到孟子的"老吾老,以及人之老;幼吾幼,以及人之幼",都是这一思想的体现。最后,倡导"节欲""制欲",克制自己的欲望。关于人的物欲与情欲,古代先哲们有比较多、比较深透的论述。孔子说:"富与贵,是人之所欲也","贫与贱,是人之所恶也"。荀子认为,人性"生而好利",因为好利而不可避免地要争斗,"争则乱,乱则穷"。这就需要节欲,无欲则刚。孔子提倡的安贫乐道就是典型的"节欲"思想。

关于为人处世,中国文化论述得很深透。首先,强调人与人之间要相互关爱,即孔子所说的"仁者爱人"。在孔子看来,"人而不仁,如礼何? 人而不仁,如乐何?"其次,强调换位思考,倡导设身处地替别人着想。孔子说:"己所不欲,勿施于人""己欲立而立人,己欲达而达人"。一个人如果能够做到推己及人,将心比心,就会爱己及人。"仁者爱人"是社会稳定、人际和谐的道德基础,而换位思考是实现"仁者爱人"的催化剂。

伦理道德思想是中国文化的核心与精髓,因此,人们常常以"仁、义、礼、智、信"作为中国文化的代名词。所谓"仁",就是以慈善之心对待他人。其核心就是关爱、呵护与尊重。唐太宗仁德布于四海,就是对仁的最好阐释。所谓"义",主要是指人的行为要合乎道义。古人讲"舍生取义",是指为了道义可以献出生命。如关羽的"义薄云天"就是义的最好解释。所谓"礼",是指对别人的尊重,以及人的行为准则和规范。所谓"智",是指通晓天地之道、深明人世之理的才能,也就是知。所谓"信",是指人的言论应当是诚实的,真实的,不虚伪。这五个方面是对人在德才方面的基本要求。总起来讲,中国文化关于伦理道德的论述十分系统和完备,其中尤以"仁、义、礼、智、信"五种最基本的道德规范影响最为深远,备受世界各国道德学家所推崇。

在中国传统文化中,臣对君要忠,子对父要孝,妇对夫要顺,弟对兄要恭,朋友之间要讲信义,伦理道德成为所有中国人安身立命的准则。修身作为立命的根本,仁人志士都要以修身、齐家、治国、平天下为己任，而修身必须从正心、诚意做起。"欲修其自身者，先正其心，欲正其心者，先诚其意。"只要端正认识，时时反省，就能趋善避恶。突出个人道德修养的自觉性和主动性，目的是要塑造"至善"的人格，培养具有理想品德的君子。这种即使身处逆境也决不动摇信念，保持浩然之气，坚实刚正不阿气节的精神境界，在铸造中华民族的精神品格方面有着持久的影响。

第二节　中国传统文化对思想政治教育的引领与价值契合

中国传统文化博大精深、源远流长。在对大学生进行思想政治教育的过程中，要充分继承和发扬中华民族五千年的优秀传统文化，使我们的下一代形成有中国特色的社会主义价值观、人生观和世界观。

一、传统文化应成为大学生思想政治教育的重要内容

我国的传统文化是中国民族的宝贵财富，也是民族文化创新与发展的基础，作为新时期社会主义现代化建设的新生力量，当代大学生一定要重视传统文化的传承。传统文化的重要特征之一是传承性，无论是未来的社会主义建设中还是在当前的社会改革中，传统文化都会发挥重要的作用，当代大学生一定要在传统文化的熏陶下提高自己的知识水平和专业技能，为我国的社会主义现代化建设出一份力。

（一）中国传统文化是实现国家现代化的潜在的推动因素

大学生是我国未来社会主义建设事业的接班人，是现代化建设的承担者，社会主义的光明前景和中华民族的伟大复兴都离不

开大学生的努力和奋斗。无论哪个国家的建设进程,都与其民族传统有着密切的关系,国家的现代化离不开民族传统。在现代化建设的进程当中,我们要充分尊重民族传统的作用和地位,将现代化与民族传统、文化传统结合起来,只有这样才能实现国家、社会和民族的现代化。

英国是老牌资本主义强国,也是最早开始现代化的西方国家,英国的民族传统和文化传统也是西方资本主义国家中保持最完整的;在日本,传统民族文化的影响随处可见,无论是当代的政治、经济还是文化都带有浓重的日本传统民族文化的特征。

我国拥有五千年的悠久历史和灿烂文明,形成了一套具有鲜明中华民族特色的传统文化,在社会主义现代化建设当中我们要继承和发扬中华民族的文化精华,这既是我国社会主义现代化建设的基本要求,也是建设有中国特色社会主义必须坚持的一个基本原则。当前在对大学生进行思想政治教育的过程中,我们不仅要重视他们科学文化知识的教育,还要加强传统文化的教育,赋予大学生思想政治教育更广泛的内容和更深层次的内涵。

(二)中国传统文化中蕴含的中华民族精神,是树立大学生民族自豪感的重要因素

民族精神是一个民族的灵魂和支柱,它是民族文化、民族品质以及民族特性形成的基础,也是民族凝聚力形成的核心要素,其影响之广泛、作用之巨大是难以用数字来计量的。一个民族历史越悠久,其传统文化就越丰富,民族特质就越明显,民族感情和民族精神也就越强烈。民族文化是民族精神的重要载体,民族精神深刻地体现在民族传统文化中。民族精神和民族文化之间的相互关系,决定了进行民族精神教育必然离不开民族文化的教育。

在当代大学生思想政治教育之中,我们要对我国传统文化进行认真的整理和分析,挖掘出蕴含在其中的文化精髓,武装我国大学生的思想,筑起民族精神的坚固长城,抵御当前各种不良思想的侵蚀,为我国社会主义现代化建设培养一批有思想、有能力

的社会主义事业接班人。

(三)中国传统文化的精华可以抑制市场经济的"负效应",为大学生思想政治教育提供精神动力和思想保证

市场经济具有高度的自由性和竞争性,从本质上来说它是一种以利益为本质驱动力的经济,和所有事物一样市场经济既有积极的一面也有消极的一面。市场经济的自由性和竞争性,对经济的发展具有极大的推动作用,为我国经济的发展做出了巨大的贡献。

市场经济在推动经济发展的同时也带来了一些负面的作用和影响。市场经济对利益的追求可能导致人们的价值尺度扭曲,比如滋生拜金主义,造成无政府主义思想的活跃,引发极端个人主义等。市场经济的负面影响对当前大学生具有很大的影响,如果不对这些思想加以控制任由其发展,那么将会对大学生的思想意识、价值观念以及社会认知等产生十分不利的影响。在当前的大学生思想政治教育中,我们应该坚持传统文化教育,充分利用和发掘传统文化中的思想精髓,抵抗不良思想的侵蚀。

二、在思想政治教育中应加强传统美德教育

(一)激发大学生以天下为己任的爱国主义情怀

中华民族传统文化博大精深、源远流长,包含了极其丰富的内容,但又始终有一条主线、一个主题,那就是爱国主义。虽然世界上许多民族都有自己的爱国主义,有的也可能将其作为他们民族精神的重要组成部分,但这并不妨碍爱国主义成为中华传统文化精神的核心,因为,中华民族有着极为光荣的爱国主义传统,其爱国主义不仅具有自己独特的内涵和品格,而且在中华民族的发展史上发挥了巨大的作用,成为中华民族团结统一、自强不息、继往开来的力量源泉。

1. 胸怀祖国,心系天下

从孔子的"老者安之,朋友信之,少者怀之",到孟子的"乐以天下,忧以天下",再到范仲淹的"先天下之忧而忧,后天下之乐而乐"和顾炎武、梁启超的"天下兴亡,匹夫有责",都反映了中华民族以天下为己任的伟大思想和精神。这是中华民族传统文化对政治思想教育的深远影响,许多人都能做到关心国家的前途命运和人民的苦乐,自觉地把个人的理想和生活与国家的兴衰联系起来。

2. 舍生取义,挺身而出

这是由孟子提出的,意思是说当一个人面临伸张正义与保全自己的矛盾时,应当做出这样的取舍,即舍生取义,而不是苟且偷生。儒家的这一思想对中华优秀分子影响深远。中华民族是一个多灾多难的民族,历史上多次经历国家或民族生死存亡的考验,但每当遇到这样的紧要关头,都有志士仁人挺身而出,他们以国家利益和人民利益为重,不计个人安危,赴汤蹈火,视死如归,用生命拯救了国家和民族。

总的来说,中国传统文化精神虽由几个部分组成,但爱国主义是其核心,团结统一、爱好和平、勤劳勇敢、自强不息都与爱国主义紧密相连,甚至可以看作是爱国主义的基本内容和重要表现。

(二)培养大学生自强不息的进取精神

自强不息的进取精神是一种奋发有为、不畏艰险的精神,具有进取精神的人遇到困难时有勇气克服它、战胜它。自强不息的进取精神包括了自尊、自信、奋发、坚毅等精神和品格在内。这些都是古人留给我们的财富,这些精神和品格对于一个国家、一个民族由弱到强,走向繁荣昌盛是至关重要的。自强不息的进取精神是前人留给我们的、应该由我们来大力弘扬的传统美德,只有这样，我们民族的振兴、国家的现代化才有希望可言。

(三)培养大学生助人为乐、大公无私的精神

这种精神，我们从中华民族几千年前古人提出的社会理想和人格理想中就可以感受到它的光辉。早在几千年前，中华民族就把"天下为公"的大同世界作为一种社会理想。《礼记·礼运》中讲："大道之行也，天下为公"。孔子把"博施于民而能济众"作为人格理想，提倡"己欲立而立人，己欲达而达人""君子成人之美""己所不欲，勿施于人""志士仁人，无求生以害仁，有杀身以成仁"等等道德规范，他谴责的是"饱食终日，无所用心""群居终日，言不及义"等等卑劣的行径。另外，墨子主张"兼相爱，交相利""摩顶放踵以利天下"。孟子提倡"舍生取义""老吾老以及人之老，幼吾幼以及人之幼"。以上这些光辉的思想，都体现出助人为乐、大公无私的精神。具有这种精神、美德的形象也历来是中华民族所推崇和敬仰的。比如，大禹为治理洪水，救民于危难，劳累奔波"九年之间三过其门，闻呱呱之泣而不一省其子"，将全部身心投入为民谋福利的治水事业中去。在新的历史条件下涌现出来的，诸如焦裕禄、雷锋、徐洪刚、吴天祥、萧栋栋等数不胜数的英雄人物，人们歌颂、学习的也正是他们那种为他人、为民众无私无畏的献身精神。

在当前我国建设有中国特色社会主义事业承前启后、继往开来的重要时期，要把大学生培养成"有理想、有道德、有文化、有纪律"的社会主义四有新人，就必须深入研究中国传统文化，把弘扬中华民族的优秀传统与我们今天的社会主义现代化建设有机地结合起来，以发展的眼光，以现实需要为基础，从长远的战略目标出发，来寻求二者的结合点，不断探索大学生思想品德教育和学校思想政治工作的新途径。①

---

① 张维平. 论优秀传统文化与大学生思想政治教育[J]. 青海社会科学,2009(9).

第三节 在思想政治教育中实现中国 传统文化的传承

在大学生思想政治教育中,我们既要充分利用和发挥传统文化精神所蕴含的力量,推进我国大学生思想政治教育的发展,又要在思想政治教育中,将我国传统文化进行传承和发扬光大。

一、当前大学生传统文化缺失原因分析

(一)中国传统文化日益受到西方文化的影响

改革开放以来,我国与世界日益接轨。同时伴随着经济全球化和信息化的发展,各国之间的接触频繁,文化交融。中国文化出现了西化的倾向。比如,中国传统节日气息弱于国外节日,圣诞节、愚人节、情人节的气氛远远要浓烈于中国的端午、中秋、清明节等,这种现象在大学校园中更加明显。再比如,欧美大片在中国的吸金力超强,比一些国产影视票房要高出几倍甚至十几倍。这些都折射出民众对西方文化的追逐。一些人在价值观念上更加倾向于国外的个人主义、享乐主义,集体观念、奉献精神、团结友爱精神缺失。中国传统道德的礼、义、仁、智、信,在他们身上更是不见踪影。

追溯历史,在五四时期,中国传统文化就出现了西化的倾向,当时,中国贫困、落后,一些知识分子看到了西方国家的发达与进步,遂希望通过引进、学习西方文化达到振兴祖国的目的。同时这些知识分子在观念上认为中国传统文化中的一些因素阻碍了中国的发展。的确,中国传统文化中的糟粕需要剔除,但真正探索国家落后的原因,更应该从经济、政治制度方面来审视。但在这一时期中,中国一些优秀传统文化被西化,被消灭。这一历史

原因也造成当前大学生过度沉浸在"普世文明"中,对中国传统文化在思想上产生抵触心理。

(二)网络文化对大学生产生的误导

互联网时代给我们带来了方便的同时也带来了负面影响。网络中巨大的信息量及价值理念,对当代大学生的思想观念产生了巨大的冲击。

网络文化的传播是一个双向互动的过程,它的传播形式主要是在虚拟社区、个人博客、聊天工具,乃至当下时兴的微博等,从这些传播形式中可以看出,"人"的因素占据了非常重要的比例。网络的自由和开放使一些腐朽、落后的价值观念在网络上传播,主要是一些暴力、色情等低俗文化。而大学生接触网络的时间较长,价值观念还处于形成时期,很容易受到一些不良社会习气和思想文化的影响,进而降低其素质和人文素质。

(三)大学生育人目标与中国传统文化的传承结合不够

高等教育着重对学生专业素养及生存能力的培育,文科生是这样,理科生更是如此。专业课程时间占据了学生学习的大部分时间。尤其是中国大学生,在大学中将更多精力投入英语四、六级的备考中,投入一些证书的考取中,毕业季要忙于考取公务员和找工作。所以,学生真正受到中国传统文化教育的时间少之又少。学生兴趣缺失,观念漠视,加上学校的不重视,致使中国传统文化对大学生人文素质和道德修养的培育功能得不到发挥。大学教育与中国传统文化难以结合,使高校人才培养出现技术化和功利主义倾向,导致人才的片面发展和人文精神的弱化。

中国文化在育人方面有很强的功能。中国传统文化中包含的礼仪、传统道德精神等能够使学生学会为人处世,使学生表现出更好的教养、更优的品行等。所以,高校在文化建设中一定要给予中国传统文化一定的空间,使之与学生日常生活学习相结合。

二、创新大学生思想政治教育，继承中国优秀传统文化

培养积极健康的人格，促进大学生的全面发展，是大学生思想政治教育的一个重要课题。因此，要把优秀传统文化引入大学生思想政治教育，促使思想政治教育对传统文化的继承、创新朝着有利于大学生健康成长的方向发展。

（一）对中国传统文化进行创造性转换

要很好地传承中国传统文化，成功实现其当代价值，必须遵循科学的思路，对之进行必要的创造性转换。

1. 尊重历史

研究传统文化必须遵循科学的历史主义思路，而不能以当代的思维方式来对之加以解释，应从中国古代思想家所处的时代背景、阶级关系出发，以一种客观的态度对之进行研究。例如，中国古代思想家所宣传的"孝"道，从历史上看，它与小农经济的生活方式有着直接联系。在当时的家庭里，生活来源主要来自于男性劳动力，养老、育儿等重担也主要是由男子承担的，生产权和财产分配权也主要为男性长者所拥有，正是这种生产方式决定了家长制的存在。因此，当时的"孝"包括了诸如"父要子亡，子不得不亡""父母在不远游"等落后内容。但我们同时也必须认识到，先秦儒家诸子所宣传的"孝"道，倡导尊老、养老、护老，并强调"老吾老以及人之老"，表现了社会生活中子女对父母应尽的责任，体现了中华民族"孝敬父母"的中国古代美德。它对于维护当时社会的稳定、促进当时社会的和谐是具有一定的历史进步作用的。"孝"道在当时的形成有其历史必然性。

因此，我们在研究传统文化时，必须认识到任何事物在其产生和发展的历史阶段中都既有其合理性，又有其局限性，并且随着历史的发展，即使是原先合理的内容也可能会变得过时。同

时，我们还必须认识到任何事物都有其形成、发展的历史过程，思想继承性决定了当代思想政治教育是由中国古代思想政治教育发展而来的。研究绝不能割断历史，必须要从思想政治教育的连续性和继承性出发。

2. 批判继承

列宁指出，马克思主义这一革命无产阶级的思想体系赢得了世界历史性的意义，是因为它并没有抛弃资产阶级时代最宝贵的成就，相反却吸收和改造了两千多年来人类思想和文化发展中一切有价值的东西。它强调了对于历史上的思想文化遗产应遵循批判继承的思路，这一思路我们在研究传统文化时同样应该遵循。传统文化在中国历史上既曾产生过巨大的积极影响，也曾发生过不容忽视的负面影响；既有所长，也有所短，乃是精华与糟粕的复合体，而且两者往往胶结在一起。

我们对待中国传统文化的正确态度，理应是批判其糟粕，继承其精华；舍弃其消极成分，吸收其积极成分；否定其不良部分，肯定其优秀部分；既不能全盘肯定、过分赞美、颂古非今，又不能全盘否定、完全抛弃、搞历史虚无主义。例如中国古代思想家所倡导的"尊师"思想，对于发挥教育者的主导性和积极性，增强教育者的责任感和使命感，鼓励教育者为践履"为人师表"的崇高志向而不懈努力，推动中华民族"尊师重教"的优良文化的形成，都起到了积极的促进作用。

中国古代思想家所倡导的"尊师"思想，往往过于强调"师道尊严"，从而忽视了受教育者的主体性，压抑了受教育者的能动性，扼杀了受教育者的个性发展。因此，我们只有对传统文化进行全面的分析、辩证的扬弃，认真加以分辨，披沙拣金，去谬存真，扬长避短，才能使其更好地服务于当代中国的社会主义思想政治教育。

3. 创造性转换

传承和创新不是对立的，二者是辩证统一的关系，我们不能将它们对立起来。创新是在传承的基础上进行的,如果没有传承创新就没有科学的对象;创新是对传承的发展,如果没有创新传承的文化永远不会发展,最终会失去活力为社会和时代所淘汰。想要充分挖掘我国传统文化的现代价值,我们必须结合当前社会主义现代化的现实境遇,创造性地继承和发展我国的传统文化。在中国传统文化的传承中,我们必须遵循创造性转换思路,对传统文化进行创新和发展,具体来说主要包括以下四点。

(1)以时代精神作为创造性转换的参照系

我国的传统文化虽然存在于目前的社会环境和时代背景之中,但它也属于过去,属于另一个时代,因为文化的发展具有连续性,中国传统文化的精髓是在几千年的发展历史中逐渐形成的,深厚的历史积淀为我国的传统文化丰富了内涵,也为我国现代文化建设提供了广阔的发展空间。

当前,我们要结合目前的社会环境和文化背景对我国的传统文化进行合理的开发与挖掘,在开发过程中我们应该选择科学的"参照系",并在此参照系的引领与指导下,开展社会主义现代化建设。就目前来说,我们当前传统文化转换的参照系是当前的时代精神,因此我们在对传统文化进行转化的过程中需要按照当今时代精神的要求对我国传统文化进行筛选、分析,并对一些经典的文化故事和文化追求进行新的解释,赋予其时代内容,从而使其适应时代的需求,与我国社会主义现代化建设事业的需求相符合。

(2)借鉴相关学科的最新研究成果

思想政治教育具有较强的学科交叉性,并且融合了多方面的知识,思想政治教育中的基本概念和基本思想也具有跨学科的性质,涉及多方面的知识和学科内容。

每个学科都会涉及相应的德育教育,这部分内容是大学生思想政治教育与其他学科相结合的切入点,我们可以运用不同学科的内容和理论来丰富大学生思想政治教育的内容,提高我国大学生思想政治教育的知识含量和科学性。

通过对其他学科理论的借鉴和吸收,大学生思想政治教育的内容不仅能够更加丰富,还可以增强大学生思想政治教育的吸引力。大学生思想政治教育是一门以理论教育为主的学科,大量的理论阐述常给人一种枯燥感,这也是思想政治教育本身存在的一个重要问题,充分利用和借鉴其他学科的理论知识能够丰富大学生思想政治教育的内容,增强其吸引力,比如,量化大学生思想政治教育中的某些指标,从而使其能够更加明确、简洁地说明某些问题;利用社会学的知识将大学生思想政治教育与某些社会现象和社会行为结合在一起,增加理论教育的现实性和趣味性。

(3)汲取其他民族的优秀思想文化成果

中华民族具有悠久的发展历史,尤其是充满艰辛和坎坷的近代历史深刻地告诉我们:一味固守传统,不思进取,不懂变通,就会与时代发展的潮流背道而驰,即使是曾经先进、辉煌的历史文化也会因为缺少新的元素的注入失去活力,变成阻碍国家和社会发展的落后因素;对外国文化的吸收与利用不能照搬照抄,全盘挪用,这是一种非常极端的做法,是对我国几千年灿烂文明和优秀文化的全面否定,这种做法注定是要失败的,因为没有传统文化的承载,外来文化会离开其生长的土壤,也会逐渐失去变化与活力,对社会的发展和进步起不到作用,甚至在教条主义的影响下,还会对社会的发展带来危害。

不同国家、地区、性质的文化在彼此的融合中会升华成为一种更加富有活力的文化。为了我国能够更好地将传统文化与外来文化相结合,我们必须加强对传统文化的认识和理解,并建立起坚固的思想长城,吸收利用优秀的外来文化,抵御西方不良思想的侵蚀,促进大学生思想政治教育的健康发展。

(4)面向当代和未来

首先,我国传统文化中存在很多积极要素,这些要素具有普遍的适用意义,它们不会因为时间和空间的变化而失去其意义和价值,通过合理的转化它们能够为我国的社会主义现代化建设提供有效的支持,成为我国先进文化的重要组成部分。因此我们说我国传统文化的精髓和优秀文化要素具有恒久的价值,经过科学的转化能够成为面向当代和未来的文化元素。

其次,思想政治教育是一种具有现实性意义的教育活动,我们也可以将这一过程看作是一个先进文化、思想与价值观的传播过程。思想政治教育是为国家服务的,在教育过程中我们需要考虑各种要素,注意方方面面,因此它是一个周期比较长的社会活动。

大学生思想政治教育活动必须尊重我国的传统文化,将传统文化教育纳入大学生思想政治教育的内容体系,并充分吸收利用外国的先进文化要素,为我国思想政治教育提供强大的发展动力。

(二)加强传统文化教育

传承和弘扬优秀文化能有效地增强大学生思想政治教育的实效性。在高校思想政治理论课中应融合优秀传统文化的道德内容,把基本的道德规范和行为准则寓于思想政治教育之中,达到"润物细无声"的教育效果。

1. 创新教育理念,用社会主义核心价值观引领中华优秀传统文化教育

传统文化担负着传承民族精神、塑造国民素质的重任。高校要将中国传统文化教育提升至重要地位,通过传统文化教育培育大学生对民族文化的热爱。要将传统文化教育与专业教育结合起来,使其相互补充、相互促进,在人才培养方案制定、课程设置、校园文化建设、学生社会实践等方面切实加强传统文化教育力度,并将社会主义核心价值观作为传统文化的引领,使大学生在获得专业技能的同时,能够实现身心的良好发展。

2. 建构大学生传统文化教育的学习体系,加强优秀传统文化教育

传统文化在大学生思想政治教育中担负着重要作用,若使其

作用得到充分发挥,必须保证充裕的教育时间。其中课程教学是实现大学生传统文化教育的主要途径。

一方面,要在思想政治理论课中渗透传统文化内容。由于高校一般都开设这类课程,所以,在这类课程中进行传统文化教育可以保证传统文化教育的持续性和广泛性。思想政治理论课教育教学要立足中国国情,结合中国传统文化和民族精神,通过对马克思主义基本理论、中国特色社会主义理论体系、党的路线方针、政策等的阐述与讲解,培育学生的民族自尊心和自信心,帮助学生树立正确的世界观、人生观和价值观。

另一方面,要通过开设有关传统文化的必修课和选修课,培育学生对传统文化的热爱。《中国传统文化》《优秀传统文化概述》等课程,都能对传统文化进行很好的诠释。此外,高校也结合学生专业方向,开展有特色的大学生思想政治教育。如在以教育学为主体的师范专业的课程中可以增设孔子、老子、庄子等思想道德体系的相关内容;医药学类专业可增设华佗、李时珍治病寻药经历等相关内容,使同学们在学好本专业的同时合情合理地汲取我国优秀传统文化的精髓,这样才有助于他们理解和运用传统文化,最终完善自己的思想体系和专业体系,等等。

3. 营造教育氛围,深化优秀传统文化教育

一方面,开展多元化的校园文化活动,扩展传统文化教育载体。可通过组织举办传统文化知识竞赛、传统文化论坛交流活动,举办传统文化主题晚会,通过演讲、演唱、小品表演等节目形式,将优秀传统文化搬上舞台,或通过摄影展、游戏等方式将优秀传统文化逐渐渗透于学生的生活等。

另一方面,要加强校园环境建设,校园中除舒适优美的自然环境外,还应结合中国传统文化,为校园营造出具有中国传统文化特色的氛围。如可根据高校学术方向摆放名人雕像,如师范高校可设置孔子、老子等的雕像,或通过校园报刊、校园论坛等向学生宣传优秀传统文化知识,将学生置身传统文化氛围浓厚的环境

中,进而使学生修身养性、自省自谦。

4. 组织大学生探寻历史古迹,体会优秀传统文化精神

许多历史古迹、红色革命基地等蕴含了丰富的中国传统文化,开展走进中国传统文化基地与红色革命老区的活动,能够使大学生深刻认识优秀传统文化。高校可利用学生的课余时间,组织大学生参观历史名胜古迹,如黄帝陵、故宫、古典文化遗址、孔子学堂、杜甫故居、古代私塾等地,或参观一些红色革命基地如九一八历史博物馆、南京大屠杀纪念馆等等,进而丰富学生知识体系,培育学生的道德感及革命精神。

高校还可以通过组织学生开展走进社会、宣传优秀传统文化主旨的活动,把学生和社会有机地联系起来。这些活动能够使学生在向他人宣传的过程中更好地理解优秀传统文化的精髓,进而将其渗透到个人学习与发展中来。

第三章 ‖ 民族精神与大学生思想政治教育

民族精神是一个民族所特有的气质,包含这个民族的价值取向、思维方式、道德规范等一系列重要内容。一个民族的特有气质往往需要很长时间才能形成。在历史长河中,重大的历史事件不断影响一个民族的精神风貌,从而形成这个民族特有的精神气质。中华民族在五千多年的历史长河中,曾遭受多次侵袭,背负亡国灭种的危险,最终形成了以爱国主义为核心的团结统一、爱好和平、勤劳勇敢、自强不息的伟大民族精神。这种民族精神使得中华民族在任何时候都表现出强大的生命力,支撑着中华民族不断走向繁荣、强大。

在当今世界竞争日益加剧的条件下,弘扬民族精神对于日益强大的中国显得尤为重要。大学生是民族的希望、祖国的未来。我们要通过各种有效的思想政治教育和社会实践活动,让大学生了解中华历史,强化国家意识,升华民族情怀。所以说,加强对大学生民族精神的教育和培养,让大学生自觉地去传承和弘扬民族精神,是关系国家、民族发展的根本大计,是不断增强我国文化软实力的重要手段,是实现中华民族伟大复兴的重要途径。党的十八大以来,国家对民族精神更加关注。所以说,对大学生进行民族精神教育是贯彻和落实十八大精神的重要举措,也是引导大学生成为社会主义事业合格的建设者和接班人的必然要求。因而,在高校开展以爱国主义为核心的民族精神教育,这不仅对大学生本身具有非凡的意义,而且对整个国家建设具有非凡的意义。

第一节 民族精神的主要内容

民族精神是一个民族在长期历史发展过程中不断形成的精神"世界",是其心理意识和思想观念的集中体现,也是民族文化中的精髓部分。民族精神代表着一个民族文化的发展方向,也代表着一个民族的独特价值符号,需要代代传承下去。民族精神具有强大的生命力和感染力,能够将社会成员紧紧地团结在一起,并激发出巨大的力量。中华民族精神博大精深,特别是在以自强不息、厚德载物等民族精神的鼓舞下,中华民族才得以不断向前发展。

一、民族精神的基本内容

(一)爱国主义

1. 爱国主义的内涵

爱国主义是在漫长的历史发展和文化积淀中逐渐累积起来的,尤其是中华民族的爱国主义情怀经历了漫长的历史考验和积淀,具有极强的感召力。追根溯源,爱国主义是由个人对国家和民族的认可产生的,而广博丰富的物饶、灿烂悠久的文明、可歌可泣的英雄则更加坚定了人们的爱国主义情怀和爱国主义精神以及人们的爱国主义信仰。从中国近代的发展来看,爱国主义在社会主义的发展中扮演了重要的角色。

在当代中国,爱国主义与社会主义本质上是一致的,建设中国特色社会主义要坚持在爱国主义精神的引领与激励下进行,以爱国主义为主要内容的民族精神不仅为社会主义建设提供了强大的思想动力,同时也是保证我国民族精神传承的重要方式。邓小平指出:"中国人民有自己的民族自尊心和自豪感,以热爱祖国、贡献全部力量建设社会主义祖国为最大光荣,以损害社会主义祖国利益、尊严和荣誉为最大耻辱。"①这句话深刻说明了在我国建设社会主义过程中,爱国主义精神的基本内涵。

可以说,经济全球化是一次机遇,它为我国的社会主义现代化建设提供了广阔的发展空间,与此同时也对我国本身的政治、经济和文化带来了前所未有的压力和挑战。在经济全球化进程中,我国要尽可能吸收与利用国际先进的文明成果,为社会主义现代化建设提供更加丰富的营养,但是也必须在爱国主义精神的鼓舞下,引导全国人民正确认识国际国内形势,有效预防国外各种不良因素的影响,切实维护中华民族的利益。

全面建成小康社会是党带领全国人民未来几年内所奋斗的目标,在这个进程中,难免会遇到各种各样的压力和困难、甚至风险和考验。我们应以"天下之本为国","以国家之务为己任","苟利国家生死以,岂因祸福避趋之"之精神激发爱国热情,凝聚建设中国特色社会主义事业之精神力量。爱国主义永远是团结中华儿女、激励中国人民的重要的动力源泉,是推动社会主义现代化建设和中华民族伟大复兴的巨大力量。在建设中国特色社会主义的过程之中,党和政府要正确引导我国人民的爱国主义热情,合理利用爱国主义的伟大旗帜,将全国人民团结到社会主义现代化建设的框架之下,引导和激励我国人民发挥不畏艰难、勇于奋斗的传统民族精神,克服社会主义现代化建设过程中的各种不利因素,推动我国社会主义事业的顺利发展。

2. 爱国主义的内容

"祖国"是一个内涵非常丰富的定义,其至少应该包括三个方面的要素:一是自然要素,即本民族赖以生存的,由土地、山河、海洋等自然风貌和矿藏、森林、物产等自然资源所构成的国土;二是

---

① 邓小平文选(第3卷)[C].北京:人民出版社,1993,第3页.

社会要素,也就是具有共同的经济生活、语言文化、社会心理和历史传统,纵横交织的社会关系紧密联成一体的人民或国民;三是政治要素,即为了维护社会共同体的秩序安全、主权和稳定而建立起来实施阶级统治的强力政治机构——国家。

由此可见,祖国是一个集自然、政治、经济、文化和历史于一体的综合概念。

(1)热爱祖国的大好河山

祖国的大好河山,是我们世代生息、繁衍的地方,我们在这里出生、在这里成长。爱国主义者首先就要爱养育他的土地,牢固树立"爱护国土""爱我家乡"、维护祖国领土的完整和统一的爱国理念,任何时候都应主动承担起保卫国家和领土安全这一神圣使命。

近几十年来,经济的快速发展导致的环境破坏,已经成为一个全世界共同面临和共同应对的问题,已经成为人们关注的焦点之一。为了保护我们赖以生存的家园,在国家的经济建设过程中,我们应该以科学发展观为指导,协调人与自然和谐发展,在经济发展和环境保护之间找到一个平衡点,使经济发展在生态可承受的限度内进行。经济的发展一定要兼顾环境效益,逐步转变粗放的经济发展模式,提高资源的利用效率。总之,我们要倍加珍惜祖国的山川河流、田野矿藏,更好地保护这片国土,避免乱砍滥伐,维持必要的生态平衡。

(2)热爱自己的骨肉同胞

人是一个国家发展的主体,也是社会发展的主要推动力。我国幅员辽阔、物产丰富,在富饶的中华大地上时代生息繁衍着亿万勤劳、勇敢、善良的中华儿女。在几千年的历史进程中,在一代又一代的炎黄子孙的辛勤努力下缔造了辉煌灿烂的中华文明。

爱国爱民、忧国忧民、强国富民,从这些词语中我们可以看出,国家与人民始终联系在一起,热爱祖国和热爱人民从来就没有分开过,从根本上来说热爱祖国就是热爱那些创造了悠久历史和灿烂文明的各族人民,因此我们说爱国必爱民,爱民定爱国。可以说,对人民的感情有多深,决定着个人在社会中的价值取向和行为模式,它与个人思想道德修养素质的养成有着紧密的联系。

(3)热爱祖国的灿烂文化

祖国的灿烂文化使祖国的大好山河更具深厚的人文底蕴,是中国和中华民族的"胎记",中华民族之所以能够绵延不绝,源远流长,就是因为民族精神这个"精神基因",正是由于民族精神的存在才能形成民族心理、民族性格,最终凝结成民族凝聚力。热爱自己祖国的这些优秀文化,也是爱国主义的基本要求。无论一个人走多远,无论人们之间多么的彼此隔绝,祖国灿烂文化和历史传统的认同会把人们的心连在一起。

(4)热爱自己的国家

无论在什么时代、什么社会制度之下,只要有国家的存在,那么国家都是维护共同生活秩序和社会稳定的主要社会机器。在战乱的年代,国家保护国民的人身安危,在和平年代国家维护社会稳定、促进经济发展、提高人民的生活水平,可以说没有国家就没有稳定生活、没有安全的生活环境。

爱祖国必然要求爱国家,爱国家是爱祖国的政治原则。"覆巢之下,安有完卵",国家的兴旺发达是人、家庭、社会得以兴旺发达最根本的保障,如果国家的发展陷入危机、举步维艰,那么生活在国境内的所有国民都难以获得幸福和快乐。

在强大的国家中,民族、家庭、个人会安居乐业、幸福健康;在衰败危亡的国家中,国民贫困潦倒、流离失所难以避免。我们应该深刻认识到这一点,不断提高自己的思想觉悟,热爱自己的国家。

3. 爱国主义的优良传统

伟大的中华民族,五千年来绵绵不绝、生生不息。作为一种爱国传统,爱国主义始终以其巨大的凝聚力和向心力,维护着中华民族的独立和统一,创造了辉煌灿烂的华夏文明。

（1）热爱祖国、矢志不渝

中华民族的光辉史册上写满了刻骨铭心的爱国之情，矢志不渝的报国之志，生死不移的爱国之行。林则徐的"苟利国家生死以，岂因祸福避趋之"，陆游的"位卑未敢忘忧国"，文天祥的"人生自古谁无死，留取丹心照汗青"，都寄托了对祖国矢志不渝的热爱和一片赤诚之心。

（2）天下兴亡、匹夫有责

以天下为己任，无论身处何方身居何位，都要心系天下，将个人命运与国家命运紧紧联系在一起，自觉关注国家的命运，关注民生疾苦，不要将爱国主义只是挂在嘴边，而要深入内心并将其付诸实践。"先天下之忧而忧，后天下之乐而乐"的范仲淹抛下家室与韩琦一起镇守陕西，击退了西夏、契丹的侵略，保卫了国家的安全；他在"长烟落日孤城闭"的荒山野岭上，沉吟过"浊酒一杯家万里"，然而"燕然未勒归无计"，又继续留守。

（3）维护统一、反对分裂

中华民族是由 56 个民族组成的，可以说是一个多民族的大家庭。维护各民族的利益，保证各民族之间的和睦团结，始终是各族人民的共同心愿；对于各族人民而言，维护民族团结和祖国统一，始终是重要的使命和共同的利益。

（4）同仇敌忾、抗御外侮

中华民族是一个热爱和平的民族，但也不是一个畏惧战争的民族。在中国历史上，中华儿女逐渐形成了共御外侮，在民族斗争中宁死不屈，不当亡国奴的民族品格；在国难来临时勇于面对，众志成城的民族意识；在外敌入侵时敢于同敌人血战到底的民族气概以及自强精神；自觉为人类的和平发展贡献力量的奉献精神。

4. 爱国主义的时代特征

当前，我国正处在一个新的历史时期，全国各族人民在中国共产党的领导下，正朝着建设有中国特色的社会主义现代化强国的伟大目标前进。在这种新的历史条件下,中华民族的爱国主义传统被注入了新鲜血液,赋予了新的活力,得到了新的升华,有了更崇高的境界和更丰富的内容,体现出更为鲜明的时代特征。

(1)爱国主义与爱社会主义相统一

新时期爱国主义的基本特征是坚持爱国主义与爱社会主义的统一。中华人民共和国的每一个公民必须坚持热爱社会主义中国。

中国近代历史发展的结果表明爱国主义与社会主义是内在的统一的。中国的近代历史和现实已充分证明,只有社会主义才能救中国,只有中国特色社会主义才能发展中国。

社会主义的建立,为新中国的繁荣发展提供了可靠的社会制度保障,改革开放30多年来,中国人民在社会主义制度之下,不断谱写着自强不息、顽强奋进的壮丽史诗,建设了一个充满了生机与活力,为世界所瞩目的繁荣昌盛的新中国。实践证明一切成绩和进步的根本原因就是坚持中国特色社会主义道路,形成了中国特色社会主义理论体系。

(2)爱国主义与拥护中国共产党领导相统一

"没有中国共产党就没有新中国",中国共产党带领广大人民群众经过艰苦卓绝的斗争才建立了社会主义新中国。

中国共产党的历史上矗立着一座座爱国主义的丰碑。历史证明,中国共产党是高举爱国主义旗帜并躬身实践的光辉典范,是中国特色社会主义事业的坚强领导核心。新时期的爱国主义必须要拥护中国共产党的领导。

(3)爱国主义与拥护祖国统一相统一

爱国就必然要拥护祖国统一,这是爱国与否的基本政治准则。作为港澳、台湾、海外的中华儿女,你可能不一定赞成祖国大陆实行的社会主义制度,但却不能损害祖国的利益,不能不拥护祖国统一。在中华民族的发展史上,对国家主权、领土完整及民族感情的高度认同是中华儿女爱国情怀的重要体现。

华夏儿女遍布世界各地。长期生活在祖国之外的同胞深受其他思想文化的影响,其爱国行为可能有所差异。虽然,政治上可以求同存异,但是无论何时,拥护祖国统一的原则应是每个华夏儿女爱国的底线。

(4)爱国主义与经济全球化相统一

爱国主义的观念在经济全球化的今天仍然需要。地球村不是大同世界,而是竞争更加激烈的世界。但是,世界是多极化的,文化也是多元化的,每个国家都有自己特有的传统和国情,不可能在一种政治文化观念之下施行同一的制度。

在全球化过程中,既充分利用经济全球化所提供的机遇发展自己,又坚决维护国家的主权和尊严,按照本国国情发展自己的政治制度和民族文化。这并不只是一句口号,必须在原则立场上落实。在经济全球化的今天,大学生还要秉持科学无国界,但科学家还要有爱国主义观念。

(二)团结统一

纵观中华民族历史,实际上就是各族人民努力为实现中华民族统一和发展的奋进史,历史发展的主流仍然是统一。无论在哪个时代,民族的团结和统一都是我国民族精神倡导的第一要义,我们今天所说的民族团结所具有的意义则更为广泛,它不仅包括中华民族内部的团结统一,还包括更深一层的含义,即全世界的中华儿女都要建立起强烈的民族归属感和民族自豪感,在个人生活和国际交往之中从中华民族的整体利益出发,维护民族的团结和统一。

民族团结无论是对国家还是对个人都具有重要的意义,团结和统一是国家稳定的基本保障,是中华民族的根本利益之所在;民族的团结和统一能够增强公民的民族自豪感和民族自信心,并且在团结统一的大环境下,社会成员能够得到更好的个人发展。从历史上来看,自从秦朝建立起大一统的封建王朝开始,统一和团结就成了中华民族历史发展的主线,即使三国、五代时期曾短暂分裂,但最终也建立起了中央集权的大一统王朝,统一的时间远远大于分裂的时间。在漫长的发展历史中,这种统一和团结的民族精神激励着中华儿女不断的探索和前行,中华民族的品格和风骨也在民族精神的浸润下逐渐成形,民族精神深入到了每一个炎黄子孙的血脉和灵魂之中。

民族精神是在历史的发展和沉淀中形成的,具有深刻的民族烙印。在我们努力建设社会主义现代化国家的今天,坚持和弘扬民族精神,坚持团结统一的政治局面,为我们全面建设小康社会和实现中华民族伟大复兴提供了强有力的保障。

(三)爱好和平

爱好和平是中华民族自古以来的优良传统,在几千年的发展历史中,中华民族与其他民族平等交往、求同存异、互利互惠,为维护区域和平做出了巨大的贡献。爱好和平是以汉族为多数成员的中华民族,在世代的生活与交往中逐渐形成的一种民族性格,体现着深厚的历史积淀和文化底蕴。数千年来,中华民族爱好和平的民族精神和精神特质,成为世界文明一道靓丽的风景,始终保持谦逊有礼、友好合作的基本态度已经成为我国国际交往的一个基本态度。

我们要继承中华民族伟大的民族精神,继承爱好和平、热爱发展的基本民族理念,塑造和平稳定的外交关系,为国家的发展和建设提供更加稳定的国内环境和国际环境,同时为加强区域合作,维护世界和平做出自己的贡献。

(四)勤劳勇敢

勤劳勇敢自古以来也是中华民族的优良传统,在我国的传统道德美德中,勤劳勇敢是人们最先被推崇和普及的美德,它无论是对个人境界的提升还是对社会的发展都具有重要的意义。在中华民族灿烂的文化历史中,勤劳勇敢的品德体现在中华民族日常生活的方方面面,经过数千年的发酵和沉淀,勤劳勇敢已经成为民族精神中最为厚重的美德之一。

勤劳勇敢是从劳动过程中提炼与升华的一种个人品质,反映了人们在认识自然和改造自然中所表现出来的顽强的斗争精神,经过几千年的发展已经成为民族精神的一部分。勤劳勇敢是我们在全面建成小康社会和实现中华民族伟大复兴的中国梦的过程中不可缺少的一种宝贵精神,在勤劳勇敢民族精神的支撑之下,我国的社会主义建设事业必然会克服前进中的种种困难,长风破浪。

(五)自强不息

自强不息是我国人民精神状态的集中体现,也是我国民族精神的重要组成部分,体现着中华儿女独立自主、奋发向上、不断进取的精神。中华民族经历了辉煌灿烂的古代文明,也遭遇了不堪回首的近代文明,如今中华民族正在奋起直追,走在民族复兴的伟大道路上。这条道路必然会是充满艰辛的一条道路,如果没有自强不息精神的支持,我们很难在这条路上走到终点。

无论是古代《周易》经传中贯穿的"自强不息,厚德载物"的思想,还是近代历史所孕育的改革精神,都是自强不息精神的体现。在社会主义建设中,我们需要万众一心、发奋图强、改革创新、顽强拼搏、艰苦奋斗、不懈努力的精神。在新时期的建设过程中,我们既不能妄自菲薄,也不能妄自尊大,扎扎实实做好自己的工作,为实现社会主义现代化的目标而努力。

"80后"自主创业者陈欧"为自己代言"的广告播出后,"代言体"走红,"梦想是注定孤独的旅行,路上少不了质疑和嘲笑,但那又怎样?哪怕遍体鳞伤,也要活得漂亮"等广告语引起热议。对此,79.5%的被调查大学生对"陈欧体"有共鸣,只有15.9%的被调查对象认为该广告词太理想化,或者是为了吸引眼球,剩下的4.6%则认为和自己没什么关系。这说明当前我国大学生对自强不息的精神有较高程度的认同,对通过自强不息取得成功的结果持积极的想法。这说明自强不息的精神在我国传统思想的影响下,在改革开放精神的激励下,已经深入人心。

一个人只有在自强不息、勇往直前的品质的激励和鼓舞下才能在成长的路上不断突破障碍,取得最终的成功,同样一个民族也必须有这样一种精神的支撑才能在不断的挑战中进步,屹立于世界民族之林而不倒。

二、中华民族精神的传承——红色精神和革命精神

(一)红色精神和革命精神的含义

红色精神是中华民族精神在新民主主义革命战争时期、社会主义革命与社会主义建设时期、改革开放新时期的升华。近代以来,中华民族所面临的民族危难,中华民族在面对外来入侵时所体现的革命精神,赋予传统民族精神以新的内涵。爱国主义不断高涨,民族精神融入了国际主义的因素,革命战争与社会主义建设中锤炼出来的自力更生、艰苦奋斗、解放思想、实事求是等思想作风也融入了民族精神之中,从而使民族精神在新的历史条件下升华为红色精神。

红色精神的升华,首先体现为新民主主义革命时期的革命精神。邓小平对革命战争时期的革命理想和革命精神进行了概括。邓小平说:"在长期革命战争中,我们在正确的政治方向指导下,从分析实际情况出发,发扬革命和拼搏精神,严守纪律和自我牺牲精神,大公无私和先人后己精神,压倒一切敌人、压倒一切困难精神,坚持革命乐观主义、排除万难去争取胜利的精神,取得了伟大的胜利。搞社会主义建设,实现四个现代化,同样要在党中央的正确领导下,大力发扬这些精神。"①邓小平所概括的五种革命精神,不仅是革命战争时期而且也是社会主义建设时期每一个共产党员所要具备的精神,并且还要"把这些精神推广到全体人民、全体青少年中间去,使之成为中华人民共和国的

---

① 邓小平文选(第2卷)[C].北京:人民出版社,1983,第367页.

精神文明的主要支柱"①。

(二)红色精神和革命精神的具体内容

1. 井冈山精神

坚定的革命信念、实事求是、敢闯新路、依靠群众、勇于胜利、坚忍不拔、百折不挠、开创伟大事业的井冈山精神,为中国革命播撒了燎原火种,使中国共产党人培育出来的革命的民族精神成为我们党的宝贵精神财富。

2. 长征精神

乐于吃苦、不惧艰难的革命乐观主义精神,勇于战斗、无坚不摧的革命英雄主义,重于求实、独立自主的创新胆略,善于团结、顾全大局的集体主义,坚定信念、不怕吃苦、不怕牺牲的红军长征精神。中国工农红军的长征是一部史无前例、雄伟壮丽的史诗,是人类历史上艰苦奋斗精神的楷模。长征精神是中华民族百折不挠、自强不息的民族精神的最高表现,是保证我们革命和建设事业从弱小走向强大的精神力量。

3. 延安精神

坚定正确的政治方向、解放思想、实事求是的思想路线、全心全意为人民服务的根本宗旨、自力更生艰苦奋斗的创业精神、理论联系实际、不断开拓的创新精神以及保持昂扬斗志的延安精神。在延安这块土地上孕育形成的延安精神,是我们宝贵的精神财富。在全面建成小康社会的伟大进程中,要紧紧把握延安精神,在延安精神的指引下凝聚精神,团结奋进;在延安精神的指引下不断战胜困难,最终夺取胜利,让延安精神在当前时代依然散发光芒、熠熠生辉。

---

① 邓小平文选(第 2 卷)[C].北京:人民出版社,1983,第 368 页.

4. 两弹一星精神

在社会主义建设过程中,形成了热爱祖国、无私奉献,自力更生、艰苦奋斗,大力协同、勇于攀登的"两弹一星精神"。这种精神不仅促进了国防事业的发展,而且带动了科技事业的发展,培养了一批吃苦耐劳、勇于创新的科技队伍,极大地增强了中国人民的信心,推动了社会主义事业的发展。

5. 雷锋精神

把有限的生命投入无限的为人民服务之中去,在平凡的工作岗位上涌现出不平凡事迹的忠于革命、忠于党,默默无闻、助人为乐、爱岗敬业、无私奉献的雷锋精神。经过了历史的考验,雷锋精神在实践中依然发挥着重要的作用,它已经成为我们这个时代精神文明的同义语、先进文化的表征。

6. 抗洪精神

在与洪水的搏斗中,形成了万众一心、众志成城、不怕困难、顽强拼搏、坚韧不拔、敢于胜利的伟大的抗洪精神。在艰苦卓绝的抗洪抢险斗争中,爱国主义精神空前释放,共产党人全心全意为人民服务的宗旨充分发扬,革命英雄主义精神高度升华,其间形成的伟大抗洪精神是中华民族精神在当代中国的集中体现和新的发展,同我们党一贯倡导的革命精神和新时期的创业精神一样,它们都是社会主义精神文明建设的巨大财富。

7. 航天精神

航天工作者的工作任务艰巨,意义重大,我国的航天工作者顶着巨大的压力在工作中逐渐形成了特别能吃苦,特别能战斗,特别能攻关,特别能奉献的载人航天精神。它承载着伟大的爱国主义精神以及改革创新的时代精神,是中国人民攀登世界科技高峰的又一伟大壮举,是我国改革开放和现代化建设取得的又一骄人成就,是伟大祖国的荣耀。

8. 抗震救灾精神

用理想凝聚力量、用信念铸就坚强、用真情凝结关爱,我国人民在抗击地震过程中形成了抗震救灾精神。自强不息、顽强拼搏,万众一心、同舟共济,自力更生、艰苦奋斗是这一切高贵美好的品格在共同抗击自然灾害的殊死搏斗中所形成的交汇点,时代精神和民族精神的交汇点,社会主义和爱国主义、集体主义的交汇点,革命英雄主义和社会主义、人道主义的交汇点。它使我们看到了在波澜壮阔的改革开放时代中华民族精神的又一次伟大升华。

9. 北京奥运精神

体现保护环境、保护资源、保护生态平衡的可持续发展理念的绿色奥运,结合国内外科技最新进展,站在世界科技发展创新的最前沿,充分吸收和利用当代最先进成果的科技奥运,传播现代奥林匹克思想,展示中华民族灿烂文化和中华民族精神的全新风貌的人文奥运,形成了更快、更高、更强的北京奥运精神。

10. 郭明义精神

在平凡中造就了伟大,造就了继雷锋精神之后感动中国的道德模范,造就了大爱无声的力量、震彻人心的奉献、凛然天地的正气、自强不息的坚守的郭明义精神。在改革开放的伟大时代,为他人奉献、为社会分忧、为国家尽责,转化为了新时期推进社会主义和谐社会的强大精神动力。

新的历史时期为弘扬与培育民族精神增添了新的时代内容,把中华民族精神也提升到了一个新的水平。体现出带有明显时代印记的和谐共生、与时俱进、革故鼎新、持诚守信等鲜明特征。

第二节 民族精神的特征和作用

党的十八大报告中明确指出,为加强社会主义核心价值体系建设,要"大力弘扬民族精神和时代精神,深入开展爱国主义、集体主义、社会主义教育,丰富人民精神世界,增强人民精神力量"①。民族精神具有自己显著的特征,并在我国社会主义建设事业中发挥着重要的功能作用。

一、民族精神的特征

(一)独特性

民族精神的独特性主要蕴含在特定民族文化类型中,对于特定的民族文化特征进行最高层次的概括和抽象。不同的民族由于发展历史不同因而各有特征,而这个特征是其他民族无可替代和复制的,民族精神的独特性正是体现了这个民族的自然环境以及生存方式,还有自身的民族文化,这些同样是构成民族性的历史基础。斯大林曾经关于民族特殊性问题进行了解读,他在《马克思主义和民族问题》中指出:"还必须注意到结合成一个民族的人们在精神形态上的特点。各个民族之所以不同,不仅在于他们的生活条件不同,而且在于表现在民族文化特点上的精神形态不同。"②正如人们常常听到的美国民族精神、英国民族精神、法国民族精神、中华民族精神等,这正是不同民族精神的差异性的历史体现。

---

① 胡锦涛.坚定不移沿着中国特色社会主义道路前进 为全面建成小康社会而奋斗[N].人民日报,2012-11-01.
② 斯大林全集(第2卷)[C].北京:人民出版社,1953,第294页.

（二）时代性

民族精神是经过一定的历史发展而最终沉淀下来的精神精华，在不同的时期民族精神会有不同的内容体现，而每个时期的民族精神最终汇集成为现代的民族精神。因而，民族精神是历史的产物，是时代的产物，与时代的发展有着密不可分的联系。所以说，民族精神具有时代性。民族精神反映了一定时代的政治、经济、文化，总归而言，是一定社会历史生活条件的反映。当然，为了保证在一定的时期完成一定的历史任务，那么就要不断对民族精神进行更新，融入时代特色，要对旧有的民族精神进行积极的扬弃。舍弃不合时宜的部分，不断补充新的内容，使民族精神能够以一种最新的姿态呈现出来。

（三）传承性

民族精神不是一时形成的，而是几代人的共同努力，是一脉相承的，并且伴随着民族发展的过程，不断丰富、不断发展、不断成熟起来。因而，民族精神具有传承性，它总是与一个民族的历史文化血脉相连，是民族文化传统不断积淀和升华的产物。任何一个民族的发展都伴随着自己的文化，都与自身传统文化密不可分。马克思主义认为，"人们创造自己的历史，并不是随心所欲地进行创造，而是在直接碰到的既定的从过去继承下来的条件下从事创造，文化精神的创造也是如此"[①]。无论是哪个时代，民族精神都不是凭空而来的，而是由它的先驱传给它，并以由此出发的特定的思想材料作为前提而生成的，因而，民族精神是一路沿袭过来的。

（四）开放性

民族精神具有继承性，同时也具有开放性，一方面是对本民

---

① 温兆标．大学生主流意识形态教育创新研究[M]．北京:中国文史出版社，2013,第86页．

族历史优秀传统的继承,另一方面又以开放的姿态迎接各种有益的精神,对不同的民族精神抱着包容的态度,与别的民族精神互动,形成相互交流、相互引进、相互吸收、相互促进的互动机制。民族精神中不仅蕴含着本民族人民的实践,并且将其当作民族精神的根本源泉,同时对于其他民族的优秀文化精神成果本着兼容的态度,将其他民族精神中有益的部分为我所用,使本民族不断发展并逐渐强大起来。当然,本着开放的态度迎接而来的并不全都是好的,也有不好的,在历史洪流中,未免会出现泥沙俱下,鱼龙混杂的情况,这就要求在接受别的民族文化精神时要结合我国发展的实际情况,吸取积极的,淘汰消极的。正是由于民族精神的开放性,使得各个民族的文化交流成为可能,不同文化间既有冲突、又有融合,冲突表现了民族精神、民族文化的相对独立性、地域性,融合表明不同文化可以互相交流、互相汲取营养,体现了民族精神的开放性。

二、民族精神的作用

伟大的民族精神作为中华民族最为深厚的历史情感的结晶,是古往今来千千万万中国人奋发向上、百折不挠的精神支柱,是凝聚和激励中华民族的精神力量。

(一)精神支撑作用

毛泽东曾说过,人总是要有点精神的,一个民族更是如此。党的十六大报告也指出民族精神是一个民族赖以生存发展的精神支撑。古往今来,一个国家要强盛,一个民族要振兴,一个社会要进步,都不可能离开精神支撑。中华民族要站立起来,屹立于世界民族之林,必须有一个精神支柱作支撑。民族精神是一种民族之魂,是推动中华民族延续发展、不断前进的内在动力和精神支柱。在五千多年的历史长河中,支撑中华民族历经风险磨难、饱尝艰辛困苦而生生不息、不断发展壮大的强大力量和不竭源泉就是伟大的中华民族精神。

(二)价值整合作用

中华民族精神作为中华民族在长期共同生活和社会实践中形成的文化积淀和结晶,是中华民族形成的基本条件之一,又是中华民族生存和发展的重要保证。没有中华民族精神,中华民族就很难自立于世界民族之林。中华民族精神之所以具有如此重要作用,一个重要原因在于其具有共同价值理念、共同利益目标和共同的文化心理,可以对民族成员产生亲和力,使民族成员对民族整体产生向心力;可以把一个国家和民族的思想意志整合起来,为民族的共同利益而奋斗。

(三)精神激励作用

所谓激励就是感召力、推动力,民族精神具有强大的感召力和推动力,可以焕发全体人民的斗志和责任心。中华民族精神是激励全民族不懈奋进的精神力量,是一种精神激励。每当中华民族国难当头之时,"国家兴亡,匹夫有责""宁为玉碎,不为瓦全"等充满爱国情感和高风亮节的民族精神,就会点燃中华儿女心中的精神之火,激励他们为民族的奋起而积极抗争。

今天,我们走中国特色社会主义道路,建设社会主义和谐社会,要实现中华民族文化的伟大复兴,必须时刻牢记毛泽东所倡导的"两个务必",为了国家的繁荣、民族的昌盛,把危机感、紧迫感化为民族责任感,在中华民族精神的激励下,面对挑战奋勇向前。

(四)推动发展作用

精神力量在一定程度上可以转化成物质力量。可以说,只有拥有强大的精神力量,才能推动物质力量的发展。"有没有高昂的民族精神,是衡量一个国家综合国力强弱的一个重要尺度。综合国力主要是经济实力、技术实力,这种物质力量是基础,但离不开民族精神、民族凝聚力,精神力量是综合国力的重要组成部分。"①中华民族精神作为一种精神成果,在一定条件下可转化为强大的物质力量,而且可以使物质力量发挥更大的作用。

第三节　高校思想政治教育对大学生民族精神的培育

一个民族能否永远生生不息,关键是看这个民族是否拥有自己的民族精神,可以说,民族精神是一个民族屹立不倒的精神源泉。在我国,弘扬社会主义核心价值观,建设社会主义核心价值体系,一个重要的内容就是搞好民族精神的建设。大学生是社会主义核心价值观的培育者和践行者,培育大学生民族精神,使他们始终保持昂扬向上的精神风貌,是高校思想政治工作者的一项艰巨而长期的任务,因而要加强对大学生的民族精神教育。

一、开展爱国主义教育

(一)爱国主义教育的时代背景

毛泽东在谈到青年思想政治工作时提到,有道德的青年是真正的好青年、模范青年,有坚定政治立场的道德才是真的政治道德,"有一些人,他们嘴上道德、气节乱喊一阵,但在政治上是不坚定的,中途会变节的,这是无道无德"②。2001 年中共中央印发的《公民道德建设实施纲要》提出了"爱国守法、明礼诚信、团结友善、勤俭自强、敬业奉献"的 20 字要求,明确将"爱国"作为公民道德建设的实施规范。当今"以人为本、德育为先"的教育理念也将爱国主义教育作为德育的重要内容,作为构建大中小学相互衔接

---

① 秦宣. 中国特色社会主义史[M]. 北京:高等教育出版社,2009,第 191 页.
② 毛泽东选集(第 2 卷)[C]. 北京:人民出版社,1991,第 145 页.

的德育体系的重要环节。爱国不仅是政治问题,更是道德问题,是关乎国家与民族发展的重大问题,在思想政治教育过程中要培养学生"国家兴亡,匹夫有责"的责任意识,使学生自觉把爱国内化为一种德性品质。

习近平总书记曾在 2005 年,以"同大学生谈人生"为主题,为在杭高校学生作了一场报告。在报告中,他强调大学生要把爱祖国、爱人民、爱共产党、爱社会主义作为最起码的价值取向。先对自己和亲人负责,进而对民族、国家、全人类负责,做一个有价值、负责任的人。

党和政府在不同时期颁布实施的教育政策中,无一例外地把爱国主义作为高校思想政治教育的重要内容。1986 年 5 月,中共中央、国务院批转《国家教委关于加强高等学校思想政治工作的决定》指出,"高等学校思想政治工作的任务是紧紧围绕社会主义现代化建设这个中心,围绕和结合经济、科技、教育等方面的改革,进行社会主义、共产主义、爱国主义、集体主义教育,把全体师生员工的社会主义积极性调动起来,使他们正确理解党的十一届三中全会以来的路线、方针、政策,将他们的思想和行动引导到建设具有中国特色社会主义总目标上来,努力培养出一代善于在新的历史条件下坚持正确政治方向和勇于开拓进取的知识分子"[①]。

《爱国主义教育实施纲要》对爱国主义教育的基本原则、教育重点、爱国主义基地建设等相关内容作了规定,提出"把培养广大青少年的爱国主义感情,提高他们的爱国主义觉悟,引导他们树立正确的理想、信念和人生观、价值观作为思想政治教育的重要内容"。中共中央、国务院《关于进一步加强和改进大学生思想政治教育的意见》对于大学生思想政治教育的任务进行了进一步的明确,将理想信念教育,世界观、人生观和价值观教育,爱国主义教育,弘扬和培育民族精神教育,公民道德教育等纳入其中。

《国家中长期教育改革和发展规划纲要(2010—2020 年)》再

---

① 黄蓉生.改革开放以来大学生思想政治教育论纲[M].北京:人民出版社,2014,第 8 页.

次强调要切实加强和改进高校思想政治教育工作,在教育过程中要不断加强以爱国主义为核心的民族精神教育,并且不断强化以改革创新为核心的时代精神教育,将两者结合起来,重视道德教育,并且在学校教育、家庭教育和社会教育等各个方面各个环节贯穿相关方面的教育理念和内容。"党的十八大报告中也提到,要加强和改进思想政治工作,深入开展爱国主义、集体主义、社会主义教育,丰富人民精神世界,增强人民精神力量。"①

(二)爱国主义教育的内容

1. 优秀传统文化教育

中华民族是一个有着五千年悠久历史的伟大民族,我们的祖先通过世世代代的辛勤劳动创造出了光辉灿烂的历史文化,这是我们中华民族的历史瑰宝,是对大学生进行爱国主义教育的重要内容。古老的《书经》中,周武王在《泰誓》里就提出"民之所缺,天必从之"的思想,强调要尊重人民的意愿和要求。古老的《周易》和《老子》充满辩证思想,至今为世界许多国家所研究和运用;智育《孙子兵法》和我国古代其他许多兵家的著述,至今被许多国家的军事学院定为必读书,而且被广泛应用于企业和市场竞争,显示出他们的无限生命力。在近代,我们落后了,但在新中国成立不久,我们自力更生制造出"两弹一星"。我国在尖端科学、尖端医学等方面,有许多重大突破,居于国际领先地位。在当代,随着全球化浪潮的兴起,具有不同历史传统和民族特色的文化之间的碰撞和交融将更加广泛、更加频繁、更加激烈、更加深入。一个国家在全球化浪潮中能否保持其优秀民族文化,不仅关系到本民族文化的生存与发展,还关系到国家的命运和前途。特别是一些西方国家借全球化之际,凭借其雄厚的经济实力和信息高科技优势,打着"文化全球化""文化一体化"的旗号,大肆推行文化殖民

---

① 孙正林. 当代大学生主题教育研究[M]. 北京:人民出版社,2014,第71页.

主义,以达到渗透别国本土文化的目的。因此,我们引导大学生要不断弘扬优秀的传统文化,使大学生不断提高对民族文化的热爱感和认同感,增强大学生的民族自尊心,树立民族自信心,升华民族自豪感,使大学生在西方文化霸权主义面前,自觉保护和弘扬本民族文化,维护国家的利益。

2. 文明历史教育

历史是不能割断的,只有懂得历史才能正确地了解现在和展望未来。我们要讲中华民族发展史中的曲折,更要讲近百年来我国的屈辱史,讲现代中国革命史,讲新中国的艰苦创业史,使人们懂得,特别是使当前的大学生懂得,新中国来之不易,社会主义建设成就来之不易,让人们知道我们国家有今天,多少先烈付出了鲜血和生命,亿万人民进行了多么艰巨的劳动。还应当注重讲杰出人物个人的历史,讲杰出人物、英雄模范的奋斗史、贡献史。因为这样的史料最真切、最实际,也最感人,同时又包含着这些人物的世界观,也最容易引人效法、学习,具有潜移默化的作用。学习革命先烈为了共产主义的实现而不惜抛头颅、洒热血的精神,学习新时期各条战线上涌现出来的先进人物和事迹,能够使大学生更好地认识过去,立足现在,展望未来。

3. 国家安全教育

国防素质是每个大学生应当具备的基本素质之一。大学生是祖国伟大事业的继承者,因而一定要加强国防意识教育,树立国防观念,正确认识到国防的重要性,心系国家安危,肩负起保家卫国的重任。在当今和平与发展的时代主题下,在总体国际局势缓和的态势下,局部的冲突还是有的,特别是恐怖主义危害上升,霸权主义和强权政治有新的表现。我国向往着和平,并在这条道路上不断前进,在这条道路上,各种风险和挑战是层出不穷的。因而在发展的过程中重视国防军队建设是十分重要的,国防军队建设是捍卫国家主权、领土完整,维护国家利益的有力保障。作为社会主义现代化重要建设者的大学生,他们必将要承担起国防建设的重要职责,成长为国防建设的后备人才,因而必须具有十分强烈的国防观念与忧患意识,对国防事业投入热情,并积极关心,努力为国防和军队现代化建设贡献智慧和力量。

4. 民族平等团结教育

中国是一个多民族国家,对大学生进行深入的民族平等团结的教育对维护民族团结和国家的稳定是非常重要的。我们国家共有 56 个民族,虽然各民族的人数有多有少,并不均衡,但是各民族之间相互依存,不可分割,并无高低贵贱之分,每个民族都享有相同的权利,履行相同的义务。

(三)树立爱国主义教育的指导原则

在爱国主义教育中,同样包含教育者、受教育者以及教育内容三大要素,同时与其他的交互活动相同,必须遵循一定原则和规律,方能达到满意的效果。具体说来,在开展爱国主义实践活动时应坚持以下几点原则。

1. 坚持共性与个性相结合的原则

坚持这一原则主要是为了体现爱国主义教育的针对性和多样性。在现实生活中,由于生活环境、个人经历、文化程度、心理性格等方面的差异性,造成个体的存在也是多样性的,从而影响其产生不同的社会表现。相应地这种社会个体的差异性的存在,就要求在进行爱国主义教育时,不仅针对社会个体实施普遍意义上的教育,还要有针对性地划分层次差异或者群体差异,然后根据其特性实施针对性的教育,具体问题具体分析,一切从实际出发。

2. 坚持层次性和渐进性相结合的原则

所谓"层次性和渐进性相结合",就是要根据人们不同的需要进行爱国主义教育,循序渐进,有的放矢,突出重点,在渐进性中凸显层次性。具体来说,把爱国主义融入人们的情感和行为表现中是一个逐步发展的过程,首先要教育人们热爱自己的家园和自己的故乡,从而激发人们的生活热情,努力奋斗,建设自己美好的家园。然后,逐步引导人们认识到仅仅依靠个体自己的努力来建设美好的家园是不能实现的,更需要整个社会、整个民族、整个国家的繁荣昌盛,这就要求在现实生活中如果个人利益与集体利益、国家利益发生冲突的时候,必须保持清醒的头脑,正确处理好这三者之间的关系,从而激发人们爱集体、爱国家的热情。

3. 坚持传统性与时代性相结合的原则

坚持这一原则要求我们不断更新爱国主义教育的内容,不断增强爱国主义教育的连续性和时代性。作为个体的人是存在于具体的、历史条件下的人,不是抽象的。人离不开历史,离不开传统,也就是说,任何一个人都是历史的存在。马克思主义认为,没有超阶级的人,没有超历史的人,人总是受历史的局限。但人也是随着历史的改变而改变的,他总要体现出自己时代的特色。根据这一理论,在对个体实施爱国主义教育时,历史性与时代性相结合的特点就必须突显出来。在教育内容方面,必须把爱国主义传统教育和爱国主义时代性教育相结合,对个体进行历史教育、传统文化教育和时代教育;在教育方法方面,必须把传统教育方法和现代教育方法结合起来。

但是在实施爱国主义教育的活动中往往最容易忽视这一方法,主要原因是人们更为强调爱国主义教育的精神教育性质,这就一定程度上使人们在爱国主义教育的过程中更注重实施精神鼓励,忽视物质利益。马克思认为:"人所奋斗的一切都与自己的利益有关,思想一旦与利益相分离,就会使自己'出丑'。"①因此,为了更好地使爱国主义教育取得实效,首先要创造一种公平、公

---

① 马克思恩格斯全集(第3卷)[C]. 北京:人民出版社,1995,第101页.

正、和谐的社会大环境,保证个体在社会发展过程中获得平等发展的机会。其次,运用说理教育法对教育客体进行爱国主义教育,增强其对国家的认同感,激发其爱国热情,同时要注意不同层次个体是具有差异性的,关注个体的实际需要,要以人为本,从客体的需要出发思考和解决问题。只有这样才能让大学生真正有主人翁的责任感,才会自觉地投入为国家利益而努力奋斗的行列之中去。

(四)构建大学生爱国主义教育的创新机制

1. 完善课程体系建设

高校是对大学生进行爱国主义教育的主阵地,其中理论课程又是进行爱国主义教育的最直接的教育方式。高校要以党和国家的有关政策为指导,结合时代特点与自身实际,完善课程体系,创新教育方法,深入开展实施爱国主义教育。

(1)加强教师队伍建设,提升师资水平

教师承担着课堂教学的重要任务,教师水平与能力的高低直接决定教学的成效。教师在教导学生时,传授给学生的不仅仅是知识,同样还有方法技能,以及一些重要的品格,其中,通过教育培养一个人的良好品格,这是教育中的最高层次。在具体的教育过程中,教师要将爱国精神、事业心、责任感、团队意识、认真刻苦等品格传达给学生,在课堂、课题、文章等中融入这些品格,并且做到言传身教,以高尚师德、人格魅力、学识风范教育感染学生,真正做到为人师表,成为学生的引路人。可见,在爱国主义教育中,教师的教育与引导至关重要。

第一,高校教师要提高其政治素质。

政治素质指坚定的政治信仰、正确的理想信念、较强的政治敏锐性和较高的政治水平。坚定的政治信仰是指坚定地站在无产阶级政党的立场上,维护党和人民的利益,拥护党的路线、方针、政策,为党的事业而奋斗,并在大是大非上站稳脚跟,与违反党的原则的思想行为做斗争。正确的理想信念是指以坚定社会主义和共产主义信念、明确前进方向,战胜各种困难和挫折,以高度的事业心、坚定的信心、高度的责任感和顽强的毅力投身教育事业之中。较高的政治敏锐性是指对时代前沿问题的观察、分析能力。对社会主义的建设不能停留在理论研究的层面,要结合时代前沿的问题,提高思想政治理论教育的有效性。

较高的政治水平是指拥有政治上分辨是非、处理各种问题的能力。拥有较高的政治水平才能抵制各种社会思潮,处理好各种政治问题。教师具备较强的政治素质,必须具有较强的政治鉴别力和灵敏的政治嗅觉,在复杂多变的社会环境中,能够坚定政治信仰,保持正确的政治立场。立场坚定地维护党的路线、方针、政策。此外,还要时刻关注国内外重大新闻,追踪时政热点,捕捉敏感话题,紧跟时代发展,善于用马克思主义基本原理和中国特色社会主义理论解析大学生关注的焦点、热点和难点问题,诠释当前的政治、经济、军事、文化形势,做好党和国家路线、方针、政策的宣传者和维护者。

第二,高校教师要提高其职业道德素质。

教师的职业道德具有广泛、深远、长期的影响,其职业道德行为也具有强烈的示范作用。因此思想政治理论课教师要想取得良好的教学效果,取得高校整个思想政治工作的成功,必须严格按照职业道德规范要求自己,赢得同行和学生的信赖。在工作中,全面贯彻国家的教育方针,遵守教育的法律法规,依法履行教师的职责。对工作,勤恳敬业,乐于奉献;对教学,遵循教学规律,实施素质教育;对学生,尊重学生人格,关心爱护学生;对同事,尊重同事,团结协作;对自身,知荣明耻,严于律己,以身作则。思想政治理论课教师只有对职业无限热爱,提高自身在学生心目中的地位和威信,才能激起学生对政治理论的兴趣,提高"两课"教育的感染力和实效性。

(2)丰富课程资源,拓展教育渠道,创新教学模式

通过课堂教学,大学生能对爱国主义教育有一个直观、系统、

全面的认识与接受。在课程的选择上,《爱国主义教育实施纲要》对爱国主义的相关理论课程作了规定,中共中央宣传部教育部《关于进一步加强和改进高等学校思想政治理论课的意见》作了补充,爱国主义教育的课程体系不断完善。

此外,高校应合理利用其他专业课程,间接对学生进行爱国主义教育。要积极开展一些传统文化的选修课,同时开设以爱国主义教育为主要内容的专题讲座,充分发挥党团组织、学生会等学校骨干组织作用,开展形式多样、内容丰富的爱国主义理论教育活动。通过举办爱国主义主题班会、诗歌朗诵会、演讲比赛、先进事迹报告会等学生喜闻乐见的活动,拓展教育渠道,开辟爱国主义教育的第二课堂,对学生起到潜移默化的教育作用。

在相关课程的教学中,如何提高大学生的积极性、主动性、互动性,提高教学的质量和效率是困扰广大教师的一个难题。只要不断创新教学模式、改进教学方法,从施教方式做出创新与改变,这些问题就会迎刃而解,化于无形。在教学中要尊重大学生的主体地位,设置问题,使大学生各抒己见、表达自己的观点与看法,提升大学生的主动性与参与度。广泛利用教学资源,丰富教学内容。如把教材的文字内容以 PPT、教学短片、采访纪录片、电影等内容呈现给学生,贴近学生生活,远离照本宣科、杜绝强制灌输。

2. 以爱国主义统领校园文化建设

2013 年 8 月 31 日,教育部发出《中共教育部党组关于在全国各级各类学校深入开展"爱学习、爱劳动、爱祖国"教育的意见》(以下简称《意见》),明确提出要以"三爱"教育引领校园文化建设。强调"各地各学校要充分发挥文化的育人功能,研究设计不同的活动形式及载体,开展丰富多彩的主题班会、主题党团日、升国旗仪式、运动会、艺术节、读书读报、征文演讲等活动。深化校园文化精品活动建设,打造一大批'三爱'教育文化品牌。要将'三爱'教育融入全国大学生文艺汇演、高校校园文化建设优秀成果评选、中等职业学校'文明风采'竞赛等具有影响力的活动中，使'三爱'教育不断深入人心。要将'三爱'教育融入网络思想政治教育，着力打造若干个对青少年具有广泛影响的示范性主题教育网站和网络互动社区，充分利用移动新媒体平台开展'三爱'教育"①。《意见》的出台为各高校在校园文化建设中融入爱国主义教育作了科学、系统的指导，对推动爱国主义教育发展与校园文化建设都具有重要意义。

二、增强革命精神认同

（一）注重常态化的主流意识形态宣传教育

主流意识形态是加强革命精神教育的主阵地。在加强革命精神教育时，可以运用大量媒体资源，利用其规模大、覆盖面广、影响力和冲击力强，并可持续、重复的优势，努力营造一种舆论氛围。在这种氛围里面，不管人们对革命精神认同与否，认同程度如何，都带有某种不可回避性，甚至强迫性地受其浸染、熏陶。长期受这种潜移默化的影响，人们对革命精神就会逐渐地从不认同到认同，从认同程度低到认同程度高，甚至对某种革命精神完全接受。

（二）在日常生活中融入革命精神教育

加强革命精神教育不要指望通过搞一两次大张旗鼓、声势浩大的运动就能达到目的，因为人们不能总生活在令人高度亢奋、紧张、受迫性强的环境中。日常生活世界才是人们活动的主要场所，是人们实现其物质需求与精神满足的主要领域。因此，加强革命精神教育，要注意从生活的点滴做起，从小事上体现，这样久而久之会形成一种思维定式和行为"惯性"，成为一种不自觉的选择。

---

① 孙正林. 当代大学生主题教育研究［M］. 北京：人民出版社，2014，第83页.

(三)加强课堂教学、教育效果

课堂教学、教育在对大学生加强革命精神教育的各种形式中效果是最突出的。从幼儿园和小学开始，就注意以能让儿童、学生易于接受的最通俗易懂的形式宣传先进人物及其事迹、精神，并鼓励学生向先进人物学习。到了大学阶段，在课堂教学(主要是思想政治理论课的教学)中对大学生革命精神教育时，不能仅仅停留在讲故事的形式，而要深入挖掘革命精神产生的历史背景、实质、时代性等问题。另外，课堂教学也包括课堂的实践教学，如课堂辩论、历史情景剧的表演等都是深化革命精神教育的有效形式。

(四)注重革命精神教育的方式方法

一般来说，能够吸引人们注意力的东西多是"群众关心"和"普遍存在"的。革命精神是宝贵的财富，但因属于一种特殊的历史印记，不容易吸引大学生。革命精神作为意识形态的一部分，应当随着时代的发展而发展。如何将革命精神与当下社会生活联系起来才是最重要的。

(五)丰富革命精神教育内容

中国革命的伟大历史、中国共产党人的崇高风范和优良传统是对大学生进行思想政治教育的鲜活教材，集中体现在问卷中所涉及的中国共产党在新民主主义革命、社会主义革命、社会主义建设和改革开放时期形成和发展起来的几十种革命精神。加强对大学生进行革命精神教育，同时在关注大学生的科学文化素质与心理素质的同时还要关注大学生思想道德素质以及政治素养，让大学生成长为一个全面的人才。

1. 加强敢于斗争、敢于胜利的彻底革命精神教育，培养大学生合格的政治素质

一是牢固树立并坚定社会主义和共产主义的理想信念。理

想信念是一个人精神世界的核心,对一个人的发展至关重要。大学生是一个年轻的群体,是一个朝气蓬勃的群体,是一个充满活力的群体,也是一个充满梦想的群体。大学阶段正是追求理想的热烈时期,只有树立正确的理想信念,才有不断前进的动力。我们要突出"细",注重"情",致力"帮",讲到"活",入到"心",帮助大学生树立科学的理想信念;大学生在树立理想信念时要以社会主义共同理想为主旨。二是培养爱国主义精神。要让大学生了解中国古代尤其是近现代以来的历史,激发起他们的民族自尊心和自豪感;新中国的建立充满了艰辛,整个奋斗史上充满了不易,大学生作为建设祖国伟大事业的继承者,要努力做到爱党、爱国与爱社会主义一致,不断推动我们国家的繁荣昌盛。

2. 加强实事求是、勇于创新精神教育,培养大学生科学的思想素质和创新素质

一个民族没有创新精神必然是一个停滞不前的民族,一个国家没有创新精神总有一天会被剔除出局。当然,无论是一个民族还是一个国家,如果没有务实精神,那么最终也会被历史所淘汰。因而,首先要用唯物辩证法武装头脑,防止形而上学;用唯物史观武装头脑,防止不切实际。其次,要树立积极正确的人生价值观,在劳动中实现价值,在风险社会中完善自我。最后,要在工作和生活实践中勇于超越前人和自我,不断开拓创新。

除了上述两项内容外,还要加强依靠群众、团结奋斗精神教育,以及居安思危、艰苦奋斗精神教育。

三、扩宽民族精神的培育途径

(一)发挥思想理论课在培育大学生民族精神中的主渠道作用

高等学校思想政治教育理论是高校思想政治教育的主渠道,承担着将马克思主义基本理论传递给当代学生的重要使命,同时

也承担着传承和发扬我国民族精神和时代精神的基本任务。思想政治理论课教育教学要根据时代发展的需求和大学生思想政治教育的基本特点,有针对性地展开民族精神教育,培养当代大学生的爱国热情和民族自豪感,比如历史课程教育、中国民族的传统道德教育、红色革命精神的传承等。

(二)发挥师德建设在培育大学生民族精神中的示范作用

教师对学生人生观和价值观的形成具有重要的影响,作为灵魂工程师,他们的道德素质和个人品德是否过关与大学生个人的成长和成才有着极为密切的联系。教育者首先要保证自己是一名合格的爱国者和爱国主义精神的传承者,才能以真挚的情感感染学生,才能作为真实的榜样鼓舞学生。

(三)发挥社会实践在培育大学生民族精神中的强化作用

社会实践是高校进行民族精神教学与培养的重要途径。在民族精神教育和培养中,我们不能将其限定在理论教育范围之内,应该尝试突破现有观念,结合社会实践培养大学生的爱国热情和爱国情感。积极引导学生投身社会实践活动当中,鼓励他们为社会的发展贡献自己的力量,如鼓励大学生投身西部大开发计划、三下乡活动以及偏远地区支教等。

四、构建弘扬民族精神的发展机制

(一)将民族精神与时代精神有机结合

从教育目的上而言,进行民族精神教育主要是为了继承中华民族优秀文化传统,将传统的民族精神不断与改革开放的现代意识、全球意识相融合,不断与时俱进,在现代社会中依然大放异彩,发挥应有的作用。因而,民族精神不是停滞不前的古董,而是与时代相契合的。在民族精神境遇中融入强烈的时代意识,让大学生在时代发展的今天依然能时时刻刻感受到民族精神的伟大魅力,从而增强民族自豪感和使命感。因而在教育过程中,一定要将民族精神和时代精神紧密结合在一起,将两者放在同等重要的地位,并且融入各个教育环节中,培养大学生的爱国主义情怀和改革创新精神。要将社会主义荣辱观放在基础地位,在教学过程中融入社会主义核心价值观教育,促进大学生良好道德品质的形成。

(二)挖掘并弘扬平凡中的模范事迹

每个民族都会有英雄,可以说,一个没有英雄的民族是可悲的民族。但如果有了英雄而不去珍惜,那么这个民族同样可悲。在数千年的历史长河中,中华民族涌现了无数的英雄豪杰,在新中国的不同历史时期也涌现了像雷锋、郭明义这样毫不利己、专门利人的百姓模范。正如著名作家徐光耀谈《小兵张嘎》的创作过程时说的:他们奋战一生,洒尽热血,图到了什么,又落下了什么呢?简直什么也没有。有些人甚至连葬在何处都不知道!正所谓活不见人,死不见尸。但是,他们留下的是为民族自由、人类解放的伟大实践,和那令鬼神感泣的崇高精神。这种伟大的精神是中华民族前进的脊梁,激励着一代又一代的炎黄子孙为中华民族的崛起而奋斗。在今天的社会主义现代化建设的伟大征程中,没有了硝烟,没有了战火,人们在祥和的环境中生活。但是,就是在这样的平凡中,平凡的人却在谱写着不平凡的乐章,给民族精神注入了新的血液,推动着时代精神的升华。助人为乐模范何明、见义勇为模范张丽莉、诚实守信模范吴恒忠、敬业奉献模范罗阳、孝老爱亲模范许张氏、道德模范郭明义等就是民族精神在新时代的写照。这里必须要写上一笔的是华中农业大学的毕业生徐本禹,他是当代普通大学生中的一员,但是,他坚定的理想信念、正确的价值取向、积极进取、奋发成才、勇于战胜困难、乐于奉献社会的精神风貌,在大学生中产生了巨大的影响。这些模范事迹呼唤着人类朴实情愫的回归,呼唤着民族道德观念的进步,呼唤着人类新文明的发展,呼唤着我们民族的振兴和祖国的腾飞,引领着莘莘学子努力学习,把这些朴实的时代精神内化于心并外化于行,做到真正的知行合一。

(三)综合利用校内外资源,搭建民族精神教育平台

面对日益复杂的思想政治教育环境,要以拓展思想政治教育大环境为依托,不断发挥校园文化的效力,为培育民族精神搭建平台。要对大学生的活动环境和活动特点有深入的了解,在校园文化活动实践中融入民族精神教育,可以单独举办一些民族精神的文化宣传活动,使学生在活动中受到潜移默化的影响,受到启发、启迪,使社会责任心不断增强,民族自豪感不断强化。同时要充分利用好有利的资源,如一些宣传和培育民族精神的基地,加强对大学生校园文化活动的组织与管理。可以在一些民族节庆日、重大纪念日等特殊节日加强民族精神的宣传,让大学生能够切实体会到民族精神中蕴含的精髓。同时,要有针对性地组织他们参观各类民族精神培育基地,如展览馆、科技馆、烈士陵园等,进而增强培育的实际效果,促进当代大学生的人格塑造。高校要把弘扬和培育民族精神贯穿于高校校园文化建设和社会资源有效利用的全过程,在学校内外营造浓郁的民族精神教育的氛围。

第四章 ‖ 社会思潮与大学生思想政治教育

随着国际社会普遍联系的加深和中国改革开放的进一步深入,国外的各种社会思潮纷纷涌入中国,和国内的各种社会思潮进行了激烈的交锋或融合,形成了社会思潮错综复杂的局面。社会思潮是重要的社会意识现象,引领社会思潮是加强大学生思想政治教育的一项重要任务。社会思潮既能成为思想政治教育积极的一面,也能成为思想政治教育的消极因素。认真研究当代社会思潮对大学生思想政治教育的影响,适时采取积极的应对措施,弘扬积极影响,化解和抵御负面影响,这既有利于思想政治教育的良性发展,又有助于社会的和谐稳定。本章在马克思主义立场观点和方法的指导下,探讨了当代西方和当代中国社会的主要社会思潮的表现形式、特点及其与中国主流意识形态的复杂关系,特别是对大学生思想政治教育的影响,并提出了可行性的对策。思想政治教育工作者如何正确把握当代社会思潮,切实加强当前的大学生思想政治教育工作,增强思想政治教育工作的针对性和实效性,具有重要的理论价值和现实意义。

第一节 社会思潮的一般理论及其在中国的主要表现

当前我国正处于社会转型时期,社会意识形态呈现出多样化的趋势。在这种情况下,要想加强对大学生的思想政治教育,就必须要把握当前社会思潮的主流,掌握时代的脉搏,树立起积极的思想观念,避免遭受社会不良思想的影响和冲击。加强大学生对思想观念和社会思潮的整合能力,全面推动中国特色社会主义理论体系的向前发展,维护意识形态的安全和社会的稳定,对提高大学生思想政治教育具有重要的作用。

一、社会思潮的内涵及特征

社会思潮是意识形态的"晴雨表",是社会变化的前端,是一种复杂的社会现象,具有巨大的能动作用,对社会的发展起到冲击作用。在当前经济体制变革、社会结构变动、利益格局调整的情况下,国内出现了各种各样针对当前社会现实的思潮,它们对大学生思想政治教育具有很大影响。

(一)社会思潮的概念

1902 年,梁启超发表了《论时代思潮》一义,其在文章中指出:"今之恒言,曰'时代思潮'。此其语最妙于形容。凡文化发展之国,其国民于一时期中,因环境之变迁,与夫心理之感召,不期而思想之进路同趋于一方向,于是相与呼应汹涌,如潮然。凡'思'非皆能成'潮';能成'潮'者,则其'思'必有相当之价值,而又适合于其时代之要求者也。凡'时代'非皆有'思潮';有思潮之时代,必文化昂进之时代也。"[①]这是我国学者对社会思潮的最早阐述。从梁启超对社会思潮的分析和理解中,可以看出其是从四个方面来对社会思潮进行定义的。第一,社会思潮与时代变革息息相关;第二,在社会变革时期,广大群众无论是在心理上还是在思想上都不约而同地趋向于同一个方向,进而产生了社会思潮;第三,无论何种社会思潮,其出现必然符合时代的需要,并且必定具有一定的价值;第四,凡是出现社会思潮的时代,其必定是正处于发展和进步的时代,但需要注意的是,并不是每一个时代都会产生社会思潮。在梁启超看来,对社会思潮的出现不应该出现恐慌,

---

① 梁启超. 清代学术概论[M]. 北京:中华书局,1954,第 57 页.

反之,社会上出现思潮应该被视为是一项高兴的事,因为其说明时代在发展。从这里我们可以看出,梁启超对社会思潮的理解还存在很多的漏洞,因为其并没有对社会思潮的性质进行区分,也就是说梁启超没有对社会思潮的正确与否、先进与否和革命与否进行区分。

随着我国社会经济文化的不断发展,人们对于社会思潮的研究也越来越重视,在社会发展的不同时期,对社会思潮也进行了不同的定义。1979 年,"辞海"对于"思潮"的定义包含两项内容,即"①某一历史时期内反映一定阶级或阶层的利益和要求的一种思想倾向。②涌现出来的思想感情。如思潮起伏"①。1987 年,《中国大百科全书——哲学卷》中,对于"思潮"的解释为:"社会思潮反映特定环境中人们的某种利益并对社会生活有广泛影响的思想趋势或倾向。社会思潮有时表现为由一定理论形态的思想作主导,有时又表现为特定环境中人们的社会心理,是社会意识的综合表现形式。每一种社会思潮一般都是有其代表人物,但它并不是某个个人的创造。一定的社会思潮是在当时社会的经济政治条件之总和的基础上,从群众的社会心理中自发形成的。社会思潮的根源在于社会的经济生活,它是当时经济发展所引起的社会生活中突出矛盾的反映。"②

上述中对于社会思潮的解释也存在很多的不足之处,其最大的漏洞是,忽视了引导思潮出现的理论导向。这是因为,任何社会思潮的出现都是在一定社会理论的引导下所产生的,尽管从表面上看,很多人参与社会思潮都是一种不自觉的表现,但是从根源上研究就会发展,只有在某种社会理论的引导下,才会导致社会思潮的出现。

综上所述,可以将社会思潮定义为:社会思潮是在一定时期内,能够反映某一阶级或是阶层群众利益和要求的、以某种理论学说为主导或依据的思想趋势或倾向。思潮的发生发展规律向

① 辞海[K].上海:上海辞书出版社,1979,第 3837 页.

② 中国大百科全书·哲学[M].北京:中国大百科全书出版社,1987,第 765-766 页.

着成熟的学术理论发展,向着普遍的社会心理发展、渗透和沉淀,影响力不断扩大。

(二)社会思潮的特点

1. 群体性

从本质上来说,社会思潮是一种社会意识现象,因此其必然存在意识主体。从意识主体的方面来看,社会群体就具有了群体性的特征。从社会思潮的定义上来看,社会思潮是由各种思想要素汇集成的某种思想潮流,而在社会时代的矛盾冲突中,这些意识要素就会产生一些共生点,进而也就出现了意识倾向。需要注意的是,这种意识共生点的出现就是造成人们参与到社会思潮中的重要原因,这是因为,在这些意识共生点中,其符合了一些人的利益追求,或是唤起了人们在内心深处的诉求,也或许是符合了人们思维方式的惯性。因此,在意识共生点产生之后,社会思潮才会迅速传播开来,对整个社会都造成猛烈的思想冲击。从上述中我们就可以看出,社会思潮必然具备一定的群体性特征,无论该社会思潮是先进的还是落后的。

2. 涌动性

社会思潮具有涌动性的特征,这是因为其通常在某一个领域产生之后,会迅速流向其他的社会方面。社会思潮产生的历史背景是造成其具有涌动性特征的重要原因,是由社会思潮中各层意识要素所处的状态所决定的。

在上述中,我们已经得知,群体的意识要素汇集才形成了社会思潮。对这些意识要素进行深入的分析过程中,可以将其分为三个层次:第一,广泛的心理张力;第二,流行的理论观点;第三,激烈的思想趋势。在社会思潮的运动过程中,其所包容的各种意识要素都会处于一种激发的状态,它们之间相互作用,相互影响,进而形成社会思潮的涌动性特点。

3. 极端性和盲目性

对于社会思潮来说，其可以分为进步思潮和落后思潮两种，但需要注意的是，无论是何种社会思潮，其都会具有不同程度的极端性和盲目性。

落后思潮的极端性和盲目性特征表现得极为明显。例如，在"文化大革命"时期，以林彪和江青为首的反革命集团，在广大群众中提出以"阶级斗争为纲"的观点，以及在各个领域中都存在的"宁要……不要"的思想情绪，都充分体现了落后社会思潮的盲目性和极端性。

对于进步的社会思潮来说，其也会存在有一定程度的盲目性和极端性。例如，在新文化运动过程中，掀起了新文化运动思潮，它提倡科学，反对封建和迷信，是辛亥革命失败后出现的封建复古思想逆流的对立物。从这个方面来看，该思潮是积极的，具有很大的进步意义。但是，在这种思潮传播的过程中，其主张无政府，肯定一切或否定一切的形式主义，以及历史虚无主义等观点，却对新文化运动思潮蒙上了一定盲目性和极端性的色彩。

二、社会思潮的功能作用

（一）社会思潮可以为社会发展提供精神动力

由于社会思潮自身具有广泛性和认同性，具有强大的号召力和影响力，因此在社会变革中，它充当"催化剂"的作用，是变革的政治先导。在欧洲，如果没有文艺复兴运动和宗教改革运动，近代资产阶级运动就不会成功；在中国，如果没有李大钊、陈独秀等仁人志士从西方引进新观点、新思维，中国革命就不会选择马克思主义，就不会取得新民主主义革命的伟大胜利，彻底改变中国的命运；在中国的改革开放中，如果没有解放思想、实事求是的思想路线，我们党就不会探索并最终选择中国特色社会主义道路，在中华民族伟大复兴和社会主义建设中找到唯一正确的道路。

(二)社会思潮能够将人们的需求和愿望反映出来

一个先进的执政党,必须要广泛收集社会思潮,倾听广大人民群众的心声,求真务实地分析,了解各阶层人们的社会需要,始终把最广大人民群众的根本利益作为党和国家一切工作的出发点和落脚点,实现好、发展好、维护好最广大人民群众的根本利益。

(三)社会思潮可以反映出百姓关注的热点和焦点问题

社会思潮作为社会意识的特殊形式,是社会存在的集中反映,任何一种社会思潮的产生,都是各个阶级之间利益冲突的诉求结果,是经济、政治、社会等方面人民群众产生不满情绪的指示器。通过对社会思潮的研究,可以反映出群众在政治、经济、文化、社会等方面比较敏感的社会话题,国家决策人可以及时地把握社会思潮所提供的信息,采用科学的分析方法,寻找解决方案,作为制定科学的路线方针和政策的依据。

(四)社会思潮对青年成长的作用

青年的价值观并不是自发产生的,而是不断参加社会实践的社会化结果。青年价值观在形成过程中受到社会的多元影响。社会思潮是时代的产物,是时代的反映,它在一定程度上反映了人们的心理诉求,在一定程度上左右着人们的思想变化。社会思潮对青年价值观的形成起着一种隐性的、潜移默化的作用,在青年价值观中不知不觉地渗透了思潮主张的内容,引导青年群体选择某种价值取向。青年价值观的形成是循序渐进和螺旋式上升的,容易受到外部环境的影响,因此,青年价值观偏离正确方向的情形时有发生。社会思潮的嬗变与兴替,对青年价值观形成和发展的隐性影响较为明显,特别是那些包含新的学术主张或时代主张的各种思潮,对青年的价值取向和价值心理的导向作用更为突出。一般说来,进步的、符合社会发展规律的思潮,使青年在验证和调适中,能够上升到一个更高的水平,日益形成和完善其内在价值结构体系。反之,落后的、偏离社会发展方向的思潮,会使青年产生困惑与迷茫,阻碍其形成良好的价值观念。

三、当代中国社会思潮的多样性

传入我国的西方社会思潮种类繁多,但从根本上来说,西方社会思潮都是为西方社会服务、为资产阶级服务的。因此,西方社会思潮与社会主义国家的核心价值体系有着本质的不同,并在一定程度上对社会主义核心价值体系有一定的危害和影响。影响较深、传播范围较广的西方社会思潮主要是新自由主义思潮、新保守主义思潮、民主社会主义思潮、极端个人主义思潮和实用主义思潮。

(一)新自由主义思潮

自由主义思潮产生于 17、18 世纪英国和法国反封建专制的资产阶级革命时期,是在自由主义的基础上发展演化而来的,是资本主义的核心价值体系和主流意识形态。而新自由主义最初产生于 20 世纪 50 年代末 60 年代初,当时,西方发达国家相继出现了经济停滞、通货膨胀和失业增加等诸多经济疾病,而凯恩斯主义又无法解释这一现象,因而新自由主义思潮于 20 世纪 70 年代在西方国家中流行起来,它是对自由主义的复活和发展。在以哈耶克为代表的伦敦学派和以弗里德曼为代表的货币主义学派的大力鼓吹下,新自由主义在西方社会的地位开始不断上升,并逐渐成为西方发达国家占统治地位的思想和意识形态。新自由主义作为对凯恩斯主义的继承和批判,有它自身合理的成分,但由于它主张贸易经济自由化、市场定价(使价格合理)、消除通货膨胀(宏观经济稳定)和私有化,所以本质上是在维护资本主义,因而对发展中国家特别是对社会主义国家来说,就是西方发达国家控制和剥削发展中国家的一种工具和手段,是另一种"新帝国主义"。这种社会思潮对社会主义国家的经济体制改革、意识形态建设都带来很大的冲击和影响。

(二)新保守主义思潮

新保守主义是新自由主义的对立意识形态,他们主张对政府的权限进行限制,不希望政府的权力过于集中。这一意识形态的代表人物主要有 A. 兰德、N. 格拉塞、M. 戴蒙德、P. 伯杰、塞缪尔·亨廷顿等。他们希望通过文章来对"新思想""新概念"进行宣传,为社会的发展献计献策。他们的主要观点有以下几方面。

第一,政府的权限范围必须是有限而且分散的。新保守主义认为虽然政府可以作为规则的制定者和裁判者对市场进行监督,但是对规则的制定和监督应尽量减少,将绝大部分功能交给自由经济市场进行运作。市场这一看不见的手能够通过自身的规则运作逐渐强大起来,替代政府这一看得见的手的部分功能。通过这样的运作,自由和民主才能得到一定的保障。

第二,新保守主义所理解的自由是机会平等上的自由。新保守主义认为人们能够在社会制度下自由而且平等的获得发展的机会是社会制度发展的首要准则。各人在才能上有所不同,在一定的社会制度下,每个人所付出的努力和得到的结果必然是不相等的。对于普通群体来说,他们只有在发展机会上是平等的。在自由竞争之下,机会的平等总是意味着结果的不平等。因此,新保守主义主张的自由竞争也是与平等产生了一定冲突的。人越是自由就越是显示出其权利和对平等的摧残。政府这时要作为规则的监督者对这一群体进行监督。

第三,新保守主义主张社会的适度民主。新保守主义认为社会的发展要适当限制民主,避免人们在思想上的混乱。在新保守主义看来,20 世纪六七十年代那样的极端民主形式实际上造成了一定的信仰危机。他们认为,信仰危机会摧毁一个稳定的社会,使原本具有一定素质的人们丧失服从法律的自觉。塞缪尔·亨廷顿认为:"混乱民主的结果有两个,一个是政府活动的膨胀,一个是政府权威的下降。这两种情况都造成了当前民主社会功能的严重下降。"①政府活动的膨胀会打乱已有的稳定的社会制度,政府权威的下降则表现为民主过剩,会减弱政府对社会的规制。保守主义提出了在两者之间建立平衡民主的观点。亨廷顿认为:"如果民主在一个更为合理的状态下存在,其寿命会更长久一些。"②

第四,社会的管理应由"新阶级"进行。所谓的"新阶级"也就是我国的知识分子阶级。新保守主义这里继承了柏拉图的观点,认为知识分子阶级在现有的政治秩序中可能是最高的阶级。这一阶级有一定的收入,具有独立的经济基础,但是他们并没有什么可以持续维系的理由可以取得一致性的结果。他们是社会的支柱,具有爱国主义情节,能够理性的分析社会,"对国家和社会的发展负责"。然而人民则是"无理智的"。社会的统治权力应落在杰出的人物身上,只有他们才能保护资本主义的体系免遭破坏。

第五,新保守主义者仍然崇尚早期的伦理道德。在新保守主义者的观念中,普遍和无条件的道德是存在的。现存的基督教的伦理和道德秩序则是这一道德的代表。因此,他们相信基督教的伦理与道德秩序,相信基督教的"原罪"理论。霍洛维茨认为,新保守主义的观念产生于这样一些根深蒂固的观念中,例如爱国、私有制、家庭和宗教。③ 因此,新保守主义者为了防止国家沦为个人贪图享乐的政治根基,导致西方社会的没落,他们力图恢复宗教、家庭和亲族这样的伦理秩序。

---

① 米歇·克罗齐. 民主的危机[M]. 北京:求实出版社,1989,第 91 页.
② 米歇·克罗齐. 民主的危机[M]. 北京:求实出版社,1989,第 102 页.
③ 应同良. 当代西方主流意识形态及其政治功能分析[J]. 中山大学学报(社会科学版),1998(4).

(三)民主社会主义思潮

民主社会主义是从社会民主主义一词演化而来的,它经过了一个发展的过程。在 19 世纪中后期,受马克思主义的影响,欧美国家建立了一些具有社会主义性质的政党,对资本主义的生产关系和政治制度持批判和否定的态度。19 世纪末俄国十月革命爆发后,欧美国家走上了改良主义和修正主义的道路。但这一时期,民主社会主义对社会主义代替资本主义,建立公有制,推行国有化的社会主义道路还是赞成的。第二次世界大战以后,各国社会党在 1951 年组建了社会党国际,发表《法兰克福声明》,这标志着民主社会主义与科学社会主义的正式决裂,它成了与科学社会主义相对抗的意识形态,在实现社会主义的手段、目标等方面开始与科学社会主义有了本质的不同。1959 年德国社会民主党在《哥德斯堡纲领》中提出自由、公正、互助是社会主义的基本价值,并很快被各国社会党和社会党国际所接受。从此以后,民主社会主义与马克思主义成为两种根本不同的思想理论体系。民主社会主义或社会民主主义是对资本主义的否定而产生的,但是这种否定不是从根本上的否定,只是认为资本主义可以通过改良产生一种新的社会制度,即他们所谓的社会主义。由此可以看出,民主社会主义实质上是一种改良的资本主义,它与科学社会主义是不同的,有着本质的区别。因此可以说,民主社会主义的本质是反对马克思主义的,并企图与资本主义共同生存,这显然与马克思主义以推翻资本主义建立共产主义为目标有着本质的区别。民主社会主义在目前的中国危害极大,他们主张指导思想的多元化,大肆鼓吹中国要实行私有制,更有甚者,他们认为只有民主社会主义才能救中国,中国已经走上了民主社会主义的道路。

(四)极端个人主义思潮

极端个人主义思潮是在经济全球化的过程中,伴随着中国市场经济的建立和发展,掺杂在形形色色的西方社会思潮中涌入中国的。在改革开放的过程中,极端个人主义开始在我国逐渐泛滥起来。个人主义或极端个人主义并不是西方特有的社会思潮,而是一种在东西方、古代和现代都存在的人性特征。在中国古代就有关于人性善恶的辩论,具体来说就是集体主义和个人主义的纷争。在私有制消除以前,这种思想在中国也一直都存在。同样,在私有制占主体地位的西方,个人主义或极端个人主义更是始终存在的。在资本主义社会里,追求利润的最大化是资本的唯一属性,反映在人与人的关系上,就是最大限度地保护自己的利益,因而极端个人主义思想在资本主义社会里也得到了最大的发展。

当前,中国正处在建立和完善社会主义市场经济的社会转型时期,在建立社会主义市场经济的过程中,由于我国的经济体制发生了深刻的变化,利益格局发生了深刻的调整,加上中国的封建主义思想仍有残存,因而这种社会思潮在中国仍有较大的市场。在这种条件下,个人与社会的关系在某些人看来是模糊不清的,因而有些人就不能正确处理个人与社会的关系,这就引起了极端个人主义思想的复苏。极端个人主义不可避免地导致拜金主义、享乐主义。以这样的观点为世界观的人主张金钱万能,金钱至上。在他们眼里,金钱能够使之得到任何想要的东西,全然不顾法律、道德、是非、荣耻的约束。他们主张及时行乐,得过且过,只对自己负责,全然不顾自己的社会责任和义务。极端个人主义是资产阶级自私自利的世界观、人生观在生活方式上的表现,是主流意识形态建设过程中的一个巨大障碍。

(五)实用主义思潮

实用主义强调以人的价值为中心,以实用、效果为标准,倡导教育与社会相联系等。实用主义主张哲学应该以解决人生问题为主题,强调价值中心。实用主义的根本纲领是:把信念作为出发点,把采取行动当作主要手段,把获得实际效果当作最高目的。

这种实用主义的观念凸显个人主义的价值观点。实用主义完全忽视国家和社会的利益,将人民利益和个人利益对立起来,不能正确处理好社会利益与个人利益的关系,缺乏对国家前途和民族命运的关注和思考。

这种实用主义的观念导致了唯利是图的价值观。实用主义认为"有用就是真理",把能否满足和实现个人利益和个人价值作为人生最高的道德标准。在这种思想的不断冲击和渗透下,一部分国人的价值取向和道德观念开始动摇,人们的价值判断出现了偏差。甚至一些人为达目的不择手段、不辨正误、不知荣辱、不讲诚信、不负责任,在社会中造成了极坏的影响。

四、当代中国社会思潮与主流意识形态的关系

(一)主流意识形态的内涵

在阶级社会,主流意识形态也带有明显的阶级色彩。"它是一定社会占统治地位的阶级、阶层或社会集团基于自身根本利益对社会关系自觉反映而形成的思想体系,它是该社会占统治地位的政治和经济思想、法律、道德、哲学等社会意识形式。"①通常而言,通过主流意识形态就能看到相应的统治阶级的利益。而一个国家的主流意识形态正是整个国家的思想文化的凝聚,反映了这个国家,这个民族的精神信仰。一个国家的主流意识形态对于这个国家的其他意识形态有着重要的指引作用,引领该国意识形态的方向,对于一国的稳定和繁荣有着重大的意义。它在该社会的意识形态系统中居于核心和主导地位,规定和影响着其他意识形态的生存和发展。因此,主流意识形态从内涵上看,实际上就是统治阶级经济、政治、文化等的思想体系,主要包括主流经济思想、主流政治思想、主流文化思想。

---

① 任志锋.当代中国社会主义意识形态主导性研究[M].北京:中国书籍出版社,2015,第49页.

(二)马克思主义是当代中国的主流意识形态

马克思主义是经得起考验的,是科学的世界观和方法论,是关于人类的彻底解放和人的自由全面发展的学说;马克思主义是与时俱进的理论、是共产主义运动的思想指导和行动指南。

社会主义意识形态实质上是思想领域内的东西,对于社会主义经济形态和政治制度具有很好的反映,反映了广大无产阶级的利益。它是思想意识的主要内容体现。在社会主义意识形态领域,主要内容包括无产阶级的政治思想、经济思想、法律观、道德观、价值观、宗教观和哲学等。

马克思恩格斯创立的社会主义意识形态在中国的传播始于新文化运动;在我国,社会主义意识形态形成的标志则是中国共产党的创立;社会主义意识形态主导地位的巩固,则在社会主义改造完成和社会主义制度建立以后。从党的十一届三中全会到党的十八大所产生的一系列重大的战略思想都是马克思主义中国化的最新成果,是当代中国最具凝聚力、号召力、影响力的意识形态。

(三)社会思潮的多元化对主流意识形态提出革新的迫切要求

社会思潮的传播主要包括三个层面,即情绪感染与心理共鸣层面、知识观念与思想理论层面、价值观念层面。在不同的层面中,社会思潮也会出现不同的走向;在情绪感染与心理共鸣层面,社会思潮表现为随机性与扩张性;在知识观念与思想理论层面,社会思潮表现为有层次与选择性;在价值观念层面,社会思潮又会出现一定的弱化效应。从社会思潮的整个传播过程中,其会表现为多种不同的特点,如先进和落后的社会思潮共存,社会思潮在不同领域持续涌动以及国外思潮不断向国内转化等。随着时代的更迭与社会的不断发展,社会思潮又出现了一些新的特点,其变得更为时尚性、主体性、隐蔽性与趋于一致性。

从客观上来说,社会思潮是一把双刃剑,其对我国公民的影响有利有弊。在社会思潮的影响下,人们在进行道德教育的过程中,可能会对叔本华、尼采、弗洛伊德等人的理论产生兴趣,进而展开积极的研究和探索,这对于提高人们的认识具有极为重要的作用。此外,在多种社会思潮的影响下,人们会对不同思潮中的马克思主义思潮进行比较,进而逐渐理解和接受,提高了人们的理解和鉴别能力。在对公民进行德育的过程中,通过社会思潮的影响,还可以起到同化人们思想的作用。在社会思潮给人们产生积极影响的同时,也不能忽略消极思想对人们造成的冲击。社会信息化程度不断加强,并且由于社会的转型导致社会阶层的分化日益严重,这必然会在广大人民群众中形成多种多样的思想意识和价值观念,从而在很大程度上威胁到主流意识形态的主导地位。因此,我们必须通过改革创新,增强以马克思主义为指导的主流意识形态的知识形象、理论形象和创新形象,增强它的亲和力、感召力和创造力以及对其他意识形态的竞争力。这要求我们以社会主义核心价值体系引导生活思潮的发展与蔓延,从而为我们在新的历史时期做好意识形态工作指明方向。

第二节　社会思潮对大学生思想政治教育的影响

　　"社会思潮是社会存在的产物,是一定时期内反映一定阶级、阶层的利益和要求,得到广泛传播并对社会生活产生一定影响和作用的思想倾向、思想潮流。"①究其本质来分析的话,社会思潮是人们对其意识形态的反映,充分地将一定阶级、阶层的价值观念在核心上体现出来。改革开放的步伐不断加大,在这样的社会背景下,多种多样的西方社会思潮开始通过各种途径进入我国。需要认清的一点是,从高层知识分子到青年学生,再到社会群众中进行传播,是当代社会思潮传播发展过程的一般特点,因此这就

---

　　① 湖南省邓小平理论和"三个代表"重要思想研究中心．加强社会思潮的正确引导[N]．人民日报,2005－04－22．

直接决定了各种社会思潮传播的集散地主要发生在高校思想文化领域。所以,《中共中央国务院关于进一步加强和改进大学生思想政治教育的意见》中特别指出,复杂的社会思潮和多元化的价值观念在很大程度上影响和冲击着当代大学生,这就给当代大学生思想政治教育在带来机遇的同时也带来了很大的挑战。因此,通过正确引导当代社会的主流思潮,并主动对当前大学生思想政治教育教学工作进行引导和改进,对于高校来说是一项亟须解决的问题。

一、加强当代社会思潮研究的必要性

随着改革开放的不断深入,社会主义市场经济体制的进一步完善,在当代中国涌现出了多种多样的社会思潮并且呈现出异常活跃的特点,这在很大程度上深刻影响着人们的思想和行为。当代大学生具有鲜明的时代特征,他们往往会对新鲜事物产生强烈的好奇感和浓厚的兴趣,这就决定了他们往往更为主动地认同社会思潮、传播社会思潮甚至积极主动地去进行实践活动,但由于青年学生在思想方面并不是完全成熟的,其世界观、人生观和价值观还处于不稳定的状态,从而很容易使得一些错误的、落后的社会思潮乘虚而入,对当代大学生产生消极的影响。因此,对于大学生思想政治教育来说,加强当代社会思潮研究,在理论和实践上都有其必要性。

(一)是用马克思主义占领思想领域阵地的需要

当今时代,马克思主义不去占领思想领域的阵地,就必然导致非马克思主义的思潮去占领这个阵地。只有我们去引导和鼓励积极进步的思潮,才能真正意义上将那些不完整的理论心态或者是心理层面的思想意识提升到完整的理论认识的形态。而与之相反的是,我们必须积极主动地与错误思潮或反动思潮进行斗争,从根本上保证社会主义制度的建立,从而维护社会主义意识形态。在当前社会形势下,如果放任错误的社会思潮甚至反动的社会思潮不管,任其自由发展泛滥的话,势必会影响社会的安定、和谐,从而严重损害到社会主义事业的发展。对此势必给大学生思想政治教育提出新的要求,必须履行自己的社会职责,从而从根本上维护社会主义意识形态。

(二)是原则方法的要求

从根本上来说,大学生思想政治教育是关于方法论的一个理论体系教育,其中最主要的是涉及马克思主义世界观、人生观、价值观等基本方法论。在进行大学生思想政治教育的过程中所采用的一切方法论原则,都对马克思主义理论教育提出了明确的教育的要求,针对大学生的心理和思想特征,不能就理论讲理论,而应该充分考虑到大学生所处的时代环境以及在特定环境下所形成的思想特征。无视当代社会思潮,无疑就意味着完全把当代大学生所处的社会环境以及他们所关注的热点问题摒弃了,就会陷入无的放矢的说教,从而最终导致学生接受的马克思主义纯粹就是理论框框;回避当代社会思潮,也就意味着从根本上不把学生的思想实际考虑在内,从而没有从根本上认识教育对象,也就更谈不上取得思想政治教育的实效性了。

(三)大学生思想政治教育改革的重要途径

在实际上,只有使教育者的思想不断创新,才有可能搞好大学生思想政治教育改革,就这一点来说要求我们不断地与时俱进和改革创新大学生思想政治教育方式方法。进行一系列的改革创新必须联系当前的社会实际进行,这就不能脱离对当代社会思潮的研究,在这个基础上进行的大学生思想政治教育才能针对当前的社会现实进行内容讲解,从而使得教育过程生动活泼,教育内容易于被学生接受,而不是照本宣科式的空洞说教,从而真正实现教育入脑入心,具有说服力和渗透力,在真正意义上将大学生思想政治教育的主渠道作用充分发挥出来。

(四)是了解当代大学生思想状况的需要

大学生群体在社会思潮传播过程中,充当着一个关键的载体作用。通过对当代社会思潮的深入研究,能够从侧面反映出当代大学生关注的热点问题,从而对大学生的主要思想特征进行深刻的认识。通过采取这样的措施,大学生思想政治教育才能有的放矢,因材施教,超越学生的逆反心理,切实提高思想政治教育的实效性。

二、社会思潮对当前大学生思想政治教育的主要影响

(一)社会思潮对大学生思想政治教育的积极影响

1. 为大学生思想政治教育主导性的发展提供了契机

不可否认的是现代西方社会思潮是多种多样的,并且所涉及的内容更是涉及经济、政治、社会、宗教、哲学、文学、艺术、生态、道德等方面,不仅如此,在这种多样化的社会思潮背景下,观察问题的视角更为新颖,在解决问题方面更是提出了具有前瞻性和创新性的方案。所以以包容的心态去看待这些社会思潮的话,能让大学生的思想视野更为开阔,以多种角度去思考现实问题,激发了他们的创新意识,而且能够更好地适应当代大学生思想发展的实际需要。另外,当前社会的热点问题往往与社会思潮是密切联系的,通过当前社会思潮的研究,能够对人们关注的热点问题进行及时了解,方便了大学生及时获取社会信息,从而更好促进自己的发展。因而,现代西方各种思潮的影响,也为大学生思想政治教育提供了重要的教育时机。现代西方思潮对学生的影响越大,强调和坚持大学生思想政治教育主导性就越重要。

2. 给大学生思想政治教育提供了多样性的选择内容

大学生思想政治教育内容不是一成不变的，而是需要依据社会发展和学生思想发展的要求不断地变化、调整和更新，以增强教育的针对性、时代性和实效性。在多种不同思潮的相互碰撞与激荡过程中，那些共性的、普遍性的思想、文化必然会积淀而成一种新的内容，成为大学生思想政治教育内容的有益补充。西方文化是人类历史文化的一个重要组成部分，借鉴西方国家的优秀文化成果，有利于丰富和充实我国大学生思想政治教育的内容体系。现代西方主要社会思潮中关于经济全球化观念、可持续发展、生态文明、低碳生活等现代理念，日益成为大学生思想政治教育的新内容，给大学生思想政治教育提供了多样性的选择内容。

3. 为大学生提供了新的比较平台

随着我国改革开放的深入发展，各种西方社会思潮大量涌入，这使当代大学生目不暇接。这些社会思潮常常是泥沙俱下，马克思主义与非马克思主义甚至反马克思主义的东西，有时也界限不清，难以分辨。可能由于出发点、目的、观点和价值取向等不同，一些现代西方思潮存在着一些问题，但是不能完全否定它们，从中或许可以给我们提供一个新的视角，带给大学生与通常所受教育不一样的思想观念，这需要帮助大学生进行鉴别和比较，从而接受正确的思想观念。在这个过程中，既提高了大学生认识社会的能力，又提高了大学生适应社会的能力，有助于大学生思想政治教育目标的实现。

(二)一些非主流社会思潮对大学生思想产生了不良影响

一些非主流社会思潮在中国的传入，很大程度上冲击和影响到了社会主义主流意识形态的主导地位。在中国特色社会主义建设过程中，坚持马克思主义的指导思想是作为社会主义主流意识形态的灵魂，正确引导进行政治、经济、文化和社会建设，而当前一些非主流社会思潮,如新自由主义、新保守主义、民主社会主义、极端个人主义、实用主义等,通过一些理论不断质疑中国化马克思主义理论成果,冲击和影响了社会主义主流意识形态的主导地位。

与此同时,通过在高校校园中一些非主流社会思潮的传播,严重影响了大学生的思想,导致大学生的理想信念滑坡。人们开始高度关注社会公众日常精神生活由于非主流社会思潮的传播所造成的影响。特别是新自由主义思潮、民主社会主义思潮、实用主义思潮、利己主义思潮、封建迷信思潮以及拜金主义、享乐主义、极端个人主义思潮中消极落后思想观点的传播,在社会中形成了一定程度的精神污染,导致大学生的理想信念出现滑坡趋势。具体来说,第一,就社会公众个体体验而言,非主流社会思潮更加注重倡导和强化社会价值多元化和个体情感体验,从而不断加剧集体主义同个人主义的冲突、道德主义与功利主义的矛盾,人们更加注重追求物质生活上的丰富,忽视了对高尚道德的追求,从而使得部分人把极端个人主义、拜金主义、享乐主义、实用主义和利己主义当成人生哲学;同时,这些非主流社会思潮的传播对部分社会公众特别是大学生的社会心理层面产生了较为明显的负面影响,如逆反心理、从众心理、自我矛盾意识、权威效应、挫折失意心理以及错觉心理等。第二,就公众的社会认知层面而言,伴随着这些非主流社会思潮的传播,社会公众开始熟悉欧洲中心主义或者西化论的思维以及表达方式,面对中国特色社会主义建设成就视而不见,不能对中国共产党的是非功过形成客观而真实的评价。第三,就社会公众日常生活而言,由于非主流社会思潮的传播,物质至上、市民社会以及大众文化等逐渐开始取代政治领袖、思想伟人、科学巨匠和文学大师的光辉,对于广大社会公众来说,其所仰望的不再是崇高的精神,对于当代大学生来说更为关注的是世俗化、庸俗化的内容,其结果便是导致大学生的理想信念产生动摇与滑坡。

第三节　在社会思潮影响下加强
大学生思想政治教育

当代中国正经历着深刻的变革,经济全球化也成为不可逆转的趋势,在这一背景下,各种思想文化相互激荡,社会思潮跌宕起伏。"青年大学生是社会思潮的一个关键性载体,在他们身上,社会思潮能够映射出其主要思想特征,也能够反映出其普遍关注的理论与实践问题。"①在人才培养和思想文化建设方面,高校发挥着重要的作用,大学生思想政治教育工作是否能够取得实效性,关系到学生一生的健康成长,关系到中华民族伟大复兴的实现,必须切实加强和改进大学生思想政治教育,在多元社会思潮中坚持社会主义核心价值体系,引导教育青年学生,帮助他们树立正确的价值观念。

一、思想政治教育观念向现代化转变

随着我国社会主义市场经济体制不断发展和完善,当代社会思潮对高校青年大学生思想、价值观的不断冲击和影响,高校的教育模式已发生了巨大的变化。在这种背景下,如何树立与时代相适应的高校思想政治理论教育新理念,是摆在大学生思想政治教育工作者面前一个迫切需要探讨的问题。

(一)要转变以教师为中心忽视学生主体地位的观念

一直以来,在思想政治理论课教学中过度强调教师的主导作用,忽视了学生的主体地位。具体表现在两个方面:一是把德育过程等同于智育过程,忽视了学生对伦理道德的主观思考;将"掌

---

① 周伟,吴凤国.青年大学生与社会思潮[J].辽宁师专学报(社会科学版),2006(4).

握"和"认同"混淆,忽视了学生外在道德需求向个体道德需求转化的心理接纳;对解决大学生的实际问题关注不够,缺乏促进学生全面发展和终身幸福的服务意识。二是单向主客体教育方式使学生在受教育过程中处于被动接受状态,缺乏双向交流,失去了建设自身道德的内在热情;学生掌握的道德规范、准则体系不能主动地内化为道德信念,导致"知而不信";道德信念不足以外化和指导道德行为,表现为"言而不行"。

为了更好地提高思想政治理论课教学的效果,就必须正确处理教与学、教师与学生之间的辩证关系。在思想政治教育过程中,教与学是一种双边互动的关系,在教师与学生的关系中,学生应当成为主体,教师应当充分尊重学生的个性发展,发挥学生在教学活动中的积极性和主动性。

1. 提高学生对课程价值的认识是前提

从整体上看,当前思想政治课教学发挥高校思想政治教育的主渠道作用明显,但是也存在诸多的不足。原因是多方面的,其中一个重要原因,就是相当一部分学生对课程的价值不认同。因此,要发挥学生的主体作用,首先就要提高学生对课程价值的认识。教师应进一步把握青年学生的思想实际、了解学生需要,在此基础上,在课程内容中触及现实生活中的热点难点问题,创造性地运用马克思主义的立场、观点和方法,用发展的观点来解答学生的困惑,针对学生中存在的问题,制定、实施解决问题的策略。要培养大学生的法治精神和道德情操。要紧密结合我国当前的社会主义市场经济体制,对学生进行法治和道德教育。使学生真正认识到法治对中国现代化的关键作用,道德对解决当前社会问题的重要意义。只有学生达到思想上的认同,才能发挥好高校思想政治课教学在思想政治教育中的主渠道作用。

2. 引导学生主动参与教学过程是根本

前苏联教育家苏霍姆林斯基指出,人的内心有一种根深蒂固的需求——总希望自己是一个发现者、研究者、探寻者。学生常常为自己能够通过探求得到答案而感到兴奋不已,产生积极的情感。因此,要使学生成为教学的主体,积极引导学生主动参与教学过程是根本①。引导学生主动参与教学过程,要从教学目标、教学方法、考核方法上全面激发学生参与的积极性。在教学目标上,要充分体现思想政治课不仅要培养学生的思维能力,还要培养学生的实践能力。即思想政治课的教学目标不仅要在思想上强化大学生的道德与法律意识,提高明辨是非的能力和分析理解的能力,树立科学的世界观、人生观、价值观、道德观和法制观,培养科学的思维方式;还要通过研讨式学习,调动学生参与课堂的积极性,自觉运用所学的知识分析问题、解决问题,培养学生"知行合一"的道德实践能力和法律行为能力。在教学方法上,教师要充分调动学生参与课堂的积极性。例如,使用专题研讨法、学生演讲法、知识竞赛法、参观考察法以及视频教学法等,充分发挥学生的主体作用,使学生成为课堂的主角。在教学评价上,要把学生主动参与课堂的积极性作为评价考核的标准之一。思想政治理论课的评价考核方式应由过去的一张期末试卷作为最终成绩的单一考核转变为全面、动态的综合考核。教师应将对学生的考核划分为理论成绩、实践成绩、考试成绩和平时表现等几个方面的综合考评,通过在评价考核上体现参与课堂与实践能力的重要性来激励学生主动参与教学过程的积极性。

3. 建立良好的师生关系是基础

发挥学生的主体作用,还要注重在教学实践中建立良好的师生关系。基于思想政治理论课以育人为主的特殊性,教师应更注重与学生一起分享思想情感与道德认知,与学生共同探寻真理,师生在平等和谐的氛围中相互启迪,形成互动、双向交流的模式。在这样的关系中,学生才敢于发挥积极性、创造性,拥有思考和创

① 张立成. 大学生社会主义核心价值体系教育研究[M]. 北京:北京师范大学出版社,2013,第120页.

造的空间,才能更有效地内化和外化教学内容。这样学生的主体性才能得到充分尊重,主体作用才能真正得到发挥。

(二)要改变"灌输式"的教学方法,树立注重社会实践的观念

众所周知,正确世界观的形成需要科学理论的指导,而科学理论不可能在学生的头脑中自发产生,需要从外部"灌输",因此,理论灌输法成为大学生思想政治教育常用的方法之一。其中,集中式的课堂理论灌输方法受到高校的普遍青睐。思想道德修养、毛泽东思想和中国特色社会主义理论体系概论、马克思主义基本原理等理论课程长期以来成为大学生思想政治教育的主阵地。然而在实际工作中,我们忽视了与课内理论灌输相辅相成的一个重要环节——课外生活实践。大学生不能在生活实践中体验社会竞争、国际化的交流与合作以及人与人之间的复杂关系等,就会因缺少对外部规范的真正消化过程,出现"知行脱节"的虚伪现象和阳奉阴违的双重人格。

因此,首先要改变教学方法,增强实践教学环节的效果。让学生在社会实践中感悟、提升思想政治素养和道德情操。开展实践育人不是凭空而来的,而是有一定的理论基础,这些理论基础的来源就是课堂上的知识以及别人的经验,也就是通常我们所讲的间接经验。通常实践教育不像理论课教育过程那样死板,教育方式也不像理论课那样单一和循规蹈矩。通常实践教育比起以教室课堂为单位的理论课教育更加丰富多彩,因而能够吸引学生的兴趣,激起学生参与的热情。以实践为主要途径的教育最终的目的是提高学生综合素质,不仅让学生养成一定的理论修养,同时能够有一定的实践经验,从而更加深刻地认识到建设中国特色社会主义的光荣使命,坚定理想信念,以不断地更好地服务国家、集体和人民。开展丰富多彩的实践活动,在落细、落小、落实上下功夫,大力推动高校社团工作,推动志愿服务常态化,推动精神文明创建活动,推动重要节庆、纪念日教育实践活动,使教学内容从教科书扩展到所有学生关注的、有意义的社会活动中。

(三)要转变思想政治理论课的考核评价观念

考评作为重要的教育手段,是高校思想政治理论课教学的重要环节。它如同指挥棒,如果指挥得法,就能调动思想政治理论课教学方方面面的积极性,引导教师有的放矢地开展教学,引导学生得到全面提高,从而增强思想政治理论课教学的实效性。在以往的思想政治理论课教学过程中,学生缺乏主动性、积极性,存在着"只求分不求精、只修业不修身"的现象。这种现象的发生,除了学生自身学习态度等主观原因外,还与传统的不科学的考评方式有着密切的关系。传统考核评价方式的主要弊端表现为:只注重学生基本理论知识的考核评价,忽视了学生思想政治品德素质和行为的考核评价;只注重终结性考核评价,以考试取代考核,一卷定成绩。这种考核评价方式严重地影响了大学生学习的积极性,影响了高校思想政治理论课教学的实效性。因此必须转变思想政治理论课程考试考核方法,使考核方式改革成为促进学生发展和提高教学质量的有效手段。

1. 考核的形式要多样化

长期以来,对学生学习效果的评价,方法比较单一和落后,考试或考核几乎成为唯一的方式,而且存在着笔试代替口试、闭卷代替开卷、理论考核代替实践表现等简单划一的现象。有鉴于此,对大学生思想政治教育相关内容学习效果进行评价时,需要摆脱这种只重视简单化的考核结果,不重视学生发展和变化过程的倾向,可以尝试以下几种评价方法。

(1)闭卷考试与开卷考试结合法

我们通常提到考试就会很容易想到闭卷考试,这正是当前我们经常采用的方法,比起开卷考试,闭卷考试更为常见。在运用闭卷考试方式进行学习效果考核时,应该根据学生所学,在内容上有一定的针对性,同时要革新考试的类型和测试方向。与此同时,针对闭卷考试存在的一些弊端与缺陷,有必要进一步推进开卷考试的改革。开卷考试通常有两种形式。一种是学生可以携带课本、课堂笔记和相关资料,在规定的时间和考场内参加考试,并独立作答完成试卷。采用这种方式时,试题要具有较强的综合性和思辨性,尽量避免使用课本上的原题或者答案可以轻易在课本等资料中找到,要着重考查学生对重大的理论和现实问题的思考与回答。另一种方式是课程论文,论文题目通常围绕教学目标或者学生感兴趣的话题,要求所学课程体现课程的属性。采用这种方式的开卷考试,可以培养学生的自主学习能力和实际动手能力。"实践证明,开卷考试有利于减轻学生的学习压力,有利于纠正死记硬背的传统'应试教育',有利于学生在理解思政课教学内容的基础上独立思考、拓宽视野,多数学生欢迎这样的考试方式。"

(2)平时作业与期末测验结合法

在思想政治教育中,往往是教师除了课堂讲授之外几乎再没有其他的对学生课下学习的要求,也很少布置平时作业甚至根本就没有过平时作业。在这种情形下,对学生学期结束后学习效果的评价也只能采用单一的期末测验的方式。事实上,思想政治教育教学课程与其他各类专业课程相比,在课程性质和教学目的等方面固然具有一定的特殊性,但就基本的教学要求和学习要求来说,应该跟其他专业课程是一致的。因此,在进行学习效果评价时,期末测验固然十分必要,但同时也应该增加平时作业在评价指标体系中的地位和权重。

具体地说,依据不同的课程要求和教学进度安排,教师应采用灵活多样的平时作业方式,可以要求学生写一篇论文,也可以是一篇读书报告,还可以是对一部电影或者一个社会现象的反思与总结,或提交某一种社会现象的调查报告或者教学实践活动。平时作业的层次不必太多,可以是优秀、良好、一般和较差这么简单的四个等级,也可以是按照一定的权重体现的不同水平,例如平时考勤、课堂表现等。平时作业要和最后总结性评价结果结合起来,作为课程成绩的一部分。通过这种方式,可以在一定程度上加强教师和学生对平时作业的关注和重视程度，从整体上提高思政课的学习效果。

（3）课内表现与课外实践结合法

思想政治教育是一项持续的时间较长、延伸的空间较广并且重视知行结合的活动。因此，开展思想政治理论教育学习效果评价，不仅要重视学生在课堂学习过程中的表现，还要重视学生在课外活动时间的表现，把学生的课内表现与课外实践有机结合起来进行考查，并以此作为对思想政治教育理论学习效果进行评价的重要依据。在评价过程中，为了便于具体操作和量化处理，需要把课内表现与课外实践这两大项目细化为更具体的指标。

2. 注重评价模式的创新

评价模式既反映着大学生思想政治教育的形态特征，也反作用于特定形态的思想政治教育，还给评价提供便于操作的样式。大学生思想政治教育的评价模式主要有以下两种。

（1）质与量相结合的评价模式

所谓质与量相结合的评价模式即将定性评价与定量评价相结合的模式。也就是说，在大学生思想政治教育评价中，既要对评价对象进行"整体和性质的分析综合，以鉴别和判定大学生思想政治教育实践效果性质"，也要对评价对象"运用数据的形式，通过对评价对象表现出来的一些数量的关系的整理分析，从数量上相对精准地把握思想政治教育实践效果状况"的评价模式。

（2）自评与他评相结合的评价模式

所谓自评与他评相结合的评价模式即将被评价对象自己评价与其他评价主体的评价结合起来进行的评价模式。具体说就是，被评价的教育者或受教育者（现实评价中，较多的是评价受教育者，因为受教育者的情况，特别是受教育者的表现，是思想政治教育效果的直接呈现，即便是对教育者的评价，也主要通过评价受教育者的情况来进行）对自己进行评价，另外的其他评价主体——或者教育者，或者领导，或者专家，或者相关人员对评价对象进行评价,并将两个方面抑或多个方面的评价相结合,得出最终判断的评价模式。

(四)加强理论建设和宣传,弘扬社会主义主旋律

要重视大学生思想政治教育理论课,充分发挥大学生思想政治教育主渠道的作用,实现对大学生思想政治系统性的教育,通过对不同社会思潮的比较和认同,树立始终坚持马克思主义的信念。当前,人类社会已经进入网络时代,在对大学生进行思想政治教育的过程中,也要重视网络的作用,构建良好的网络思想政治教育环境,坚决对不良思想进行抵制,把握大学生思想政治教育的正确方向。除此之外,对大学生的思想政治教育还要尽快完善社会主义核心价值体系,始终坚持对其进行宣传,引导大学生树立起正确的世界观、人生观和价值观。在社会思潮中,引导大学生成长成才。最重要的是,要切实解决好现实生活中出现的多种问题,这是从根本上抵御不良社会思潮对大学生造成消极影响的有效手段。

二、充分利用各类载体,增强思想政治教育的效果

(一)优化管理载体,形成管理与思想政治教育的高度契合

管理载体,就是把教育内容与管理结合起来,渗透到广大师生员工的工作、学习、生活之中,从而达到提高思想政治道德素质,规范行为方式,调动积极性的目的。

1. 建立健全规章制度

建立健全规章制度包括废除或修改那些陈旧的制度和制度中不合时宜的规定,这是管理的思想政治工作功能得以发挥的前提。各项规章制度包括岗位责任制度、工作的考核与评估制度、奖惩条例等,是各部门、各单位正常运行的保证,是广大干部群众

必须遵循的准则。要从本单位的实际出发,依靠群众,着力进行各项管理制度的配套建设,完善岗位责任制、考核评估制、奖惩制等制度体系,要狠抓制度的落实,增强人们遵守和执行管理制度的自觉性和主动性。

2. 要把思想政治工作渗透到管理的各个环节中

把思想政治工作渗透到管理的各个环节中,就要把思想政治工作所提倡的思想观念、政治观点、道德标准融入管理之中。加强管理,并不意味着放弃思想政治工作。管理的方法可以多样化,但目的很明确,就是通过法律、法规和规章制度来约束人的行为,使人按照规章制度参与社会生活,正确处理人与人、人与社会的关系,为社会的进步和发展做贡献。思想政治工作是通过思想转变、观念更新来管理人,管理是通过外在约束来教育人,把思想政治工作的内容、要求和目标,量化为各项评比、评选活动的具体指标,充实到各项规章制度之中,从而最大限度地实现思想政治工作与管理的有机结合,提高工作效率。

(二)优化文化载体,施行"文以载道"的渗透教育

思想政治教育工作中运用好文化载体,总体上要遵循社会主义文化建设的规律,确保社会主义方向,坚持为人民服务、为社会主义服务的"二为"方针,表现新时代、新生活、新成就、新人物、新的思想品质。从搞好思想政治教育的角度来说,要求一切文化工作者都成为思想政治教育工作者,牢固树立责任意识和阵地意识,高度注意文化产品和文化活动的思想倾向和艺术倾向,自觉把教育内容深入其中;要加强文化市场管理,坚持开展"扫黄打非"斗争,不断促进文化市场的健康发展;思想政治教育的领导者和工作者,要有目的、有计划地组织各种形式的读书活动、音美舞欣赏与评论活动、群众性歌咏比赛、体育竞赛以及其他形式的群众性文化活动;专职思想政治教育理论研究和宣传工作者,要充分发掘历史的和现代的文化产品中的教育资源,使其发挥应有的

教育功能。

(三)优化活动载体,实现教育与自我教育的有机统一

活动载体是指以各种有益的活动尤其是群众性的精神文明创建活动作为思想政治工作的物质承载方式。要使思想政治工作能够收到实效,必须把它落实到各种活动中,充分调动大学生参与的积极性和主动性。

开展思想政治工作,不仅要考虑活动的必要性,而且要研究活动的可行性和针对性,力求活动有意义并取得好的效果。开展什么样的活动,应当在事前做好精心设计,做出科学合理的安排,要处理好中心工作与活动之间的关系。特别是要避免为搞活动而活动、放弃中心工作的做法。在活动中,尤其是具有一定规模的活动,如果缺乏有效的组织领导,就会使活动混乱不堪,不但收不到预期的效果,而且会使参与的群众产生抱怨情绪,再有意义的活动也收不到应有的效果。

是否能发挥思想政治工作载体的有效作用,关键要看活动的内容和形式是否为大学生所需要。也就是说,各种活动都要坚持以人为本,本着以满足大学生的物质生活和文化生活需要作为出发点。校园活动是第二课堂。高校要多为学生创设各种条件,使学生积极参与到各种校园文化活动中去。校园文化活动要弘扬主旋律,要贴近大学生的实际,体现时代特征。学校可以开展各种正面积极健康的主题文体活动,培养大学生各方面的爱好。例如读书活动周、文化艺术节、音乐欣赏、人文论坛等,通过这些集娱乐性、趣味性、教育性为一体的课外文化活动,锻炼大学生的社会实践能力,充实大学生的文化涵养,满足大学生的精神文化需求,陶冶大学生的审美情操,用有思想、有内涵的文化占领大学生思想高地;学校要充分利用五四青年节、七一建党纪念日、十一国庆节、"一二·九"运动纪念日等重大节庆日和纪念日,开展主题教育活动;学校要注意大学生社会实践这一环节,使大学生在社会实践中接触社会、了解民意,增强社会责任感。通过这些精神

文化活动,大学生充实了其精神生活,陶冶了其伦理情感,升华了其道德境界。

三、以社会主义核心价值体系应对当代社会思潮是思想政治教育创新的重要举措

"当今社会,社会思潮异常活跃,在众多社会思潮的流行中,既有对大学生的思想观念和价值取向产生积极影响的,也有对大学生社会主义核心价值体系的形成产生负面影响的。"①大学生作为特定的青年群体,正处于价值观形成发展的关键时期,如何运用社会主义核心价值观体系引导教育青年学生,帮助他们树立正确的价值观念,成为高校思想政治教育工作的一项重要而紧迫的任务。因此,立足于我国高校教学工作的实际,借鉴国外大学生思想政治教育的积极经验,应从以下方面加强和改进大学生思想政治教育工作。

第一,立足于新的时代背景和任务,以全球视野的战略眼光引导大学生理性思考问题,用我国传统文化的精髓部分武装和感化大学生的头脑。思想政治教育必须引导当代大学生既要有立足于民族利益和胸怀祖国的民族精神,又要拥有全球视野战略眼光,并理性对待国内与国际间的冲突和摩擦;引导大学生正视全球竞争的现实,既要继承和发扬爱国主义优良传统,又要为民族的发展、国际关系的和谐做出应有贡献。

第二,用先进的思想和体系,通俗易懂的方式,尊重大学生的主体性,发挥其自我教育、自我完善的作用。要在大学生中间弘扬节俭美德,倡导适度消费,引导大学生树立科学消费观,要使他们认识到崇尚勤俭节约一直是中华民族的传统美德,并使他们树立一种勤俭节约意识、合理消费和适度消费的科学消费观。要通

---

① 王利华.当代社会思潮影响下的大学生核心价值体系培育[J].当代青年研究,2007(12).

过思想政治教育工作者的正确引导,让大学生懂得人的价值取向并不只停留在物质层面。

第三,思想政治教育的内容和手段应做到与时俱进。传统的教育理论往往是将个人价值与社会价值对立起来的,因此,我们教育的内容和表达方式应该有所改进。在网络建设方面我们应该开发相关软件,让正面的、积极的思想政治信息能够排在搜索结果的前面。通过法律法规对搜索引擎开发商进行规制,过滤掉负面的、消极的信息。另外,信息内容突出政治性的同时要兼顾实际需求,形式上不断创新,提高思想政治网站的艺术性、趣味性,以吸引大学生的注意力。

当代大学生思想政治状况的主流是积极、健康、向上的,他们热爱党、热爱祖国,对建设中国特色社会主义伟大事业充满了信心。但与前辈相比,他们没有太多传统文化的记忆,没有刻骨铭心的政治、历史的沉淀。所以,我们要本着尊重多样、包容差异的态度,用社会主义核心价值体系引领多样化的社会思潮。针对大学生思想政治教育我们同样应以一种积极的、科学的方法加以引导和加强。

第五章 ‖ 特殊群体与大学生思想政治教育

大学生中具有几类特殊群体，并且这些群体越来越受到高校思想政治教育者的关注，对他们开展有针对性的教育与引导，日益成为大学生思想政治教育实践中的重要内容。可以说，对大学生中特殊群体的研究，是高校思想政治教育工作者面临的一项重要工作，对大学生中的群体思想政治教育的研究，也是当前高校加强和改进大学生思想政治教育的一项重要举措。

如何增强大学生思想政治教育的实效性成为高校思想政治教育工作者面临的一个必须解决的重要现实问题。2004 年，中共中央、国务院颁布的《关于进一步加强和改进大学生思想政治教育的意见》，不仅明确了大学生思想政治教育的目标，而且要求大学生思想政治教育在继承和发扬优良传统的基础上，在内容、形式、方法、手段、机制等方面努力进行创新和改进，特别是要增强时代感和加强针对性、实效性和主动性。研究和加强大学生群体思想政治教育，是提高大学生思想政治教育实效性的一个重要途径。本章主要是从大学新生、贫困学生、毕业生和研究生四个不同的大学生群体来对大学生思想政治教育进行研究的。

第一节　大学新生的思想政治教育

新生教育是大学阶段教育的起始环节，是大学生在校学习期间思想政治教育的基础。大学新生的可塑性强，抓好了新生思想政治工作，对学生整个思想政治工作会有重要帮助，也能推进大学期间整个学生思想政治工作顺利进行，对于大学生学业的顺利完成可以说起到了重要作用。

一、大学新生的特点

从高中阶段走入大学阶段,学业上提升了一个层次,同时大学新生的心理发生着很大的变化。在新的人生发展阶段,也会遇到新的机遇和挑战,在心理上会碰到多重的成长和困惑,面对新的环境,学生在生理上逐步成熟,大学新生一直在努力适应学校里全新的角色。可以说,这一时期学生在心理上处于最活跃的时期,同时也是最脆弱的时期。

(一)生理上逐渐成熟,个性思维强烈

大学新生大都处于十八九岁的年龄段,这时人的生理处于青春期,各种身体机能正在成熟。这使得他们精力充沛,喜好参加各类活动,对体育锻炼有强烈的愿望,大部分学生都有自己喜爱的运动项目。随着大脑的充分发育,智力也发展到较高的水平,辩证逻辑思维逐渐形成,认知理性与创新思维都有崭新的突出发展。

生理的成熟和生活环境的变化,促使大学生在思维方面也有重大转变,在个性方面有自己的追求,大学新生经常会问"为什么"。无论是对自己所面临的困难,还是在对规章制度和社会现象的理解上,都会较多地局限于自己的思维范围之内。在个性的追求上喜欢新鲜奇异和非传统的事物,接受能力强。大学新生对事物比以前有了更多的热心;另外,由于缺乏实践经验,在思维上也受到了中学时代思维能力的束缚,其理性认知不稳定、不确定,对事物的评判不成熟、不合逻辑。面对复杂多样的外部环境时,往往会出现主观、片面、偏激的情绪。大学新生喜欢设计未来,幻想未来,但不能脚踏实地,对家长和老师的监督、教育和批评常有抵触情绪。

大学新生一般都有强烈的自尊心,对自己的人格品质有新的

认识,自我评价能力有了较大的发展。此时,他们重新认识自己,自我评价系统逐渐发展,独立意识增强。需要别人尊重认可自己,希望获得师长的表扬。新生特别注意自己的形象,但自我管理能力不足,如果受到打击和挫折就很容易挫伤其自尊心,使其丧失上进心和勇气,有时还会产生对立情绪,甚至自暴自弃。

(二)喜欢接触新事物,对人生认识模糊

大学一年级新生喜欢接触新事物。踏入大学校门,大学生活扑面而来,接触大量的新同学,有自立的、新的生活节奏、方式,有不少的学生组织、社团开展活动和招新面试,教学的环境和教学的方式不同于中学。新生有极强的求知欲,活动参与热情高,对参加各种社团社会实践活动都乐此不疲。当然,有时兴趣过分"广泛",对事物保持三分钟热度,反而没有一件事情能使自己真正满意。

对于新生来说,在踏进校园的同时,既有一定的自豪感,也会有一定的失落感。有相当部分的学生不是被第一志愿学校或者专业录取的,进入大学校园后喜悦和无奈并存。这些情况或多或少地存在于新生的身上,对其人生观和价值观都产生了不同程度的影响,导致对生活有错误的理解和模糊的认识。

考上了大学,很多学生会不自觉地松了一口气,而忽略了本身的不足和勤奋的习惯。于是在学习上掉以轻心,致使学习过程吃力,学习成绩下降。于是原来强化了的自信心、自尊心受到打击。同时大学里存在着强手间的竞争,尖子生云集,不进则退,当新生们意识到优势不存在,学习能力不足时,会迅速地自我否定,产生自卑心理。高中阶段对学生的动手能力、实践能力和社交能力培养不足,面对竞争性较强的大学校园,在思想准备和学习方法上都会有无所适从的感觉,使他们在学业上不断遭遇挫折而导致学习发展目标模糊,开始产生厌学情绪。

(三)生活平淡孤独,渴望结交异性和知心朋友

十八九岁,正是充满幻想的年龄。怀着对未来的憧憬和对大

学生活诗一般的想象,他们离开父母师友,来到自己梦中的乐园。他们曾经激动过,踌躇满志过,但慢慢地会发现梦想与现实有强烈的反差,最初的新奇、兴奋烟消云散,幻想在现实中逐渐变得黯淡。大学里有较多自己自由支配的时间,会使学生感到清闲和空虚,上大学的目标实现之后,他们找不到新的目标来支撑自己,学习失去了动力,甚至觉得生活失去了意义,磨掉了进取和拼搏的雄心和锐气,觉得生活单调平淡、孤独无聊。如果人际交往能力不足,人际关系上处理不恰当,又增加了孤独感,还会产生对以往好友的怀念。在生活、心理上摆脱父母的监护,第一次独立地面对和适应新环境、新生活,他们也希望有人来分享自己的欢乐,更希望有人能够来分担自己的苦恼。

他们渴望结交知心朋友,但是,又发现很难找到几个可以倾诉心事的知己。这种孤独无助感压迫着他们,使他们茫然和失落,甚至走向自我封闭,或者沉迷于网络世界,经历着情绪上的骚动与混乱。

另外,随着年龄的增长和第二性征的成熟,新生们从生理和心理上都会产生对异性的倾慕和对爱情的渴求,有着丰富的情感需求,情绪波动大。开始渴望用"爱情"填补空虚,用"爱情"弥补孤独,用种种方式对异性表示好感并希望得到对方的积极回应。"爱情"是一种自立的表现,也是一种依赖的表现。所以新生的恋爱几率较高,但分手的几率也高。这种"爱情"缺乏坚实的物质基础和认识基础,有着模糊和冲动的特征。

二、大学新生思想政治教育的目标

大学新生在校园里面对生活环境、学习环境的变化,如何去适应这种变化,利用这种变化去规划好接下来的大学生活,也是大学生思想政治教育的重要内容。提高大学新生的思想政治教育水平,需要达到以下几个主要目标。

(一)养成良好的学习习惯

大学的学习跟中学时代是不同的。中学时代会有老师和家长一直在督促、指导,学生会形成"受督促的学习习惯"。到了大学里,不会有旁人不断地去鼓励和督促学生的学习,有必要养成自觉学习的良好习惯。大学课堂里讲授的时间少,内容多,跨度大。在大学一年级的时候养成好的学习习惯尤为重要,大学一年级是大学生活学习的适应期,能够在大学一年级就安排好自己的发展步骤,提高学习积极性,养成良好的学习习惯和学习兴趣,自主学习,自主钻研,努力学习自己感兴趣的知识和虽不感兴趣但是应该去学会的东西,是往后几年里个人发展的重要基础。

(二)认识大学及本专业的培养目标和模式

对于大学新生来说,有必要了解清楚大学与中学的区别,使自己能尽快调整好状态,尽快适应。需要教育大学新生有意识地去系统了解本专业的性质特点和目标模式,注重专业性和应用性,多向老师和高年级学生请教,以更好地调整好心态,为以后的学习和生活做好多方面的准备。

(三)形成适应生活的初步能力

大学新生面临的第一个巨大变化就是生活上的变化。在生活环境上,初次来到外地生活,对当地的习俗、文化、生活习惯、气候条件都不熟悉;同时接触到大量来自各地的同学,衣食住行、待人接物都要自己独立解决;进入大学后有较多的自由支配时间,有丰富多彩的校园文化生活和社会实践活动。对于这些问题,大学新生要有积极的心态去对待,能够较好地进行思考判断,在尝试参与的过程中去初步形成适应新生活的能力。

(四)学会文明礼仪,学会与人交往

大学生是一个个独立的个体,但是大学生大部分过的是集体生活,在大学里需要培养同学们集体主义精神和团队协作的能力,这样才能在发展中取长补短,养成良好的行为习惯,并更早更好地适应社会。于是大学新生有必要给自己上一门人际交往课程,用真诚之心对待老师、同学,用文明礼仪获得别人的支持,提高人文素养,走出局限自己的空间去学会与别人沟通和交往。

三、大学新生思想政治教育需要注意的问题

(一)针对性教育的问题

大学新生教育针对性不强,首先表现为教育方式上关注共性问题多,而关心个性问题不足,教育不能做到千人千面。大学新生告别父母,远离故乡,来到大学校园追求自己的梦想。踏入这丰富多彩而又充满神圣的知识殿堂,不少同学会产生许多的困惑:如何面对更加艰巨的学习任务?如何处理与老师、同学和朋友之间的关系?如何选择未来的发展道路?面对诸多疑问,面临这么多的矛盾和困惑,同学们急切渴望得到引领和指导,从而高效、充实、愉快地度过大学的美好时光。以上的种种问题,有的是共性问题,有的是个性问题,而目前的现状是,对新生这个群体教育通常是采取大班教育方式,因为现在许多高校都是一个辅导员带 200 名学生,单靠辅导员这支队伍力量远远不够,很难照顾到方方面面。新生在学业上、心理上的问题还需要得到更多的老师帮助和指导。如果新生有问题、有困难自己不找老师,老师很难顾及这类新生,长期下去,这类新生的问题和困难就得不到解决,也会带来很多不利因素,就会不能很好地发展。这也是目前高校普遍存在的问题。因此,不能单一地用处理共性问题的方法来解决个性问题,如果这样是不能够达到有效的结果的。

大学新生教育针对性不强还表现为对新生群体的划分不够清晰。大学新生群体可以根据不同的标准划分为不同的层次,对各个子群体进行的教育都应该有所不同。例如,以新生家庭环境

为划分标准,可分为贫困新生群体和非贫困新生群体。而贫困大学生又可以分为生存型、生活型和发展型。对待每个类型的贫困大学生的心理问题应该采取不同的方式和方法。当然不同群体的划分只是为了增强教育的针对性和实效性,需要教育者自我掌握,不应该影响到学生对自我身份的认知,不然也会产生不良后果。现阶段,新生群体教育在群体划分上仍施行"一刀切",教育对象处于理想的单一状态,由此而产生的教育针对性不强的问题尤为突出。

(二)教育机制的形成问题

大学新生教育缺乏长效机制。现在每所大学都开展入学教育,但普遍时间较短,有的内容单一或停留在表面,效果并不尽如人意。大学新生的问题不能圆满解决,那么,大学四年的生活和学业就很难顺利完成。对大学新生来说,用开学的几天时间对新生群体进行教育使其适应是远远不够的。可是现在,很多大学在对待新生群体教育方面,没有引起足够的重视,没有建立一个长效机制。部分学校只用短短几天时间来进行新生教育,简单地进行一些学校介绍;有的学校用新生军训代替新生教育;有的学校意识到了新生教育的重要性,但没有真正落实。所以,建立新生群体教育的长效机制是非常必要的。

新生群体教育不是开几次会、谈几次话,而是一个全面的系统工程。应该把系统论引入新生群体教育,根据学生发展规律,分层、分阶段开展教育,形成衔接连贯、分层递进的新生教育体系,使每一阶段教育环环相扣,使德育达到最佳状态,帮助大学新生逐步适应大学学习和生活。

四、大学新生思想政治教育的途径

(一)针对新生特点,开展多种教育活动

要针对新生特点,开展以理想、道德、纪律为中心的多种教育

活动。主要内容有：

一是理想、道德、纪律教育。

二是学校传统、作风教育。

三是学习目的和专业思想教育。

四是劳动教育。

五是军事教育（军训）。

六是加强学籍管理教育。

七是学习方法教育及交流等。

（二）采用各种行之有效的方法

第一，从情感陶冶入手，更多地关心他们，更深入地了解他们，尽可能对每个新生的情况都全面了解，对每个新生遇到的困难都给予真诚的帮助，还需组织新生开展一些有益的文艺活动，如观看影视剧、举办文艺晚会等，使新生在关怀体贴和活动中受到陶冶、感化。

第二，采用现身说法，有组织地引导优秀的高年级同学向新生介绍情况，具体传、帮、带，教育和引导新生向健康的方向发展。

第三，注意把业务教学与新生思想教育结合起来，既教书又育人。

第四，组织新生进行社会调查，参观游览，勤工助学。让他们在社会实践中接受教育。

第五，对他们多鼓励、多表扬，及时发现并激发他们的积极因素，大力树立良好学风，争取在较短时间内建立起一支学生骨干队伍。

第六，从严格管理出发，严格执行各项规章制度，以纪律约束的力量对新生进行养成教育，使他们尽快养成良好的学习和生活习惯。

（三）注意阶段性教育与长期性教育相结合

大学生思想政治工作是个系统工程，新生教育是整个系统工程的基础和起始部分。因此,进行新生思想教育时,既要注意新生教育的特点,又要考虑新生思想教育的延续和发展,使新生思想教育内容与今后经常性的思想教育内容相互联系和配套,在抓新生思想教育的过程中,用全面和发展的观点从总体上把握新生思想教育与经常性思想政治工作的关系,使二者很好地衔接起来。

(四)利用多种教育力量、形成教育合力

第一,要尽可能和学生家长保持联系,相互交流情况,共同做好新生的思想工作。一般来说,家庭对新生的思想状况、心理素质、性格特点、品德修养、兴趣爱好、生活习惯、学习态度、劳动观念、活动能力等有比较透彻的了解,学校要注意发挥家庭这一优势,采取多种形式,同新生家庭建立联系,及时沟通信息,对新生进行有的放矢的思想教育。

第二,要注意学校教育阶段的相互衔接,注意中学与大学的教育衔接,保持教育的沿续性、系统性。大学新生的思想教育是以前阶段学校思想教育的沿续,只有密切衔接、环环相扣,才能使学生顺利实现向新的学习生活的过渡,沿着正确的轨道前进。

第三,要动员和依靠学校党、政、工、团及学生会齐抓共管、动员和依靠全体教职员工共同培育,协调一致地进行新生思想政治工作,保证新生健康成长。

第四,依靠学生集体的力量,通过高年级学生的传、帮、带和各种集体活动,培养新生的集体主义观念,不断增强班集体的凝聚力,发挥学生集体对新生的教育作用。

第五,注意调动新生内在的积极因素,发挥他们追求上进的主观能动性,促使他们自我教育,主动提高。

第六,要争取社会教育力量的配合,对新生进行思想教育,如请公安司法部门的同志来作法制报告,组织新生到工厂、农村进行参观考察等。

第二节 贫困学生的思想政治教育

　　大学贫困生通常指那些因家庭经济贫困而面临较大经济困难的大学生。这些经济困难的大学生往往由于经济上的沉重压力而引起思想、心理上的变化，以致直接影响到他们正常的学习、生活及发展，有的大学生即使在经济困难问题得到解决后仍然存在许多心理和思想问题需要予以教育和引导。从这层意义上说，大学贫困生教育就是指思想政治教育者根据大学贫困生的特点，以大学贫困生为单位对象，以帮助他们解决经济困难和调整他们由于经济困难产生的思想和心理障碍为目的所开展的系统性思想政治教育。贫困生作为学校教育中的特殊群体，已越来越受到学校和社会各界的关注。如何进行贫困生的思想政治教育，已是高校教育工作者思考和研究的重要课题。

一、贫困生思想政治教育的重要性

　　第一，从学生自身发展的角度来看，加强贫困生思想政治教育是坚持"以人为本"、促进每一位大学生全面发展的必然要求，是培养合格建设者和可靠接班人的必然要求。[①]

　　第二，从现实对高校贫困生造成的失衡角度来看，经济压力和生活水平的差距易使贫困生产生心理波动，经济和学业的双重压力易使贫困生心理失衡，现实中重"物质解困"的倾向易使贫困生思想失衡。因此很有必要对他们进行有效的思想政治教育。[②]

　　第三，从兴国、强国的高度来看，贫困大学生是大学生中一个特殊群体，在他们身上，既呈现当代大学生主流的一面，但因为"贫困"的因素，也存在令人忧虑的另一面。相比其他大学生，其

---

① 黄元全．论高校贫困生的思想政治教育[J]．攀枝花学院学报，2005(4).
② 沈志坤．浅谈高校贫困生的思想政治教育[J]．湖州师范学院学报，2005(6).

思想上呈现更为复杂的因素。因此,大学生思想政治教育工作是一项只能加强和改进,而不能松懈和削弱的重大而紧迫的战略任务。①

二、将贫困生教育与思想政治教育相结合的原因

(一)大学生的许多思想问题往往来自贫困问题

学生的贫困问题没有解决好,容易转变成为思想问题。比如,一些学生因为家庭贫困,物质条件缺乏,在丰富多彩的校园里容易产生自卑感,也容易受到家庭优越学生的歧视。这些情况到一定程度都会容易引起贫困学生思想上有想法,情绪上有牢骚,滋生对学校和社会的不满,进而转化为思想问题。

(二)解决贫困问题,能为解决思想问题提供条件

随着贫困问题的解决,学生可以放下因贫困带来的思想包袱,更能以轻松的心态面对大学生活,心情也会变得舒畅,学习生活态度就可能转变。同时,贫困问题解决之后,学生对教育者的意见和建议就更容易接受,学生的种种思想问题也就容易迎刃而解。

(三)解决思想问题,最终目的还是要解决贫困问题

大学生很多思想问题来源于贫困的生活现实,包括自卑感、孤独感、对生活条件较好学生的抵触感、对社会不满情绪等等。脱离贫困问题而谈大学生思想问题,往往陷于空谈,效果不好,学生不但难以接受,还会引起贫困学生的反感,使得学生与教育者拉开距离,增大隔膜,很大程度上影响思想政治教育效果。

---

① 杨小渭. 做好贫困生工作是加强大学生思想政治教育的重要方面[J]. 渭南师范学院学报,2005(6).

三、贫困生思想政治教育需要注意的问题

我们在解决学生的贫困问题时,不要只限于解决一两个具体问题,以解决问题而替代思想教育,更不能为了讨好学生一味地迎合学生需要,甚至置原则而不顾,回避教育。有时对于一些严重的思想问题,是需要耐心细致地进行思想教育的,是需要严肃批评的,否则,错误思想无法克服,错误行为无法制止。对于一些贫困大学生,我们需要尽可能给予经济上的资助,解决他们的实际困难。目前高校设立许多勤工俭学岗位,正是解决这些实际问题的举措。但是,极少数贫困生为了能够获得更多的劳动报酬,有时采取弄虚作假的手法,骗取勤工俭学费用;还有一些贫困生获得别人的资助后,不是用在学习和必要的生活上,而是进酒店,买奢侈品,对捐赠人没有丝毫感激之情。面对这些错误行为,就不能采取姑息的态度。

总之,要把解决大学生贫困问题与思想教育结合起来,解决贫困问题既是做好思想教育的目的,也是做好思想教育的途径;解决思想问题,为解决贫困问题奠定思想基础。如果只限于解决贫困问题,而没有解决思想问题,类似的问题还会出现,小的思想问题可能还会累积成为大的思想问题。

四、贫困生思想政治教育的途径

(一)要以人为本,真心帮助同学

从关心、爱护的前提出发,设身处地为贫困学生着想,实实在在地解决他们的贫困问题,耐心细致地解决他们的思想问题。不要歧视他们,也不要刺激他们,既要严格要求,又要讲究方法,尊重学生人格,平等对待每位学生。

(二)要因地制宜,因人而异

根据实际情况,采取切实有效的教育方法和帮助手段,增强针对性,提高实效性。既然是个别工作,那么就需要用个别工作方法,如个别谈心、讨论、咨询等。

(三)要注意保护学生隐私

为了做好个别工作,辅导员需要同学生进行深入的思想交流和心灵对话,此时学生可能将自己内心深处的真实思想、内在观念甚至个人隐私信息都全部倾吐出来,老师应该为学生保守秘密,尊重学生隐私。

(四)要注意个别指导与一般号召相结合

按照学生需要共同遵循的准则,提出教育与管理要求是必要的。同时要加强个别辅导,做好个别工作,不仅有利于满足不同学生的特殊需要,而且对其他学生也具有启示、警示作用。

第三节　毕业生的思想政治教育

毕业生思想政治工作是在校大学生思想政治工作的终末阶段和最后加工阶段,它的工作效果如何,直接关系着毕业生的质量和毕业生就业择业工作能否顺利进行。

一、毕业生的特点

(一)行为比较平稳

与新生的拘谨,老生的奔放相比,毕业生的行为表现比较平稳。他们常常是经过思考再采取行动,行为比较理智。但由于临近毕业,环境熟悉,加之毕业生要毕业实习,毕业答辩,在学习时间利用上比较自由,一些学生也就比较随便,纪律有所松弛,对学校的要求能应付则应付,但一般又不做"过格"的事情。

(二)思想成熟度增强

随着年龄的增长和学习生活的锻炼,他们已由入学初的单纯、好奇变得成熟起来,对事物有自己的主见。一般来说,大学毕业生的人生观、世界观已基本形成,独立意识和社会参与意识强烈,有一定的涉足社会、大展宏图的愿望和能力。

(三)有时心理波动剧烈

毕业生往往会有一种想掌握而又难以掌握自己命运的惶惑感和急于知道但又害怕知道就业结果的焦虑感,他们变得敏感多疑,犹豫不决,既想听别人意见,又将信将疑,尤其是在和用人单位签订就业协议时,往往拿不定主意,下不了决心。这种异常心理容易导致行动上的盲目性。

(四)情绪不易稳定

毕业生关心毕业后的去向,考虑的是就业或进一步深造等问题,心理压力大,情绪不易稳定。大部分毕业生把所有的注意力都集中在择业和就业去向上,到处打听消息,找就业门路,与父母、亲友通信频繁,也与熟悉的老师、关系来往增多,急切地希望从中得到指导和帮助。就连一些平时比较内向的学生也会变得十分活跃,往往一句道听途说也会使大家议论半天。

(五)希望突击解决一些非常关心的问题

一些大学生希望在毕业前突击解决一些非常关心的问题,如有人想在离校前解决入党问题;有学生在毕业前急于"敲定"恋爱对象;而有些毕业生则考虑是否考研究生问题。在这些复杂而又急于解决的问题面前,有不少学生感到苦闷,情绪时有波动,甚至会有人因问题无望解决而自暴自弃,个别学生还会由此出现意外。

(六)理想与现实发生矛盾

大学生富于理想,甚至充满幻想,但毕业去向和就业的现实却极易与理想发生矛盾,比如想进一步深造而未能考上研究生,想就业却一时就不了业,想分配到大机关却到了基层,本以为考上大学是"皇帝女儿不愁嫁",却因就业分配制度改革和连续多年扩招而出现"大学生就业难"。由于心理准备不足,自我估价不实,自身素质与社会要求失衡,使他们在面临实际挑战时,矛盾重重,困惑不已。

二、毕业生思想政治教育的目标

(一)实现就业目标

读完四年大学,大多数毕业生会选择就业,在职场上实现自己的人生价值。根据专业和自己的兴趣,有的毕业生选择考公务员到党政机关单位就业,也有些毕业生选择到科研院所、高等院校从事教学科研工作,更多的是选择到私营企业、三资企业、国有大中型企业、乡镇企业等企业单位就业。

随着就业形势的日益严峻,社会对不同学历人才的待遇差距也在加大。因此,有部分毕业生在毕业后选择继续攻读研究生而不是直接去就业。还有一部分同学选择出国留学继续深造。出国留学的学生往往是希望暂时避开庞大的就业大军,到国外继续深造,一来将来工作的起点较高,二来可以丰富自己的视野和经历。在经济条件允许的情况下,出国留学是一种个人目标的追求。

(二)准备适应社会

准备走上工作岗位的大学毕业生,由相对单纯的校园突然踏入纷繁复杂的社会,常常产生种种困惑和转换角色。因此,适应社会,完成人生的一大转折至关重要。学校与社会是两种不同的环境,学生和职员是两种不同的角色,对社会承担着不同的权利和义务。大学毕业生要充分认识角色的急剧变化是人生道路上一个重大转折,加快心理调适,尽快从昔日校园生活的心态中摆脱出来,勇敢地投入新的社会生活,努力缩短由学生到职员的心理调适期,积极主动地去适应社会。

(三)做好职业规划

大学毕业意味着学习生涯结束,职业生涯开始。要想在职场上有一番作为,就必须做好自己的职业生涯规划。通过职业生涯规划客观认知自己的能力、兴趣、个性和价值观,发展完整而适当的职业自我观念。职业规划要把个人发展与组织发展相结合,在对个人和内部环境因素进行分析的基础上,深入了解各种职业的需求趋势以及关键成功因素,确定自己的事业发展目标,并选择实现这一事业目标的职业或岗位。

三、毕业生思想政治教育的原则

(一)指导性原则

针对毕业生的盲目性,认真具体地帮助毕业生分析就业形势,正确认识自己,选定合适的择业意向,对毕业生进行走向社会、适应社会需要的准备性教育。

(二)教育性原则

应克服"把毕业生打发出去完事"的应付思想,把毕业生思想教育看作是大学生全部思想政治工作的最后一个组成部分,是平时思想教育的深化和延续,坚持不懈地对毕业生进行针对性思想教育。

(三)平等性原则

教育者应把自己摆在与毕业生平等的地位,以诚待人,沟通思想,即使毕业生有些不正确的想法,也应以商量的口吻,友好的方式谈话,以尽量消除毕业生的疑虑、隔阂和对立情绪。

(四)信任性原则

信任既是有效地进行思想政治工作的条件,又是做好毕业生思想政治教育的基础。只有信任毕业生,才能全面了解毕业生的思想,相互沟通,相互理解,使毕业生支持并配合本阶段的工作。

四、毕业生思想政治教育的途径

(一)采取多种形式进行针对性教育

1. 进行国情教育和艰苦奋斗精神等结合毕业生特点的思想教育

通过国情教育,使毕业生能全面、客观、辩证地了解我们祖国的基本情况和特点,了解我们的社会主义制度和目前正在进行的改革开放,从而激发其爱国热情,明确肩负的历史使命。通过进行面向基层教育,使毕业生了解基层、生产第一线渴求人才的情况,在那里是大有可为的,从而使大学毕业生面对现实,正确处理好个人与社会、理想与现实的关系,充分地做好面向基层,奋斗在生产第一线的思想准备。通过进行艰苦奋斗教育,使毕业生认识到艰苦奋斗是我党、我国人民在革命和建设中形成和发展起来的优良传统,养成艰苦奋斗的美德,不仅有利于毕业生适应基层环境,克服工作中的困难,而且可以使毕业生始终保持高昂的进取精神,不管在任何艰难困苦的地方,都能干出一番事业。通过进行榜样示范教育,以真实、有说服力的榜样事迹,去激励、感召、引导毕业生勇敢地面向未来,扬起事业的风帆。

2. 对毕业生进行岗前预备教育

使学生通过社会调查接触社会、了解社会，从中受到教益，并通过教学实习、毕业设计等教学实践环节进行岗前职业教育，使毕业生热爱自己未来的职业。

通过就业指导，帮助学生做好自己的职业规划。让学生知道，大学毕业求职成功的第一步，就是要把自己训练得更加专业，学习期间努力学习相关专业知识，实习时要找和专业有关的实习单位，哪怕没有收入，实习最重要的就是要和专业的人在一起实习，看别人如何组织、策划、实施一个具体的工作方案，都是十分重要的收获。

3. 引导毕业生进行正确的自我就业定位，树立正确的择业观和就业观

由于高等教育的蓬勃发展，毕业生逐年增加，用人单位的人才储备日趋饱和，又由于用人单位择人观念变化以及改革开放大环境的影响，毕业生就业已由卖方市场向买方市场转变，"自主择业"不是"自由择业""主观择业"，毕业生既享有择业权，也有被用人单位拒绝的可能。要教育毕业生认清形势，了解方针政策，面对实际，认识自我，以务实的心态确立自己的择业方向，确立合理的期望值，实事求是地找准就业定位。要教育毕业生敬业奉献，树立正确的职业观，正确处理个人与集体、国家的关系，坚持以大局为重，到基层去，到西部去，到国家最需要的地方去，在改革开放和社会主义现代化建设的伟大实践中实现自己的人生价值。

4. 要在毕业生中倡导"文明离校"新风，为自己的大学生活画上圆满的句号

每年临近毕业的时候往往是学校的"多灾期"，甚至有人形象地将之称为"毕业综合征"。毕业生们吃过"散伙饭"后，校园里便处处可见呕吐的狼藉、啤酒瓶的碎片；各种旧书、生活用品被随意扔在楼道、水房或楼下；宿舍的窗玻璃、凳子、衣柜、书桌等多是在

即将毕业时被弄坏的。这些过度的发泄行为,不仅对毕业生无论是心理还是生理方面都没有益处,而且也给低年级的学生树立了负面的"榜样"。不同的离校方式折射出不同的人生观和价值观,差异的背后映射出一个学校、一个群体的文化氛围和人文素养。教育当代大学生文明离校应该成为其第一选择。应当在毕业生中倡导一些毕业生在离开学校之前,或将自己不再用的衣物、书籍捐赠出来,或为学校建设留下合理化建议,或向低年级学生传授成长经验等,这些文明行为将为他人带来一份关心和帮助。

(二)针对毕业生特点,采取灵活的教育方法

1. 重视自我教育

组织毕业生学习、讨论,使他们提高思想认识,并通过宣传、表彰毕业生中的先进人物和先进事迹,起到相互影响、相互促进的作用。

2. 坚持正面教育

正面引导,强化毕业生的历史责任感、事业心和献身精神,使他们能够正确认识和处理国家、个人、他人利益关系,树立面向基层、深入市场、脚踏实地、艰苦奋斗的思想。

3. 进行典型教育

以各种先进人物的事迹教育毕业生,起到榜样示范、典型推动的作用。

4. 采取内外结合、共同教育

将走出去与请进来相结合,如请劳模来校做报告,请老校友做毕业生求职经历报告、开设大学生职业策划讲座,走出去比如到生产现场参观学习,学校与家庭结合,与学生家长通信、联系、开家长会等等,调动多方面的力量共同来做毕业生的思想政治

工作。

5.注意以情感人

学校领导、有关部门和教师应多关心毕业班学生，对照毕业像、制作毕业纪念册、毕业会餐、毕业典礼、毕业派遣等各项工作精心安排，做细工作，以情感的力量取得毕业生的信任，促使他们支持、配合学校做好毕业离校工作。

6.开展个别谈话

通过认真观察了解，及时抓住毕业生各种思想苗头，特别对表现较差和情绪低落的学生要及时找他们谈一谈，努力帮助他们正确认识就业形势，恰当地进行自我评价，并注意帮助他们解决遇到的一些实际困难，使他们正确地对待就业问题。

7.应进行必要的思想斗争

对表现差、无理取闹的要大胆地进行批评，不能怕出事而放弃教育，对托"门路"、走"后门"、徇私照顾、索贿受贿的行为要坚决抵制，严肃批评。个别严重的还要予以适当的校纪处分。

(三)尽力帮助毕业生解决一些实际问题

要本着全心全意为学生服务的宗旨，高度重视毕业生的就业教育、指导、推荐和服务工作，完善毕业生就业工作机制，搞好大学生就业见习和实习工作，大胆创新，积极拓宽就业渠道，为学生创造良好的就业条件和环境。

第一，通过加强培养教育，严密党团组织生活，把符合党员标准的学生及时吸收到党组织中来，这不仅壮大了党员队伍，而且有利于发挥他们在毕业离校工作中及其今后建设工作中的骨干作用。

第二，帮助毕业生解决学习和生活中遇到的实际困难，使他们心情愉快地度过在校的最后时光，更加眷恋自己的母校，也会激励他们勇敢地投入新的生活,为现代化建设多做贡献。

第三,对确有一些实际问题的毕业生,力所能及地予以适当照顾,即使照顾不了,也应多商量,多沟通,取得理解或谅解。

第四,帮助毕业生正确理解国家现行毕业生就业方针和政策,帮助暂时尚未落实就业单位的毕业生办理好户口、档案存放手续。还要帮助学生全面了解专业前景,客观分析就业形势,正确处理就业与深造、职业与事业的关系,培养大学生为祖国社会主义现代化建设服务的意识。

(四)加强就业指导,调整毕业生的求职期望

大学毕业生富于理想,对未来的职业岗位充满美好的期望,但其中不乏脱离实际的成分。因此,毕业生思想教育的一个重要内容就是指导毕业生正确地认识自己认识社会,使他们根据社会的需要调整自己的求职期望。

1. 提供职业供求信息

一方面是为毕业生提供社会对人才需求状况和职业供求信息,另一方面是为用人单位提供毕业生多方面的信息,并通过广辟信息源,开通信息渠道,组建信息网络和信息处理系统,充分地发挥出学校在就业咨询指导方面的功能。

2. 进行职业选择观念指导

使毕业生树立按社会需求,全面提高素质,以主动精神介绍自己,不断增强社会竞争意识的观念;树立选择能够发挥自身潜力和优势的舞台;树立祖国需要就是我的志愿,在祖国最需要的地方生根开花、艰苦创业的观念;树立职业选择是一个过程,人的命运并非一次分配而定终生,只要努力工作不论在何处何岗位都有施展抱负机会的观念等。这些观念的树立,对毕业生正确对待毕业分配、选择合适职业是很有益处的。

3.帮助毕业生掌握求职技巧

如怎样参加面试、求职信的写法和求职礼仪、如何推荐自己、如何适应第一份工作等,使毕业生在人才市场和公平竞争中顺利求职、适应工作、打开局面。要通过多种方式,帮助学生学习一些应试技巧。比如,要熟悉应聘的企业,了解公司的背景、CEO 的背景及他的企业文化。要针对性地写简历,现在一些大学生的求职简历写得千人一面,没有特色。简历要突出自己的特点,要么是名牌大学,要么是学生会主席,要么在某方面获过奖,总之,要有丰富的社会经验。心理学上有一个首因效应,是说如果对一个人第一眼的感觉不很好,将影响对他整个人的印象。这对应聘的大学生来说是很重要的。大学生还要学习怎么推销自我。调查表明,大学生就业面试时不知道怎么推销自己的问题很突出,有60%的人存在沟通障碍,这是大学生就业难的一个很大原因。再深究下去,这可能跟现在的大学生大部分是独生子女有关。他们比较自我,不愿意跟人交流,再加上网络的流行,造成了他们与人沟通上的障碍。许多学生从来没有想过自己的优势和特点,介绍自己时,光会强调是哪个学校哪个专业毕业的,而不是从为人品格方面强调自己的优势。现代社会招聘时,专业固然很重要,但更重要的是一个人的学习能力和为人处世能力。

第四节　研究生的思想政治教育

研究生教育是我国教育的最高层次,是我国社会主义现代化建设高层次人才培养的重要来源。研究生同本科生、专科生比,具有某些不同的特点,如何保证和促使他们成为德才兼备的高级专门人才,是高等学校学生思想政治工作的一个重要任务,也是需要不断认真探讨的问题。

一、研究生思想政治工作的重要意义

(一)加强研究生思想政治工作是由他们所处的地位及其肩负的历史责任决定的

研究生是我国社会主义现代化建设各方面高级专门人才的重要后备力量,他们的素质如何,直接关系着祖国的未来以及社会主义现代化建设的成败。因此,对他们不仅要求专业上博大精深,而且在政治思想和道德修养上要有比大学生更高的要求。要通过思想政治工作,教育研究生不断提高思想政治觉悟,成为德才兼备的高级专门人才,使他们的政治、业务水平能够胜任未来的重大职责。

(二)加强研究生的思想政治工作是由研究生的自身特点决定的

研究生学习个体性强,吸收新东西快,信息渠道广,接触西方思潮多,理论思维能力强,善于思考,敢想敢说,富有开拓创造精神,这对思想政治工作提出了更高的要求。然而,研究生也有明显的弱点,他们缺乏社会实践的锻炼,与实际生活接触不多,思考问题往往脱离实际;加上他们社会阅历不丰富,思想方法易于偏激,对社会上的错误思潮缺乏辨别和抵制能力,这就使他们易于受到西方思潮的影响。国内一些主张在中国搞"全盘西化"的人,西方一些对中国实行"和平演变"策略的人都把争夺支持力量的重点放在知识高层次,对研究生影响作用大,试图通过对研究生的争夺,来影响未来中国各方面高层次人员的思想方向。研究生自身的特点和重要性都说明了对其的思想政治工作只能加强,不能削弱。

（三）加强研究生的思想政治工作是由他们的思想政治状况决定的

从研究生思想政治教育的总体状况来看，思想主流和发展趋势都是向上的，并且具有较高的政治积极性。他们对人生的看法和追求是健康的，充满朝气的，多数研究生的个人品质是好的，甚至是可贵的。

在我国，无论是对待研究生的教育问题，还是对研究生地位的特殊性问题，都给予很高的重视。但与之相对应的是，我国对待研究生的思想政治教育的培养问题，却始终没有引起相应的重视，很多研究生在思想问题上存在一些缺陷。随着我国对外开放程度的不断加深，国外的一些腐朽文化和思想不断涌入并对研究生的思想状况造成了冲击，造成他们理想和信念的动摇，对马克思和社会主义产生了疑惑的态度；一些研究生缺少高尚的精神追求，社会责任感不高，并且过于重视个人的利益；有的不注意加强对自身思想道德素质的修养，缺乏艰苦奋斗的精神；还有的自律意识较差，甚至还出现了违法乱纪的现象。研究生上述不良问题的产生虽然只是在小范围内，但是必须要予以足够的重视。这种政治立场、政治态度和思想品德的严重倾斜，充分说明研究生教育必须把坚持正确的政治方向放在首位。

二、时代赋予研究生思想政治教育的新内容

为了实现研究生的全面发展，提高研究生的思想政治教育水平，2010 年，教育部制定了《关于进一步加强和改进研究生思想政治教育的若干意见》（教思政［2010］11 号）。《意见》指出，研究生教育是高等教育人才培养的最高层次，是我国社会主义现代化建设拔尖创新人才培养的重要渠道。研究生思想政治教育是研究生教育的重要组成部分。《意见》认为，总体上看，广大研究生的思想政治状况是积极、健康、向上的。但是，在一些研究生身上仍

不同程度地存在着理想信念模糊、集体观念淡薄、学术道德失范、知行不够统一等问题。特别是研究生面临学业、就业、经济、婚恋等实际困难及压力，在成长发展过程中需要对其进一步加强教育引导。《意见》还指出，要建立健全研究生思想政治教育领导体制和工作机制。高等学校要建立和完善党委统一领导、党政齐抓共管、专兼职队伍相结合、全校紧密配合、研究生自我教育的领导体制和工作机制，把研究生思想政治教育纳入学校学生思想政治教育整体规划，统一部署、统一实施、统一检查和评估。研究生数量达到一定规模的高等学校，原则上应该设立党委研究生工作部，负责组织实施全校的研究生思想政治教育工作。研究生规模较小的高等学校，可在研究生培养部门或党委学生工作部门设立专门的研究生思想政治教育机构，选派专人负责有关工作。

关于努力拓展新形势下研究生思想政治教育的有效途径，《意见》认为要努力做到以下几个方面：①充分发挥课堂教学在研究生思想政治教育中的主导作用；②加强研究生学术文化建设；③广泛开展社会实践和志愿服务活动；④加强研究生心理健康教育和咨询工作；⑤努力解决研究生的实际问题。要建立渠道，加强研究生与学校、导师及同学之间的沟通与交流，及时发现他们的实际问题，并积极创造条件，努力帮助他们解决所面临的实际困难，排忧解难。

随着时代的不断向前发展，对研究生思想政治教育赋予了新的内容，具体来说，主要有以下几点。

（一）研究生心理健康教育

与普通本专科大学生和一般人群不同，研究生作为大学中高层次人才，其年龄、学习和生活方式也有着较为鲜明的特点。近几年来，伴随着研究生教育规模的不断扩大及社会竞争的日趋激烈，尤其是在面临新一轮经济危机的冲击下，就业、学业、经济状况和情感需求等带给研究生的压力与日俱增，并使其心理问题愈加凸显，主要表现为空虚焦虑、多疑敏感、意志消沉、情绪低落等，进而引发的各种行为问题也日益增多。因此,在研究生中要积极开展心理健康教育。研究生的心理健康教育主要是通过以下方面来进行:一是全面开展研究生心理健康教育,健全和完善研究生心理健康体系;二是普及心理健康常识,加强研究生自我教育和自我心理调节能力;三是发挥导师对研究生健康心理的指导作用,引导学生树立良好的世界观、人生观和价值观,以积极的心态面对人生;四是开展朋辈咨询,倡导友爱互助,形成利于心理健康问题化解的良好氛围。

(二)研究生网络文明教育

现如今,网络普及率越来越高,网民数量日渐增多,研究生在其中也占据了重要的一部分。以前,人们都称高校为"象牙塔",但进入网络社会之后,随着网络信息的广泛传播,校园的纯情与圣洁开始遭受到世俗与轻浮、功利与势利的侵蚀。在巨大的网络信息传播中,充斥着大量的庸俗和负面的信息,包括网络游戏的血腥与暴力、社会负面新闻、网络论坛的"自由思潮"等非主流价值观念等,以及网络中充斥的黄色、低级趣味、不健康的信息,都对研究生的世界观、人生观和价值观造成了巨大的冲击,不利于他们良性自我意识的发展,他们对是非黑白的区分也变得不够清晰和明朗了。

大学思想政治教育工作者在教育过程中,要帮助研究生牢固树立正确的价值观,提高辨别能力和自控能力,以抵御不良信息和网络陷阱;培养网络道德意识和责任感,自觉地不信谣不传谣,做到文明上网,消除网上不良行为;提倡文明上网,合理、正确地利用网络资源,培养研究生的自律品质、奉献精神、社会道德责任感,充分发掘网络在思想政治教育中的积极作用。

(三)研究生生命价值教育

生命价值问题是贯穿着整个人类历史的原初性和本根性问题。在现代社会中,人们一方面在不断追求高质量的现代生活,另一方面却又在现代生活中迷失了自己的本性,因而对于生命价值的思考更是占据现代生活的核心地位。研究生的人生观、价值观正处在剧烈的冲突和选择过程中,还没有最终稳定。时代和社会中种种不良现象对其产生的消极影响更是加剧了部分当代研究生生命价值及意义的危机。"马加爵事件"、宿舍投毒事件、频发的高校跳楼自杀事件等,一个个如花的生命凋零,令人惊叹惋惜,也发人深省,尤其应该引起研究生思想教育工作者的思考。所以,对当代研究生进行生命价值观教育既是高校思想政治教育研究的一个热点,也是思想政治教育的一个重点。当代研究生的生命价值观在主流上是积极、健康和进步的,然而部分研究生对生命价值观的错误认识所导致生命价值观扭曲已是不容忽视的现实,凸显了严峻后果。适时开展研究生生命价值观教育既是研究生健康发展的迫切需要,又是实现大学教育目标的紧迫任务,更是促进社会发展的内在要求。

生命价值教育要涵盖五个方面的内容:一是教育研究生正确认识生命,了解生命的神奇和神圣,重视生命的价值;二是帮助研究生认识生命所承载的社会责任和价值,理解生命的唯一性和不可替代性,了解生命的意义;三是教导研究生尊重生命、尊重生命的权利;四是引导研究生呵护自己、关爱他人,理性地表达诉求,理性地解决问题;五是教育研究生心理健康常识和异常情况辨别,关注特殊群体,及时实施心理帮扶和救治,防止悲剧发生。

三、研究生思想政治教育的途径

(一)对研究生进行坚持正确政治方向的教育

培养研究生不仅要有专门知识,更要有为人民服务的思想,具有坚定正确的政治方向,共产主义的理想和道德。确保研究生始终坚持正确的政治方向,需要做到以下几点。

第一,要旗帜鲜明地对研究生进行四项基本原则教育,使他们真正懂得四项基本原则是立国之本,只有坚持四项基本原则,才能从根本上保证社会生产力的发展和人民生活水平的不断提高。

第二,要理直气壮地对研究生进行马克思主义理论教育,帮助他们掌握马克思主义的基本原理,运用马克思主义的立场、观点、方法来分析和回答当代世界和我国建设实践中提出的理论问题和现实问题,从而使研究生在政治上、思想上不断成熟起来。

第三,要发挥政策导向作用,坚持学位标准,对研究生从政治上和业务上提出全面的严格要求。对那些政治表现差,思想品德不端的研究生要坚决淘汰,对品学兼优的硕士生可允许优先攻读博士学位和实行免试推荐为博士生,优先向用人单位推荐德才兼备的毕业研究生,用行政的、管理的手段,促进研究生德智体全面发展。

(二)提高认识,加强领导,健全组织,增加力量

研究生是我国社会培养的精英人才,加强对研究生的思想政治教育,关系到我国未来的前途命运,是一项具有战略意义和深远历史意义的事业。提高研究生的思想政治教育水平,这是中国实现社会主义现代化的需要,要培养一批坚决维护党的领导,热爱祖国,积极投身中国特色社会主义建设的精英人才;努力学习毛泽东思想和中国特色社会主义理论,以社会主义核心价值观为指导,树立起正确的世界观、人生观和价值观。要培养研究生艰苦奋斗的精神,树立起强烈的社会责任感和使命感,全心全意为人民服务;要加强研究生的自律意识,自觉遵守法律法规,不做违反乱纪的事情,培养良好的道德品质和心理素质;研究生要努力学习,勇于创新,努力掌握现代科学文化知识。

研究生是我国未来各行各业的骨干力量,研究生在知识结构、年龄、社会经验、思考问题的深度和广度,以及思想活跃程度和活动能力等方面,都比大学生更具优势。加之研究生的学历层

次又为许多大学生所向往,他们的思想倾向很大程度上影响着高等学校整个学生队伍,抓好他们的思想政治工作对高等学校整个学生思想政治工作都有带动作用。因此,高校各级领导应切实加强对研究生的思想政治教育,建立与健全研究生思想政治教育工作体制,定期选派一批优秀的干部对研究生思想政治工作力量进行充实,并使之相对稳定以便积累经验,总结规律,使研究生思想政治工作不断得到改善和提高。

(三)健全党团组织生活,注意发挥研究生中党组织的政治核心作用

高校在研究生思想政治教育工作中,还必须要加强党的建设。在高校的研究生群体中,党员占据了很大的一部分,加上积极申请入党者已超过总数的一半,做好他们的工作并使之在研究生中发挥骨干作用,是研究生思想政治工作应该特别强调的一个方面。

《关于进一步加强和改进研究生思想政治教育的若干意见》指出,研究生党支部是发挥研究生思想政治教育主体作用的重要组织依托。高等学校要加强研究生基层党组织建设,坚持把研究生党支部建在班上。要积极探索符合研究生特点的组织生活形式,尝试在学科、实验室、课题组等建立党的组织,使党员教育与研究生的实践需求相结合、与研究生的学术科研相结合、与研究生的成长成才相结合,提升研究生党员教育的有效性,引导研究生党员在创先争优中加强党性锻炼,发挥先锋模范作用。因此,要加强研究生的党组织建设,按年级或专业建立研究生党支部,如果研究生的数量较少,那么也可以按照系(院、所)为单位来建立研究生党支部。在研究生党支部建立完成之后,还要选举出党支部书记,其一般是由思想政治素质较高的研究生党员担当,或是由党员教师来兼任。

在对研究生中的入党积极分子或是学生骨干进行思想政治教育的培养过程中,可以采取多种形式,这对壮大党的队伍具有重要的意义。此外,针对研究生的新党员,对待他们的培养工作

要更加慎重,加强对他们的入党动机的教育和考核。研究生党支部工作运行的过程中,要始终严格组织生活,始终坚持对研究生党员进行教育、监督和管理,确保他们始终坚持共产主义信仰,维护党的领导,全心全意为人民服务,不断提高研究生的机体凝集力。

(四)多方配合,注重教育实效

研究生学习个体性强,知识面较宽,吸收知识的能力也比较强。因此,对他们的思想政治工作在内容上应更广泛、更丰富,更有思想深度;在力量上要多方配合,形成合力,提高教育效果。

1. 加强和改进马克思主义政治理论课教学

应当选派有经验、水平高的教师担任教学工作,按照研究生特点因材施教,力求通过教学解决研究生中的思想理论问题和认识问题,提高他们的马克思主义理论水平和思想修养。并通过向研究生介绍和评析一些当代西方思潮,使他们通过比较鉴别,增强识别和抵制资产阶级思潮的能力。高等学校要根据研究生的特点和教育规律,建立起以研究生导师和辅导员为主体的研究生思想政治教育工作队伍。同时,要明确专门的党政干部和共青团干部负责组织协调研究生思想政治教育工作,充分发挥思想政治理论课和哲学社会科学课教师在研究生思想政治教育中的相应作用。

2. 调动研究生的内在积极性,广泛开展自我教育

《关于进一步加强和改进研究生思想政治教育的若干意见》指出,研究生文化水平高、民主参与意识突出、自我管理能力较强,在思想政治素质的培养和成长成才的过程中,更应体现自身的主动性、自觉性和参与性。要积极为研究生开展自我教育创造条件,指导和帮助他们在完成学业的同时提高自身思想政治素质,增长才干,全面发展。研究生与大学生相比,政治上更为成熟

些,社会经历也多些,自我意识更强,开展自我教育的条件也更充分。通过积极引导他们参加社会实践,社会调查,社会服务,社团活动,自我管理,自我服务,向周围先进典型学习等活动,帮助他们正确认识自我,并用美的境界培养和更高的标准要求自己,产生一种积极向上的力量,从而达到自我教育和自我提高的目的。

3. 重视发挥导师言传身教的作用

《关于进一步加强和改进研究生思想政治教育的若干意见》指出,导师负有对研究生进行思想政治教育的首要责任。导师要了解掌握研究生的思想状况,全面关心研究生的成长,帮助他们解决学习和生活中遇到的困难和问题。从招生、培养到毕业,导师应对研究生政治业务质量全面负责,努力做到既教书又育人。导师和研究生接触多,了解深,感情贴近,他们对研究生进行思想教育工作,不仅方便,易被研究生接受,而且更有利于有的放矢,卓有成效地进行。在对研究生的教育和培养过程中,研究生导师占据着重要的地位,其无论是对研究生的学习还是价值观的形成都有着重要的影响作用。因此,研究生导师首先应该提高自身的思想道德素质、丰富自身的学识,树立良好的学风,做到以身作则,为人师表。

4. 重视研究生培养中的实践性环节

要根据研究生尊重科学,崇尚知识的特点,多开展一些思想性和知识性很强的教育活动,如讲座、参观、学科竞赛、国外理论与实践动态介绍等,寓思想教育于知识获取之中。积极引导研究生结合专业方向和科研课题深入实际,进行社会调查,深入了解社会,主动利用自己所学的知识为人民服务,自觉地走与社会实践相结合成长的道路。

第六章 ‖ 心理教育与大学生思想政治教育

中共中央、国务院颁布的《关于进一步加强和改进大学生思想政治教育的意见》中指出："要重视心理健康教育，根据大学生的身心发展特点和教育规律，注重培养大学生良好的心理品质和自尊、自爱、自律、自强的优良品格，增强大学生克服困难、经受考验、承受挫折的能力。积极开展大学生心理健康教育和心理咨询辅导，引导大学生健康成长。"

大学生心理健康教育不仅关系到学生个人的成长，更关系到国家和民族的未来。崇高的理想，健全的人格，和谐的人际关系，坚持不懈的努力，稳定的情绪，乐观的人生态度，爱岗敬业，遵纪守法，维护社会公德是一个人心理健康的重要标志。心理健康是时代的课题，是现代社会进步与人类自身发展的客观要求。

第一节　心理发展与思想政治教育

思想政治教育是思想品德塑造的过程，它对人们树立科学正确的世界观、人生观和价值观有重要的帮助作用。人的思想政治及道德法律素质的形成与发展是以心理活动为基础的，要使思想政治教育达到从思想到行为的有效内化与外化，需要思想政治教育特别重视人的心理发展过程对发挥思想政治教育实效性所起的作用。

一、心理与思想

心理与思想都属于意识范畴，在本质上是一致的，两者密不可分,又各有特点,各自按照自身规律发展和变化。

(一)思想的特性

思想是客观存在于人的意识中的,并反映人的意识中经过思维活动而产生的结果,是人脑通过概念、判断、推理等思维形式对感性材料进行加工后形成的理性认识成果,是对客观事物本质和规律的理性认识。客观事物是思想产生的来源,社会实践是思想产生的基础。思想是客观事物的主观映像,是客观存在在人脑中的反映,并能动地反映在人的实践过程中。一切思想观念都是在社会实践中产生的,社会实践是思想发展的动力,不断给思想认识提出新课题,不断给思想认识提供新资料和新经验,不断给思想认识提供新工具和新技术。思想的特性主要表现在以下几个方面。

第一,思想具有依赖性又具有相对独立性。思想的产生依赖于客观存在和社会实践,离不开客观存在和社会实践;但思想又具有相对独立性,不一定随着所反映的客观存在的变化而变化,且不同的思想之间可以相互影响、相互感染、相互发生作用。

第二,思想具有选择性、能动性和表现性。思想的选择性表现为人们可以有目的地、有选择地对客观事物进行反映,能够吸收相同相似的思想,排斥相反相异的思想;思想的能动性表现为人们可以能动地反映、认识客观世界和改造世界;思想的表现性就是思想在本质上一定要表现为行为,转化为认识和改造世界的物质力量,否则思想就不具有任何意义。

第三,思想具有储存性和隐蔽性。思想可以通过记忆储存在人脑中,经过人的重复使用形成一种习惯力量,也可以通过书籍、艺术作品等载体储存,长期保存留传下来;思想的隐蔽性就是思想是一种隐蔽在人脑中的精神现象,肉眼无法直接识别。

第四,思想具有两重性、渐进性和层次性。思想的两重性表现为思想具有积极和消极两个方面;渐进性表现为思想是从感性到理性、从表面到深入、从低级到高级、从量变到质变逐渐进行的;任何事物都有层次性,思想也不例外,如从思想觉悟方面分析人们所关心的利益,有关心个人利益、集体利益或国家利益之分。

(二)心理的特性

心理是客观现实在人的头脑中的反映,它主要包括感觉、知觉、思维、记忆、想象、情感、意志、性格、能力等。客观事物作用于人的感觉器官,引起人脑的活动,形成种种条件反射,成为心理的物质基础,从而形成人的思想、感情等内心活动。心理是人脑的机能,是人脑对客观现实的反映,并在实践中发生和发展,具有能动性。人的心理包括心理过程和个性心理两个方面。心理过程又是认识过程、情感过程和意志过程的总称。认识、情感、意志三种过程是人统一的心理过程的三个不同的方面,它们相互制约、相互影响和相互促进。个性心理分为个性心理特征和个性心理倾向性。个性心理特征是每个个体身上表现出来的比较稳定的能力、气质、性格的心理特征,个性心理倾向性是个体在兴趣、需求、动机、理想、信念等方面表现出来的比较稳定的差异性,二者相互渗透、相互影响。思想政治教育者从教育对象的心理发生、发展及其规律出发对教育对象进行教育和引导,努力促使教育对象形成良好的心理品质和保持健康的心理状态。

(三)思想与心理的关系

思想与心理相互联系,主要表现在以下方面:第一,思想与心理在本质上是一致的。二者都属于意识范畴,都是第二性的,都是指人脑的活动,两者都是以人脑为基础和前提而产生的,客观现实是两者产生的源泉,而实践活动则为两者产生的桥梁。第二,思想与心理都随着人的实践的发展而发展。思想是由低级思维到高级思维、由单向思考到多位思考发展,心理是由不成熟到成熟、由单调向丰富发展。第三,思想与心理相互作用。一方面,思想对心理起决定作用,思想决定心理活动的方向和内容。如一个高尚的人必然会产生相应的高尚的情感、需求、动机和兴趣,一个卑劣的人必然会产生相应的卑劣的情感、需求、动机和兴趣,另一方面,心理对思想具有反作用,影响和制约着一定的思想的发生、发展及内容。思想与心理有本质的内在联系。思想政治教育者要充分利用好思想政治教育心理学的这对基本范畴,掌握思想政治教育过程中人的心理发生、发展及其规律,搞好思想政治教育工作。

思想与心理又有区别,主要表现如下:第一,思想与心理的范围、内涵和表现形式不同。思想是人独有的,是在感性认识的基础上通过思维活动而产生的,是理性认识的核心部分,通过人生观、世界观、价值观、道德观、幸福观、恋爱观等意识的高级形态表现出来。心理通过个性心理倾向和个性心理特征表现出来。第二,思想具有可移植性,心理不具有可移植性。思想可以从一个人、一群人、一代人传递到另一个人、另一群人、另一代人,还可以从一种文化传递到另一种文化。心埋则完全不同,心理不能实现从一个人传递到另一个人的移植,任何人的心理活动都是不同的,心理环境的差异决定了心理的不可移植性。正如《庄子·秋水》中所说:"子非鱼,安知鱼之乐。"第三,思想具有可保存性,心理不具有可保存性。思想可以通过人的记忆储存在脑中,能够长期储存并多次重复使用,还可以通过书籍、艺术作品等多种载体保存下来;心理则不具备可保存性,除了活着的人本身以外,没有任何一种载体可以保存心理活动或心理状态,即使保存下来的也是心理活动的测量结果,而不是心理活动本身。

思想与心理两者都是思想政治教育心理学的基本范畴,揭示了思想政治教育心理学中思想和心理的发生、实质、形式及特性,揭示了思想政治教育心理学的重要理论基础。厘清思想与心理这对基本范畴对判别思想与心理各自范畴的边界有明确的帮助作用,理清思想政治教育与心理学的关系,为广大思想政治教育理论和实践工作者排忧解难,有利于掌握思想政治教育过程中人的思想和心理发生、发展及其规律,进一步把握人的思想活动、心理活动与思想政治教育的特点和规律,提高思想政治教育的针对性和有效性。

二、心理发展的基本问题

大学时期是人心理发展的关键期,身心都处于急剧变化中,掌握心理发展的特点和相关理论,能够为促进大学生身心发展提供有益帮助。一般而言,人的发展包括生理和心理两方面。相对于生理方面的发展,所谓心理发展,是指个体从出生、成熟、衰老直至死亡的整个生命过程中所发生的一系列心理上的变化。[①] 生理发展是心理发展的物质基础,但生理发展并不是心理发展的唯一决定因素。个体的心理发展除了依靠生理结构和机能外,同时也要受到许多其他因素的影响和制约。在社会生活实践中,个体由于主客体的相互作用、环境与教育等外部因素提出的要求引发个体产生新需要,这种新需要与个体原有的心理发展水平之间所产生的内部矛盾即为心理发展的动力。[②] 之所以强调主观能动性和矛盾的内部性,是因为只有当客观现实与主体之间的矛盾被主体本身所意识到,并将之转化为自己的新需求时,才会产生心理发展的动力。

个体的行为多由遗传(先天)和环境(后天)的影响来决定。遗传和环境因素都不能独立解释大部分的发展现象,遗传和环境因素的交互作用是复杂的。拥有相似遗传背景的个体(如同卵双胞胎)可能具有相去甚远的行为方式,而具有完全不同遗传背景的人在特定情况下也会有相似的行为(如长期生活在一起的夫妻)。遗传为人的心理发展的个别差异奠定了基础,它决定了每个人心理的不同发展的可能性。在环境因素(按其性质可分为自然环境和社会环境两大类)的作用下,最初的可能性会变为最初的现实性,这个现实性又将成为向更高层次发展的前提和可能。也就是说环境为心理发展提供了现实条件,我们的祖先很早就已

---

① 赵国祥. 心理学[M]. 北京:高等教育出版社,2011,第254页.
② 付建中. 教育心理学[M]. 北京:清华大学出版社,2010,第20页.

发现了这一现象。俗话说："一方水土养一方人"，就反映了自然环境对个体心理发展的影响；"近朱者赤，近墨者黑""孟母三迁"，则阐释了社会环境在个体心理发展中的作用。此外，环境还决定着心理发展的方向、速度和水平，特别是教育对人类心理发展起着主导作用。

遗传和环境问题是要彻底解决的一项非常具有挑战性的工作，归根结底，就是内因与外因之间的关系。外因必须通过个体心理发展的内部动力（即内因）起作用，才能真正推动心理的发展。因此，我们可以认为内因对人的身心发展具有主导作用。

三、心理发展的一般规律

人的心理发展是一个极为复杂的过程，但这个过程并非不可捉摸，而是有着一般的规律和特性。

（一）心理发展的连续性与阶段性

心理发展的过程是一个由量变到质变的连续发展过程，个体生理方面、认知方面、社会性方面相互影响，不断产生变化。在这一连续发展的过程中，又表现出有序的阶段发展特征。前一阶段的发展为后一阶段准备了条件，后一阶段是前一阶段的继续和发展；前一阶段往往包含了后一阶段的某些特征，而后一阶段又往往遗留着前一阶段的特征。从个体出生开始，这种发展就已经相伴而生。由于个体所处的环境和自身素质存在着不一性，发展的速度也存在差异。在生命的一定时期里，心理发展总会维持一个相对平衡和稳定的阶段，每个阶段都具有在性质上不同于其他阶段的可分辨的心理发展特点。不同年龄阶段心理特征是不同的，心理发展的年龄阶段及其特征具有一定的稳定性。心理发展的年龄阶段及其特征是思想政治教育的重要依据，教学内容和教学策略的选择都应考虑教育对象的发展水平和年龄特点，要遵循量力性原则。心理发展的过程，同其他事物发展一样，既具有连续性,又具有阶段性,是连续性和阶段性相互结合、辩证统一的过程。事物发展过程中的各个发展阶段之间,既相互区别、又相互联系,因而必须把握好各个阶段间的联系与过渡。重视年龄段之间的区别,就是既不能把下一个发展阶段才能做到的事勉强地放在现阶段来做,也不能把现阶段应当完成的任务推到下一个发展阶段去做;重视两者的联系,就要在现阶段为下一个发展阶段的到来做好准备,使两者相互衔接。

(二)心理发展的方向性与顺序性

心理发展的方向性和顺序性是指个体从出生到成人,其心理发展由较低水平到较高水平,按一定顺序,由量变到质变持续不断地发展着。尽管不同学派对心理发展的阶段划分方式不同,但是所有的划分都是按从低级阶段向高级阶段的方向进行,各阶段的先后顺序是一定的,不能超越阶段等级,也不能更换顺序,更不能随意前后错乱。如儿童的思维发展总是从动作到具象再到抽象,通常儿童先会叫"爸爸""妈妈",之后才逐渐分清什么是"男""女"。通常来说人的心理发展顺序的总趋势表现出以下四个特点:从简单到复杂,从具体到抽象,从被动到主动,从零乱到成体系。思想政治教育应按照教育对象身心发展的实际,循序渐进地开展教育工作,同时教育要做到适应"最近发展区",适当地走在身心发展的前面,以期使教育对象系统地掌握基础知识和基本技能,促进其身心健康发展。

四、思想政治教育与心理发展的关系

思想政治教育是一种特殊的社会活动,它涉及人的认知、情感和人格等方面的内容,在政治、思想、道德和法纪教育的过程中,人的心理状况始终起着维持、调节和统合的作用。因此,思想政治教育重点应该放在充分了解教育对象的思想动态上,掌握其思想发展的特点和规律,使思想政治教育做到有理有据。

(一)思想政治教育应把握教育对象的年龄心理特点

思想政治教育的主体是人,在进行思想政治教育的时候,要充分把握教育对象的年龄特点。由于年龄不同,认知、情感、意志和行为方面的特点都存在明显的差异,在建构思想政治教育内容系统时,应针对这些年龄特点,选择合适的思想政治教育方法及相应的教育内容,充分重视教育对象的层次性,从而提高思想政治教育的实效性。思想政治教育的内容系统是由不同层次的要素构成的,思想教育、政治教育、道德教育、法纪教育、心理教育等要素组成了思想政治教育的内容体系。同时,这些要素又可以进一步细分成更小的要素。掌握各要素之间的从属关系对于系统功能的实现有重要作用,低层次要素的实现往往能为高层次要素的实现提供条件。明确思想政治教育内容系统的层次性,有助于思想政治教育者针对不同年龄层次的教育对象实施不同层次的教育内容,有助于把思想政治教育的先进性要求和广泛性要求结合起来,有助于使不同层次的教育对象的思想道德素质都有所提高,也有助于使思想政治教育内容的层次与教育对象的层次保持动态的联系。

小学阶段学生的道德认知水平较低,是学生品德发展的关键期,应以道德教育为主,提高学生的道德认知水平,培养良好的道德习惯,播下高尚的"道德种子";中学阶段学生进入青春期,抽象思维能力增强,已有能力理解社会中更多、更复杂的现象和问题,同时世界观和人生观有了更成熟的发展,思维更加活跃,对国家和社会有了更进一步的思考,这一时期可以对他们进行更为系统的国情国策教育,使他们对当今社会有更全面的认识,更理解自己与他人的关系;大学阶段,人的行为自觉动机加强了,对自身能力和才干的信心提升,在此阶段应重视对个体完善人格的塑造,应以努力培养合格的社会主义建设者和接班人作为思想政治教育的目标。因此,对不同年龄阶段的教育对象的教育内容应有所区别、有所侧重而又相互衔接。

(二)思想政治教育应把握教育对象的性别心理特点

性别心理差异的形成是由先天生理因素决定的,遗传基因、性激素水平、大脑结构的差异都导致了性别心理差异的产生。此外,后天环境和教育也对其产生重要影响。在这诸多因素的共同影响下,人在社会中的性别角色渐渐形成。性别心理差异在低年级时往往不显著,随着时间推移日趋明显。性别心理差异常常表现在智力和非智力两方面。智力因素方面,男女两性在思维方式和创新能力上表现出明显的差异。而非智力因素方面,男女两性在情感、意志、性格等上也存在很大不同。就意志方面而言,男女两性各具特点,意志品质的某些方面也存在着一定的水平差异,女性的自觉性、自制性水平稍高于男性,但男性的果断性和坚韧性更强。在认知风格上,男女也有所不同,男性往往表现为好奇心和求知欲强、富有进取心,女性思考问题则较细致、谨慎、周密。在思想政治教育过程中,性别因素也是影响思想政治教育效果的一个重要条件。现代社会男女平等的思想已经渗透到每个人的头脑中。但是,在现实生活中还是存在很多男女不平等的现象,甚至还存在对女性的歧视现象,由此造成了一系列女性心理问题和心理障碍。为此,思想政治教育应有意识地向女性倾斜,对女性的思想政治教育给予更多的重视。此外,还要把握两性不同的性别心理特点,分别施以行之有效的思想政治教育。

(三)思想政治教育应把握教育对象的角色心理特点

生活在社会中的每一个人都有不同的社会分工,因此可以认为每个人都在扮演着不同的社会角色。所谓角色心理就是指个体在扮演社会角色时形成的与其社会角色实践相适应的特定心理。思想政治教育的对象是生活在一定社会中具有接受教育能力的个体,人类社会这个大的角色系统,是由每个人所扮演的不同角色构成的,不同的社会角色有不同的角色心理特点。思想政治教育只有根据人的角色心理表现特点,探索角色心理的发展变化规律,才能富有成效。从思想政治教育对象的角色心理入手去研究、认识教育对象,是提高思想政治教育针对性和有效性的一个重要手段。一般而言,可从职业、性别、年龄、社会阶层等四个角度对思想政治教育对象所承担的社会角色加以分类。例如,由于不同职业和社会阶层群体的角色规范和角色期待不同,以及个体在扮演某一角色时的角色认识、角色学习和个体生活环境、生活经历以及遗传因素不同,使得教育对象的角色心理具有极大的差异性。正确把握思想政治教育对象的这种差异性和角色心理的特点,才能相对准确地认识教育对象的真实心理,有的放矢地做好思想政治教育。

(四)思想政治教育应掌握教育背景和时机

要在思想政治教育中取得较好的效果,除了要掌握教育对象的基本情况,选择好的教育方法外,还要善于抓住思想政治教育的关键时机。思想政治教育的时机选择,对教育效果有着重大的影响。时机选择适当,往往会起到事半功倍的作用,时机把握不当,甚至会导致事与愿违的结果。

思想政治教育总是在一定的历史时期和时代背景下进行的。思想政治教育只有紧跟时代主题的变化,积极研究新情况,树立新观念,探索新途径,才能增强时代感,具有时效性。在思想政治教育过程中强调把握教育时机,不仅是要把握好人的发展过程中的成长性时机,教育者还要增强时代感,切实回答和解决时代提出的重大问题,担负时代赋予的历史使命,积极应对教育中所遇到的外界触发型时机。所谓外界触发型时机是指教育对象周围环境和外界事物变化而引起的思想政治教育契机。这类时机通常可以分为阶段转折、事件交替、行为受挫和矛盾冲突四大类。人们在生活阶段、职业岗位发生交替和工作地点发生变化时,思想往往一时难以适应新的环境、新的工作岗位。思想政治教育应抓住环境转换和阶段转折时的火候,因势利导,以诚相待,做好心理调适工作,创设轻松和谐的环境氛围,解除教育对象的思想顾虑,使其在新的环境中达到新的心理平衡。重大事件对人心理发展的影响主要体现在以下三方面:一是国内外出现重大事件时,特别是关系到我们党和国家的利益的事件发生时,可能在人们的思想上引起强烈反响;二是改革深化、开放扩大、社会结构与利益关系调整,触及人们传统观念和利益时,必定会产生各种新的思想问题;三是在举行重大竞赛、隆重集会、盛大节日庆祝的前后,必定引起人们情绪上的巨大波动。思想政治教育要掌握教育对象情绪变化的规律,善于察觉和把握教育对象伴随这些事件而产生的喜悦、愉快等情绪,抓住教育对象情绪巨大波动的时机进行行之有效的思想政治教育。人在各种需求的驱动下,为达到一定的目的,就必定会进行各种各样的活动和尝试,在这些努力尝试的过程中,必然不可能一帆风顺,挫折和失败在所难免。由客观原因引起的挫折叫环境导因挫折;由主观原因引起的挫折叫作个人导因挫折,是由于个人的体力、生理、智力等方面的障碍而形成的挫折。在学校,这些挫折的产生会导致目标实现过程受阻,学生就会在情绪和行为上出现形形色色的表现,如产生苦恼、压抑和烦闷等情绪。教师要关心学生,体谅学生,帮助学生分析受挫原因,总结失利的教训,使其无论在得意或失意、快乐或痛苦、成功或失败时,都能自尊、自信、自强、自立,逐步朝着德智体美劳全面发展的目标前进。矛盾冲突一般出现在学生处理人际关系的过程中,这种人际冲突一般存在于与学生有亲密关系的人和事之间。一是师生关系、同学关系发生矛盾或冲突时;二是家庭关系、亲友关系产生新的矛盾和家庭、亲友遭受不幸时。一旦这些人际冲突出现,就可能导致教育对象产生苦闷、悲观、失望的情绪。因此,可以抓住教育对象处于消极情绪的时机,做好安定情绪的工作,耐心疏导,帮助其分析原因,根据不同情况,采取有效措施,排忧解难,争取迎头赶上。

外界触发型时机往往也是通过对个人心理产生冲击,才能发挥思想政治教育的实效。在思想政治教育过程中,教育对象对某件事产生的兴趣点、触及切身利益的关注点、引起情绪波动的兴奋点、产生挫折感的疑难点等都是进行教育的关键点。思想政治教育应具备全球性开阔的视野、敏锐的时代洞悉力,激励人们树立长远的眼光。当下的思想政治教育应从宏观背景中把握教育时机,推动思想政治教育充分反映和把握时代主题的变化,切实回答和解决时代提出的重大问题,担负起时代赋予的伟大使命。

第二节 当代大学生思想与行为特点分析

大学生作为一个群体,有着相近的生理心理特点,有着共同的生活学习经历,有着相近的情感世界,有着相似的社会困惑。对大学生施加教育影响,使之形成符合社会发展需要的思想观念、政治观点、道德行为,就必须对大学生进行科学的认识和分析,了解大学生群体的特点,提高思想政治教育的效果。

一、大学生的知识特点

(一)基础知识积累变得雄厚

学生在中学阶段的学习主要是打基础,侧重基础科学文化知识和基础技能的掌握,经过系统的教育,到中学毕业,学生的知识储备达到了相当水平。进入高等学校后,学校很重视基础理论知识的学习,专业基础理论更是得到极大的重视,这使大学生的基础知识呈现逐渐扩大的趋势。但高校学生在基础知识的结构上存在不同程度的不平衡现象,中学就存在的偏科现象和习惯被带入大学的学习生活中,大学的理、工、文各科学生也多是了解本学科知识而不了解其他学科知识,再加上大学生普遍存在的缺乏实际生活知识的情况,都会影响学生的深入学习。对此要分析原因,采取措施,促使学生打好基础,扎好知识之根基,为向专深方向发展和全面发展提供"后劲"。

(二)理论知识逐渐丰富

由于年龄的增长、知识的积累,学生在中学阶段的知识学习就有了理论性不断增强的特点,使学生的抽象逻辑思维和辩证思维能力有所发展,已能理解比较抽象的概念,并能符合逻辑地进行判断和推理,思维的独立性和批判性显著提高。进入高校后,大学生接触的科学理论知识更为广泛和系统,学生普遍重视理论知识的探索,乐于学习最新科学知识。所以,高等学校的学习使大学生的理论知识渐趋丰富,特别是在专业知识方面,有更系统的把握。但是,由于多种原因,大学生普遍忽视实验、操作、训练、练习等实践环节,与日益丰富的理论知识相比,实践知识相对不足。对此应采取一些针对性措施,重点加强,弥补不足。

(三)应用性知识逐渐发展

大学教育是培养专门人才的,大学生的学习具有应用性的特点。他们专业定向,未来职业性质比较明确,课堂学习、业余学习、技能发展都与专业知识的应用有关。大学生的应用性知识是逐渐发展的,但还缺少实践的验证和丰富。

(四)知识面逐渐扩大

由于大学生所学课程门类增多以及他们的求知欲日益强烈,使得他们的知识面相应扩大。他们广泛涉猎各种知识领域,不断拓展自己的知识视野,但往往以兴趣为出发点,缺乏计划性,有些方面的知识很丰富,而一些必备知识却不足,知识面上有一定片面性。对此,要引导学生的学习兴趣,加强他们全面掌握知识的责任感,学好国家建设所需要的各种知识和本领。

(五)专门知识逐渐增多

大学生的学习体现出很强的专业性,进校后就分系、分专业、分方向。社会分工在不断发展,科学文化知识也在不断分化,许多边缘科学知识、新知识不断涌现，知识越来越专门化，学生的学习也越来越专业化。因此，既要引导学生学好基础知识，又要引导他们拓展专门知识，形成合理的知识结构。

二、大学生的情绪新特点

大学生处于青春期的中后期阶段，具有青年人共有的热情、好胜、冲动、活泼，也有比较理性的自制和成熟的心态。但是，由于大学生是社会中一个比较特殊的群体，其心理状态、知识水平、生理和心理发展上都具有鲜明的特点，所以，其情绪情感也就具有一些与众不同的群体独特性。

(一)内隐和外显交互

大学生对外界刺激反应敏感而迅速，喜怒常形于色，具有外显的特点。这也是他们为人比较真诚、情绪直接和直率的表现。但是，由于其自尊心的增强和独立性的发展，使得他们会运用防御机制的心理来保护自己的内心，比如他们在外显的语言上可能与内心的想法并不一致，可能语言上说自己自信和高傲，可是实际上是一种自卑的内心在作祟，或者是由于自己害怕失败才做出自我妨碍的行为以保护自尊心。在有的场合下，他们会用虚假性的表现来掩饰内心的感受，比如自己并不认可对方，但是为了维持关系而做出缓和。当然这些表现并非表明大学生的虚伪，实际上某种程度上的掩饰恰恰是适应的表现，是社会心理和行为的适应。

(二)稳定与波动交互

大学生不同于初、高中生的青涩，处于第二断乳期的末尾，比那时要更加稳重、平和一些。中学是他们情绪情感变化最突出的时候，他们很难把握自己，什么事情都要靠自己的意志和外界的压力规范来应对。而到了大学，由于自己的价值观、人生观等在逐渐形成,对世事、对人际等方面有了较为深刻的把握,因而,情绪的稳定性就好一些。但是他们情绪仍然易冲动。大学生的年龄一般在 18—24 岁,身心发展正处于走向成熟但未完全成熟的状态,情绪波动比较大,遇事易极端、固执,时而得意忘形,时而灰心丧气,常常因为一时的事件而导致整个人情绪状态不好。大学生情绪和态度的大起大落,往往从一个极端走向另一个极端,顺利时晴空万里,困难时乌云满天,今天对某人敬佩得五体投地,明天却又觉得不屑一顾。大学生的情绪具有多变性,情绪好时,精神振奋,情绪不好时,垂头丧气,有时因失意或其他什么不如意的事情而感到情绪压抑,有时又会因为如愿以偿而感到欣然自得。青年人对刺激情境变化的敏感是情绪不稳定的主要原因。尽管大学生的认识水平有了一定的提高,对自己的情绪已有了一定的控制能力,情绪亦趋于稳定,但同成年人相比,大学生相对敏感,情绪带有明显的波动性。

研究发现,情绪的稳定性是衡量心理健康的一个重要方面。情绪稳定性是指情绪波动的幅度和频率。如果个体情绪波动的幅度大、频率高,则说明个体的情绪非常不稳定。情绪稳定性在学生的学习、生活和人际交往等方面都起着非常关键的作用。

(三)阶段和层次交互

各个年级面临的问题不同,大学生的情绪特点也就呈现出阶段性和层次性的特点。大学新生所面临的是新的环境、新的学习任务、新的交往对象、新的奋斗目标等问题。他们先是有很高的兴奋感,热情高涨,积极投入,有自豪感,但是自卑感也随之而来。因为在这样的新环境里,一切要重新开始,这是对自己的挑战和考验,而自己的能力有限则使人感到自卑,由于与其他同学的对比与竞争,那么在稍显弱势的时候就不由地自卑起来。所以他们一般情绪波动大。二、三年级的大学生则适应过来了,能够融于校园生活中,情绪较为稳定,他们更多的是在为未来做准备,比如是继续读书还是找工作就业,那么不同的计划就要求他们做出不同的准备,所以他们是在积极地准备未来的行动。而毕业班学生面临毕业论文(毕业设计)及择业等多方面的重大问题,因而他们的压力大,情绪波动大,消极情绪多。他们面临着很现实的问题,因为目前就业压力是众所周知的,形势紧迫。而即使是继续读书,考试的压力也令人焦虑,所以,四年级的大学生比较容易出现情绪波动。

除了阶段性以外,也显示了一定的层次性。一项调查发现,约20%接受调查的大学生显示了高正性情感,约10%报告高负性情感,约40%报告低正性情感,约75%报告低负性情感,另外20%表现为中等程度的正性情感,约15%表现为中等程度的负性情感。可见,我国大学生正性情感的增加或减少并不一定导致负性情感的减少或增加。也就是说,它们可以同时存在。该研究还发现,中国大学生的情感表达比西方学生更趋于中间化,而西方学生则更加两极化。所以我们要引导大学生积极正性的情感,减少消极负面的情感积累。因为报告正向情感的人数高于报告负性情感的人数,所以总体上还是乐观的。

(四)丰富和掩饰交互

大学生处于心理成熟的过渡阶段,世界观、人生观、价值观都在逐渐形成,他们对社会、对祖国、对他人的情感体验更加丰富和深刻。大学生具有强烈的民族自豪感和自尊心,有"天下兴亡,匹夫有责"的责任感、义务感,爱憎分明,正义感强;大学生富有同情心和责任心,积极参加社会福利工作,为需要帮助的人贡献爱心;他们有强烈的求知欲、好奇心,热爱真理、视野开阔;大学生对纯洁的友谊和爱情十分向往,还积极地在发展美、欣赏美、创造美的活动中体验到美的感受。这些高级的社会情感的发展都是其心理成熟的表现。

此外,两性情感也在发展和成熟之中。大学生的交际范围日益扩大,与同学、朋友及师长之间的交往更细腻、更复杂,有的大学生还开始体验一种更突出的情感——恋爱,而恋爱活动往往又伴随着深刻的情绪情感体验,这种特殊的体验对大学生有十分重要的影响。通过建立亲密的异性交往,使他们的心理也一步步走向成熟。

同时,在社会交往当中,在为人处事的过程当中,大学生也在历练成熟的人际技巧。为了在同学、同事和师友间获得认同和接受,他们在积极地发展人际关系,构建社会支持网络;为了维护人际关系他们会真诚相待。但是,也不免有的时候要使用掩饰的方法来获得大家的支持,这些都说明,与中学时代相比,大学生们情绪情感的单纯性正在复杂化。

三、大学生思想新特点

当代大学生,适逢改革开放进一步深入的年代,国家发展欣欣向荣,为当代大学生的成长提供了可贵的机遇。同时,社会转型、网络时代的冲击,又向他们提出了挑战。在中国发展这一特殊的社会历史条件下,大学生的行为呈现了多重性、复杂性、不稳定性的特点。值得欣喜的是,当代大学生在不断克服自身个性弱点的基础上,积极完善自我,促进自身的全面发展,在重大历史事件的考验下,当代大学生体现了担当、责任、参与意识,体现了当代青年朝气蓬勃、积极进取的精神风貌,体现了国家和民族的期望和未来所在。

(一)对国家主流意识形态认同度高,社会责任感显著增强,公民参与意识显著增强

当代大学生亲历中国经济持续稳定增长、国际社会地位不断提升、人民生活水平不断提高的时代,使他们高度认同有中国特色的社会主义理论与实践,认同科教兴国、和谐社会、可持续发展等治国方略。在政治信仰上自觉以中国特色社会主义信念为理性的选择,对国家和民族未来前途与命运的归属感和认同感显著增强,社会责任感显著增强。

(二)成才愿望强烈,竞争意识较强,职业生涯规划意识逐渐增强

大学生是青年社会化的准备期,行为的目的性是大学生行为的重要标志之一。改革开放以来,随着社会主义市场经济体制的逐步确立,开拓与创新、竞争与合作、公平与效率的观念深入人心,大学生日益强调自主意识、平等意识、竞争意识、效率意识、成才意识,为适应社会发展需要而努力成才的目标指向鲜明。需要产生动机,动机支配行为,行为的结果满足需要。大学生的行为表现,源于大学生的需要驱动。学习动机强烈、成才愿望强烈、竞争意识强烈反映了大学生强烈的成才需要,成了大学生职业发展的内驱力。

开放、竞争、独立、创新的成才标杆,对人生的美好憧憬,使大学生在入学之初,就以就业、升学或出国深造为目标指向规划未来,这种目的性需求的指向和归结,引导和规定了大学生的行为方向,使他们具有强烈的自我实现的愿望。职业生涯规划就是大学生求得自我实现的最主要途径之一,是大学生职业规划意识增强的主观因素。有研究成果显示:大学生最看重知识对于自我发展的作用,其次是审美的作用,再次是情感、品德等作用。可见,当今大学生择业首先考虑的是职业能否为自己提供良好的发展前景,能否为发掘自身的潜能、实现自我价值提供机会。随着高等教育从精英教育到大众教育的转型,就业竞争日趋激烈成为大学生逐渐提高职业规划意识的客观因素。

(三)行为选择日趋务实,实践能力有待增强

经济全球化、文化多样化、价值多元化的时代特征,使当代大学生的价值取向日趋多样化。一方面,他们既对集体主义价值观有较高的认同度,又对个人主义价值观有一定的接纳度。另一方面,市场经济求利原则和社会竞争压力的增大,使他们对自我发展的忧患意识增强,在行为选择上趋于务实,在价值取向上呈现

出更多的实用主义色彩。一些大学生呈现出知行脱离现象,集体意识出现了淡化的倾向,即思想观念上认可集体主义价值观,但在实践上却不内化为自身的行动,体现出一定的个人主义倾向,不同程度地存在着关心集体的热情下降,集体归属感和凝聚力降低,注重奉献和索取的平衡等状况,个别学生还出现了追求实惠、强调个人私利的个人本位取向。

基于学校教育教学改革渐进性与发展不平衡的影响,当代大学生的实践能力、创新能力缺少系统发展的机制,大学生只能依靠个体实践活动的途径完成自我能力的塑造。实践活动既是大学生自主性学习、探究性学习、创新性学习的主要方式,也是素质教育的主要内容。实践能力的弱化,不仅与社会发展的要求不匹配,而且与大学生强烈的成长、成才需要不适应。根据大学生行为的发生发展规律,有的放矢地开展多渠道的实践活动,促进实践型、创新型人才的培养,是当今大学教育的重要任务。

四、大学生的行为新特点

青年大学生的行为既具有人类行为的共同特征,又具有鲜明的自身特征。由于青年大学生在心理上正处于走向成熟而又不完全成熟的过渡时期,在生活上处于正走向社会而又未正式进入社会的转折时期,他们的行为往往呈现出两重性的特点,具体表现为以下几个特征。

(一)独立性与依赖性相依

青年大学生人生经历相对顺利,生活压力相对不大,阅历匮乏,随着独立意识和自身能力的增强,他们崇尚独立思考,独立行动,不喜欢他人干涉自己的事情,但青年大学生又具有较强的依赖性,经济上依赖家庭,生活自理能力也有待提高,心理上不够成熟,遇到重大事情,难以决断,需要家人和老师的帮助,因此,虽然青年大学生自我意识强烈,行为的独立特征明显,但他们在承担个人责任和社会责任的意识和能力上仍有较大的差距,行为的依赖性同样显著。

(二)自主性和盲目性相依

大学生正处于青年中期,是自我意识发展的关键时期,他们在认识、情感、生理等方面发生了深刻的变化,把关注的重点更多转向自身,迫切要求形成自己独特的个性特点和理解方式,行为具有高度的自主性和能动性。但由于他们的社会经验相对不足,心理状态相对不稳,在行为目标、方式的选择和行为效果的评价上,缺乏深思熟虑和预测能力,因此,其行为具有一定的盲目性,会出现行为动机与行为效果相脱节的状况,一方面体现为行为自主性强,另一方面又表现为行为效率低下。

(三)理性和多样性相依

大学生作为受过完全中等教育的青年个体,十分注重个人行为的社会评价,善于对个人行为进行理性分析,他们希望把个人动机与社会要求有机统一,办事力求合情合理,但是,当代的大学生成长于网络时代,人际交往的幅面大大拓宽,他们面临的不仅是人与人的直接交往,甚至面临虚拟的人与人之间的交往。由于大学生本身及社会、学校等原因,现代大学生的交往更趋于个性化乃至于个人化。由于受西方哲学思潮影响较大,他们往往以自我为中心,崇尚个人奋斗,不善于与别人合作,他们在人际交往中缺乏集体主义观念,较少考虑集体或他人的利益。

(四)开拓性和超现实性相依

大学生知识丰富,思想解放,思维敏捷,且好奇心强,善于接受新事物,不愿墨守成规,喜欢标新立异,在行为表现上敢于冒险,勇于探索,有较强的开拓性。但是,由于大学生没有足够丰富的社会经验,不能完整的评价自己,因而他们的行为往往具有一定的超现实性。

大学生行为特点的两重性,是我们辩证认识大学生行为特点与规律的出发点。一方面,大学生面对这些矛盾会产生焦虑和苦恼;另一方面,也促进大学生不断寻求方法,调节矛盾,解决问题,以获得矛盾的统一和自身全面的发展。一般来说,抱负越高的人,对自己要求严的人,自我意识的矛盾也越明显,大学生管理者要善于引导大学生,积极发挥能动性,正确处理各种矛盾,促进行为的正反馈。

第三节 加强大学生心理健康教育

心理健康是时代的课题,是现代社会进步与人类自身发展的客观要求。对当代大学生而言,全方位开放为其提供了成才的广阔舞台和更多的发展机会,同时,激烈的竞争也带来更多严峻的挑战,时代的发展对大学生提出了更高、更新、更强的要求。能否成才不仅需要掌握知识和技能,更需要开发心理潜能,拥有健康的心理。怎样提高个人的修养,保持心理的健康,增加人格的魅力,优化心理素质已经成为每一个立志成才的大学生必须面对的时代课题。

一、大学生心理健康教育的特点和意义

(一)大学生心理健康教育的特点

大学生心理健康教育是帮助学生成长和发展的教育活动,有别于高校其他教育活动。大学生心理健康教育的形式多样,内容丰富,具有以下几方面特点。

1. 目的性

大学生心理健康教育的目的主要有两方面:一是使大学生认

识到心理健康教育对提高心理素质和维护心理健康的作用和意义,自觉地接受心理健康教育,积极参与各种心理健康教育活动;二是为培养高素质的高级专门人才,高校有计划、有组织地开展各种各样的心理健康教育活动,旨在帮助大学生提高自制力,促进心理成长与潜能开发,增进社会适应能力,健全人格,从而在总体上提高心理素质并维护心理健康。

2. 针对性

通常情况下普通高校在校大学生的年龄在 18—24 岁之间。就群体来说,按班级、年级等可以分为不同的正式群体,按兴趣、爱好等心理特点可分为不同的非正式群体,因此要针对大学生不同群体的特点开展心理健康教育。就个体来说,每个大学生都是一个独立的个体,有其特殊性,因此必须因人而异地有针对性地开展心理健康教育与心理辅导。

3. 实践性

实践性这个特点是由大学生心理健康教育对象的特点所决定的。大学生是生活在社会和大学校园中活生生的群体或个体,其心理时刻在改变,只有理论联系实际,才能有目的地、有针对性地开展大学生心理健康教育,并收到预期的效果。此外,大学生心理健康教育的实践性体现在心理健康教育的形式与方法多样化。根据大学生逻辑思维的发展,大学生心理健康教育在某种程度上可以借助说服、辩论、对话等理性分析手段和方法,但又不仅仅限于此种言语教育方式,必须结合放松训练、角色扮演等心理训练形式和方法,通过具体规定实践教学内容、要求、目标、步骤,开展各种各样的心理健康教育实践活动。

4. 综合性

综合性主要体现在两方面:一是开展大学生心理健康教育,需要综合运用普通心理学、教育心理学、青年心理学、社会心理学、心理咨询、行为科学、医学心理学、精神卫生学等学科的有关知识,揭示大学生的心理活动及其发展变化规律,提高大学生心理素质,维护大学生心理健康。二是大学生的心理发展受多种因素的影响,既有外部因素(如社会政治、经济、文化、科技等)的制约,又有内部因素(如思想素质、心理素质、身体素质等)的影响。因此,在进行大学生心理健康教育的过程中,必须辩证、综合地考虑各种影响大学生心理变化和发展的因素。

(二)心理健康教育的意义

1. 心理健康是时代发展的要求

当代大学生面临着 21 世纪的挑战。各国间的竞争归根是人才的竞争,在人才素质系统中,心理素质是基础,同时它又渗透在思想道德素质、科学文化素质、职业素质之中。21 世纪的竞争拼的就是人才的心理素质,谁拥有良好心理素质的年轻一代谁就拥有了未来。心理健康正是心理素质的最基本要求,所以心理健康教育的目标是提高在校大学生的心理素质,帮助大学生解决遇到的问题和困惑,使他们有更好的能力适应社会的变化和发展,提高心理健康水平,提高学生的全面素质。

2. 心理健康是大学生健全人格的基础

人格是不断发展完善的,在发展完善的过程中必然有心理活动的参与,同时也会受到各种因素的影响。在这个过程中能否保持心理各方面的健康发展,抵制不良影响,对培养健全人格有重要意义。心理健康是人们进行工作、学习、生活最基本的心理条件。有了健康的心理,大学生才能保持积极乐观的态度,使思想和行为协调一致,意志坚强,自我意识完善,保持融洽的人际关系,积极主动地适应环境。总之,大学生如果能拥有健康的心理,就会慢慢养成稳定的、相对健全的人格,同时,健全的人格也是心理健康的内容之一。只有心理各方面都健康发展,才能为健全人格打下坚实的心理基础，而一个人的人格是否健全，直接影响到他对外部世界的认识与体验，影响到他对当前生活与处境的适应以及对未来前途与命运的把握。

二、加强大学生心理健康教育的路径

（一）遵循一定的原则进行大学生心理健康教育

1. 面向全体学生原则

心理健康从本质上来看，不是静止不动的，它是一个动态的过程，不同时期的心理状态表现有所不同，大学生正处于从青年到成人的一个过渡时期，由此会面临一些社会、心理、生理等方面的问题，所以这个阶段的学生心理发展是不稳定、不成熟的，容易产生矛盾和偏激，甚至产生心理障碍或心理疾病。因此，在心理健康教育过程中，要贴近实际、贴近生活、贴近学生，充分调动学生参与教育活动的积极性和主动性。离开了学生的主动参与和自觉努力，学校心理健康教育的种种努力都可能是枉费心机。人都有理解自己、不断走向成熟的心理潜能，心理健康教育就是要启发和鼓励学生发挥这种潜能，促使其心理健康成长，而不是面对少数学生群体进行被动的、消极的、诊治式的心理咨询和心态矫治。

2. 系统性原则

人的心理是一个十分复杂的系统，心理健康教育也应遵循系统性原则。从心理健康教育的对象来看，他们的心理具有系统性，他们的知、情、意、行紧密联系，心理倾向、心理过程和心理特征相互影响，心理因素和生理因素交互作用，构成一个有机的整体，所以不能孤立、静止地看待学生的心理问题。从心理健康教育与其他教育的关系来看，心理健康教育是教育系统的一部分，应同学校的其他教育相结合；应渗透到各"育"之中，寓于各科教学之中，寓于受教育者的课外活动和校园文化活动之中。从学校与社会的联系上看，学校、家庭和社会对学生心理健康的影响相互制约，必须协调三方面的力量，形成一种合力，多角度、多层次地培养和促进学生的心理健康。

3. 平等性原则

在心理健康教育活动中，教师要以平等尊重的态度对待学生，特别是对那些心理上不够健康或有心理疾病的学生更应如此。大量的心理健康教育和心理咨询实践表明，在教育者和受教育者之间建立一种相互信赖的关系与和谐的心理氛围是进行心理健康教育的必要前提，而只有以平等尊重的态度对待学生，学生才能向老师敞开自己封闭的心扉，后续的心理健康教育措施也才能奏效。

4. 发展性原则

学校心理健康教育的对象是正在成长中的受教育者，这就决定了学校心理健康教育的核心是受教育者成长中的一些问题。因此，在心理健康教育或心理辅导中必须坚持用发展的、变化的眼光来看待学生，要相信受教育者具有成长和发展的潜力，对未来要持乐观态度，不要将学生一时出现的心理问题看成是永久存在的。相信只要经过教师的耐心辅导，这些问题都会得到有效解决。

5. 整体性原则

众所周知，受教育者的心理活动是由多种因素构成的有机整体。因此，在心理健康教育中，必须树立系统观、整体观，考察受教育者成长的各种相关因素，分析其成长中出现的各类问题。在心理健康教育中还要充分考虑受教育者人格的整体性发展，重视受教育者德、智、体全面发展，注重受教育者知、情、意、行几个方面的协调发展。

6. 尊重与理解原则

尊重,就是尊重受教育者的人格与尊严,尊重每个学生的个人价值以及个别差异,以平等的态度对待每位受教育者的个体差异性。尊重是理解的基础。所谓理解,即站在学生的角度看待问题,达到"感同身受"的效果。当学生做了有违纪律、公德的事情而感到苦恼来找咨询老师倾诉时,辅导老师一定不能轻易采取言语批评的方式。如果站在学生的对立面,那么心理健康教育将无法正常有效的开展。

7. 主体性原则

心理健康教育的目的是为了培养学生良好的心理素质,学生自己是心理健康发展的主体。因此,在心理健康教育过程中,应充分调动学生参与教育活动的积极性和主动性。离开学生的主动参与和自觉努力,学校心理健康教育的种种努力都是枉费心机。人都有理解自己、不断走向成熟、产生积极的建设性变化的心理潜能,心理健康教育就是要启发和鼓励学生发挥这种潜能,促使其心理成长,而不是一味地说教、劝导和指示。

8. 保密性原则

保密可以说是对心理咨询与治疗工作者的一项基本而普遍的要求,也最能体现心理学工作者的职业道德。保密性原则同样适用于学校的心理健康教育,保密既是教育者与受教育者双方建立相互信赖的关系的基础,又关系到学校心理健康教育工作的声誉。

9. 因材施教原则

"因材施教"历来是教育学生的一条基本原则,也是心理健康教育的一项基本原则。每一个受教育者都是一个独特的个体。

学校心理健康教育的目的不是要消除每个受教育者身上的独特性以及每个学生之间的差异性,而是要使每个受教育者的独特性、独创性在积极的方向上得到最充分、最完美的体现。"面向全体学生原则"是就心理健康教育的对象而说的;这里所说的"因材施教原则"是就辅导的具体方法和内容而言的。实际上,只有对具体问题作具体分析,个性化地对待每一个学生,才能给全体学生提供有效的服务,才能保证心理健康教育落到实处。

(二)制定合适的大学生心理健康教育目标

教育在实践中应设定一个具体的目标,以利于大学生心理健康教育的开展。具体目标反映学生在各个不同阶段的心理发展任务。大学新生的适应问题、毕业生的择业问题,都是在现实生活中发生而需要及时进行心理健康教育的具体目标问题。具体来说,大学生心理健康教育的具体目标主要有以下三点。

1. 了解心理健康的功能

随着社会的发展,人们对心理健康教育的认识也在不断深化,提出了心理健康教育的三级功能:即初级功能、中级功能、高级功能。初级功能是传授和提供心理健康知识,预防和减少心理疾病的发生;中级功能是增强心理素质,完善心理调节;高级功能是健全个体,适应社会。我国是发展中国家,心理健康教育的水平不高,目前正处在初级功能阶段。我们要通过全社会的重视,特别是教育部门的重视,逐步发展心理健康教育的中级功能和高级功能,使心理健康教育更趋完善。

2. 树立科学健康知识

了解心理健康的知识,使大学生不仅认识到除了要有健壮的体魄、健康的躯体之外,还应有良好的心理素质和社会适应能力。未来竞争的焦点是人才竞争,而健康水平又是人才竞争中最重要的条件,要使自己保持人才竞争的有利条件,就要有增进健康的紧迫感。

3. 丰富大学生的心理卫生知识，提高自我保健能力

目前我国大学生心理卫生知识水平不高，且明显与年龄及学历很不相称。与心理健康有关的知识水平是促使行为和生活方式改变的最基本条件，也是提高人的整体素质的重要方面。心理健康教育就是要使大学生改变心理卫生知识贫乏的现象，充分运用文化水平高、学校设备先进、信息传递快、资料丰富、各种人才都具备等良好条件，努力掌握并丰富心理卫生知识，学会观察分析各种生理、心理和社会的影响因素，改变不健康的行为和不良的生活方式，提高自我保健能力。

(三)利用一些有效途径进行大学生心理健康教育

高校大学生是祖国的未来，是民族的希望，他们的心理健康问题不仅关系到自身的生活、工作、学习和身心健康成长，还关系到社会的发展与未来。要优化大学生心理素质，增进大学生心理健康，就必须采取积极措施对大学生进行心理方面的指导与帮助。

1. 宣传心理健康知识

在我国，从小学、中学到大学都缺乏相应的系统心理健康教育，大学生对健康的认知存在着不同程度的偏差。这些偏差主要表现在两个方面：一是对健康含义的片面理解。一部分大学生并没有认识到心理健康是评价健康与否的重要组成部分，他们只注重身体健康而忽略了心理健康。二是对心理健康含义的片面理解。他们往往认为只要没有心理疾病就是健康，而忽略了大学生应具有的持续的、积极的心理状态，忽略了自身潜能的发挥。因此，学校应该充分利用媒体宣传心理健康教育，可以适当地开放第二课堂活动，向大学生普及心理健康知识，提高学生的参与度，同时也可以引导学生表达出自己的困惑，并针对学生的问题进行

指导。只有大学生掌握了基本的心理健康知识,才能够具备自助的能力,适当地调整好自己的心理状态,顺利度过大学四年美好的时光。

2. 开设大学生心理健康教育课

大学生心理健康教育课主要讲授的是基本的心理健康知识,通过学生对这些知识的了解,能够更好地调整自己的心理状态。大学生心理健康教育课程主要是为了满足大学生自我成长成才的需要而开设的,也受到了很多学生的欢迎,对帮助大学生认清自己和了解自己起到了很大的作用。

心理健康教育课以课堂教学为主要形式,针对性强,信息量大,学时相对集中,师生交流便捷,在大学生心理健康教育的众多途径中具有独特地位。要建设一支以专职教师为骨干,专兼结合、专业互补、相对稳定的大学生心理健康教育与咨询工作队伍,并通过知识传授、案例教学、体验活动、行为训练等多种形式,努力提高课堂教学的水平和效果。

3. 开展心理咨询

心理咨询是由专业人员即心理咨询师运用心理学以及相关知识,遵循心理学原则,通过各种技术和方法,协助来访者解决心理问题的过程。积极创造条件建立心理咨询室,对学生进行心理辅导,同时还应该建立一支心理健康教育的师资队伍,以专职教师为主、兼职老师为辅的队伍。在开展心理咨询的过程中,按照需求分为个体咨询和团体咨询。大多数时候,应采取一对一的个体心理咨询。此外,还可把具有相同心理困扰的学生组成一个小组进行团体咨询,在这个小组中,他们可以获得一种支持性力量,觉得自己不再孤单,从而增强克服障碍的决心。①

---

① 黄学模.科学化视野下创新高校思想政治教育[M].北京:中国文史出版社,2014,第 203 页.

4. 建立学生心理档案

在学校开展大学生心理健康问题的普查,从而建立学生的心理健康档案。普查过程中可以根据问卷调查、心理测试等科学的方法来收集大学生心理健康问题,把这些情况详细记录,建立每个学生的心理健康档案,从而能够更好地了解学生的心理问题,提高心理健康教育的针对性。对有严重心理障碍的学生进行严密的监控和指导,针对性的加强心理健康教育,防止学生做出过激行为,对自己和他人造成伤害。大学生心理健康教育是一项长期的工作,进行心理普查和建立心理健康档案也是工作的一部分,需要各高校把这项工作落到实处,长期跟踪和记录。

5. 进行自我教育与自我调节

自我教育是大学生自我意识的一种表现,也是为了形成更好的心理素质对自己进行的心理调节,是大学生主观能动性的表现之一,也是大学生心理健康发展的一种手段。自我教育、自我调节是心理健康教育中的关键环节,起着决定性作用。大学生可以通过以下几种方式进行自我教育、自我调节,从而不断提高自己的心理健康水平。

(1)正确的掌握心理卫生知识。大学生仍处于青春发育期,身体也会发生一定的变化,掌握基本的卫生知识,是了解自己心理健康的基础,从而也掌握了心理健康的主动权。

(2)建立科学合理的学习生活秩序。大学生要增进心理健康,一方面,必须建立科学合理的学习生活秩序。另一方面,要科学用脑。学会用脑卫生,改进学习方法,科学地支配时间,劳逸结合,避免死记硬背和疲劳战术。运用心理学的原理来组织自己的学习过程,提高学习能力和学习效率。

(3)学会转换心情。教育学生当发生不愉快的事情的时候,不要总是想着它,要避免愤怒情绪的最终爆发,可以告诫或者提醒自己制怒,可以脱离现场出去散散步、看看电视、电影、打打牌、找朋友玩等。幽思苦愁无济于事，不如抛开它，去做一些可以转换心情、调节情绪的事情。如果总是郁结于心，耿耿于怀，不仅无济于事，反而会使不良情绪不断蔓延，日益加重。

(4)学会合理宣泄。受教育者受挫后，心理上处于焦虑、愤怒、冲动的应激情绪状态中，如得不到妥善的化解，就有可能表现出攻击、轻生等种种消极的行为反应。这给受教育者本人或社会都会带来不良的后果。因此，采取一些合理的宣泄方式，恢复心理平衡对于受教育者来说是十分重要的。

第七章 | 课程创新与大学生思想政治教育

在高校里,思想政治教育理论课程是大学生思想政治教育一个最主要的渠道。只有真正地将思想政治理论课安排好、设计好,大学生思想政治教育的功能和作用才能充分发挥出来。要依托思想政治理论课程,不断完善教育内容、改进教育教学方法,这是思想政治理论课完成其使命的重要保障。

高校思想政治理论课教学之所以具有重要的地位,一个重要的原因是它担负着对大学生思想、政治、道德的一种综合教育。从这个意义上说,高校思想政治理论课教学对大学生自身、对社会是一个十分基础的教学活动。对于大学生来说,没有良好的道德品质,就不能够接受进步正确的政治思想、政治方向和政治立场。对于社会来说,没有良好的道德秩序,整个社会就不能健康有序地运行。

新的历史条件下,要使大学生思想政治教育积极发挥更加重要的作用,必须认真开展课程创新,在思想政治理论课中大力宣传主流意识形态,对大学生进行正确的思想引导,从而让他们能够树立正确的人生观、价值观,为建设中国特色社会主义努力贡献自己的力量。

第一节　大学生思想政治理论课教育现状

随着时代的变化,以及经过长期的教学实践,思想政治理论课不断得到发展和完善,积累了丰富的经验,取得了重要成果。但同时,面对新形势、新条件,大学生思想政治理论课又不断出现新的问题和不足。当前,我们要根据思想政治教育理论课的现状,认真分析和梳理思想政治理论课教育教学中存在的不足和问题,进一步改革创新教学方法,整合和拓展教学内容,努力提高教学实效性。

一、大学生思想政治教育理论课的主渠道作用

自新中国成立以来,高校大学生思想政治理论课教育始终注重开展系统的马克思主义课程,为培育大学生科学的世界观、人生观和价值观做出了突出贡献。进入 21 世纪以后,高校思想政治教育开展新课程改革,思想政治教育理论课的改革在组织领导、教材建设、学科建设、教法改革、教师进修等方面取得了突出进展,并为以后的课程改革积累了十分宝贵的经验,为思想政治教育理论课以后长远的发展奠定了坚实基础。

(一)政治作用

这主要表现在思想政治教育可以传导官方主流意识,为我国经济社会建设提供精神动力,同时还可以传播正确的思想指导,让党的理论和思想时时刻刻指导着人们的行为,从而推动整个社会和谐发展。大学生思想政治理论课在帮助学生树立起正确的世界观、人生观和价值观,培养社会主义合格接班人等方面都起着无可替代的作用。

(二)理论作用

思想政治理论课重在理论建设和理论教育。理论是由相关要素构成的系统或者体系,在整个系统中,包含理论对象、概念、逻辑和符号等诸种理论要素。其中,理论的对象指的是相应的客观事物运动的现象、本质及其规律。理论的重要功能就是促使人们尽可能把握正确的方向,并能够指引人们正确地进行相应的实践行为活动。政治理论课是用深刻的哲理来提升学生的理想信

念,提高学生的理论思维能力和理论境界的。当代政治理论课主要是将马克思主义基本原理作为基本立场、观点和方法。

(三)知识作用

思想政治理论课属于课程教育,知识作用也是思想政治教育的最重要的作用之一。思想政治理论课一直重视对学生的理想信念、爱国主义、人生价值、道德修养和法律基础等方面的教育,其中不乏哲学、社会学、政治经济学、科学社会主义、历史学、法学等专业类学科知识。通过该课程的学习,同学们可以系统地掌握许多提高修养、启迪智慧的知识,亦能掌握修身养性、陶冶气质的方法。

二、大学生思想政治教育理论课存在的问题

(一)教学主体方面存在的问题

1. 学生方面

(1)积极性不高

思想政治课在学生方面出现的问题最明显的就是学生的学习积极性不够高。一部分学生,在教师不点名的情况下,出勤率不高,迟到旷课现象严重。即使到教室里上课,很多学生也很少做笔记或认真听课,大多时候不是看其他书,就是趴在桌子上睡觉,或者玩手机,课堂效果不好。针对思想政治课中采取的各方面的创新形式和内容,部分学生也表现出漠不关心的态度。

(2)对理论课的认可度不高

随着社会转型的深入发展,以及受到各种思想的影响,一部分学生对马克思主义理论的基本内容出现了某种程度上的不认同感。他们或是受实用主义的影响,认为思想政治理论只是一种空洞的口号、理论,或是结合社会中看到的一些表面现象以及社

会中出现的问题,从而对思想政治理论课的教学内容产生了不认同感。而这种不认同感在思想政治课的创新中还表现为课程的漠不关心和对各种新的教学方法和途径的不配合。

(3)学习没有恒心

根据调查显示,大部分学生对思想政治课起初非常感兴趣,上课前能按时到教室,上课时认真听讲,积极回答问题,课后也能按要求完成作业。但随着时间的推移,特别是几周之后,部分学生开始产生厌学情绪,课上看其他书籍或漫不经心,缺席旷课、迟到早退情况也比较多。很多时候都是老师在"唱独角戏",学生对思想政治课的兴趣无法坚持到底。

2. 教师方面

(1)舍本逐末

"本"即指理论课的主要内容,也可以是指理论课所采用的教材或教学大纲指定的学习内容。"末"是指教材中没有而扩充的知识内容。在理论课的教学过程中,许多老师为了增加信息量,帮助学生理解授课内容,大幅度增加一些背景知识或基础知识。这种做法是有效和值得倡导的。但是也有些老师,过度增加教学大纲中没有的内容,扩充知识没有注意边界。这既加大了学生的学习劳动量,也使原本应该掌握的重点知识受到忽略。

(2)自导自演

思想政治理论课的教学需要师生互动完成。近几年来,许多高校开始注重采用互动式教学,发挥学生在课堂上的积极作用。但很多思政课课堂教学还是属于教师的独自表演。很多时候都是教师在讲台上讲得激情澎湃,学生在下面却无动于衷。另外,有些教师对师生互动的理解局限于"提出问题和回答问题",单纯地提出问题让学生回答,并不考虑学生的知识基础和关注焦点,最终陷于自导自演的困境。

(3)重言传轻身教

在理论课中,人们往往认为教师只是需要在课堂上宣讲,让大学生全面掌握和了解党的理论、方针和政策,让大学生增加中国特色社会主义道路和制度的认同感。其实,教师的"身教",用老师的个人修养和个人人格魅力去影响学生发展,比口头宣传更具有说服力,也更容易让学生接受。

(二)教学过程方面存在的问题

1. 教学方法单一,缺乏创造性

许多教师坚持传统思想政治理论课教学方法,单纯地进行"填鸭式"的教学。虽然说现在思想政治教育课堂上也广泛采用了多媒体课件等现代化的教学方式,但很多时候也只是把教材上的文字放到课件中,课件制作质量不高,难以全方位激发学生的兴趣。同时现有的理论课课堂忽视了实践教学的运用,缺乏说服力。

2. 教学照本宣科,缺乏生动性

理论课多是些抽象概念和原理的演绎,因此很难用理解的方法,容易照本宣科。调查结果显示,一些学生对理论课缺乏兴趣的一个重要原因是教师的教学缺乏条理性或生动性不够,理论课的内容难以理解。另外,理论课的教学内容脱离了社会实际、学生实际,学生要学的只是一些空洞的理论,教学内容的实践性、针对性不强,再加上一些理论课教师自身素质的缺乏,导致理论课教授的内容和观点跟不上时代的要求。

(三)教学管理方面存在的问题

1. 教学安排不合理

高校把绝大多数专业课安排到了上午,而将思想政治理论课安排到了下午或是晚上。这样学生在经过了一上午或者一天的学习后,极易感到疲劳,而教师在半天或一天的教学后,也不堪重负,有时候教师在下午或晚上还要连上好几班的理论课。这样的教学安排虽然节约了教学成本,但影响了教学效果。

2. 教学规模庞大

近几年,随着各高校的普遍扩招,理论课的班容量也明显扩大,但理论课教师却没有进行相应的补充。再者,理论课一般属于公共必修课,往往是基本专业的人同时上课,这样的大班授课人数上百,甚至是多达数百。这样庞大的教学规模影响了讨论式教学方式开展,也影响了师生的互动。

3. 管理制度缺失

管理体制的问题,实质上是大学生理论课的地位问题。在很多高校,思想政治理论课得不到校方足够的重视,导致出现一系列问题。比如思想政治课教师数量不足问题、思想政治理论课承担机构的办公和教学设施落后问题、经费不足问题等等。令人欣慰的是,2015 年,中宣部、教育部公布关于《普通高校思想政治理论课建设体系创新计划》(教社科[2015]2 号)和教育部制定关于《高等学校思想政治理论课建设标准》(教社科[2015]3 号)等文件,这两个文件可以说是未来一个时期,高校思想政治课建设的指导性文件。文件对高校思想政治课机构设置、人员配置、经费保障都给予了相应明确的规定。

第二节 大学生理论课教学艺术应用

教学艺术对大学生思想政治理论课提出了更高要求,它要求教师不能仅满足于完成教学工作,而是要积极主动和创造性地完成教学工作。这样来看,大学生理论课的教学不仅是一个技术问题,而且是一个艺术问题,它是教师教学工作创造性的体现,应该力求完美地把握每一个教学细节。

一、大学生思想政治理论课教学艺术的基本内涵

大学生理论课教学艺术是教学艺术的特殊类型,是在大学生思想政治理论课教学过程中所体现出来的教学艺术。大学生理论课教学艺术作为学科教学艺术,既具有自身特殊的特点,又具有一般教学艺术的共性。建立在对艺术和教学艺术的含义的全面分析和阐述之上,我们对大学生理论课教学艺术暂作如下描述性的界定:大学生理论课教学艺术是指在思想政治理论课教学过程中,教师包括学生,遵循和运用教学和美的规律、原则,创造性、艺术性地运用各种方法、手段、技能、技巧,以获得最佳教学效果的教学实践活动。大学生理论课教学艺术不是"思想政治理论课教学"和"艺术"的简单连接和机械拼凑,而是将大学生理论课教学作为审美对象而进行的艺术创造活动。

二、大学生思想政治理论课教学艺术的具体运用

(一)备课艺术

孔子云"凡事预而立,不预则废",墨子说"工欲善其事必先利其器"。这两句古先圣人的名言都是意在说明,要做好任何一件事情,都必须要预先做好充分准备,有了准备,就有了获得成功的可能。教师授课也是一样,特别是大学生理论课要想取得较好的教学效果,就必须高度重视课前的备课环节。备课是大学生理论课教学工作的首要环节,是上好课的基本前提,是增强大学生理论课教学针对性,提高实效性和教学质量的重要保证。

所谓备课就是指教师在授课前根据教学设计的方案,对授课教案进行撰写、修改、补充、丰富、完善的活动。简言之,备课是教师为讲好课而所做的一切准备工作。备课通常分为备学生、备教材和备教案三个方面。但大学生理论课的备课有其独特的针对

性,一方面是学生的认知水平,另一方面是学生的专业特色,以及学生的课堂反应。由于学生有限的知识基础和理解能力,尤其需要教师扎实备课,只有对学生、教材以及教案三个方面有充分的了解和把握,高校的思想政治理论课才能够顺利和有效地完成,教师的教学水平才能充分发挥。

1. 备学生的艺术

俄国教育家乌申斯基说:"如果教育家希望从一切方面去教育人,那么就必须首先从一切方面去了解人。"大学生理论课教师要想成为教育艺术家,就必须热爱学生,从一切方面去了解和研究学生。

(1)研究学生的思维能力和认知水平

高校学生的思维能力与思想政治理论课的抽象性特征之间似乎有着不可逾越的鸿沟,即高校学生的思想政治理论知识基础薄弱,他们的思维模式是具体的。而思想政治理论课的知识体系偏向于抽象的、普遍化的、一般性的理论思维。高校教师应该努力跨越这个鸿沟,这需要教师能够真正地站在学生的角度来理解他们的思维能力,采取与学生思维能力相一致的语言、逻辑以及其他诸多的手段,力求使内容浅显易懂而不与思想政治原则冲突。

思想认知水平还包括学生的思想状况以及价值观念。高校学生的价值观念是朴素的,他们的价值观念是适用性的,倾向于能够为自己真正带来效用的理论。由此,大学生理论课的教师应该放低姿态,以一种为学生的生活以及思想服务的角色出现,这样才能够获得同学的接受和认同。

(2)研究学生的成长因素

了解和研究学生的成长因素,既要研究学生成长的内因,又要研究学生成长的外因。学生有自己的内部世界,是其生理、心理、知识、技能、思想道德多种因素的综合体。这些方面又与学生学习和生活的环境、人际关系等外部世界存在着密切的关系。只有将学生的成长内因和外因、内部世界和外部世界统一起来进行研究,才能对学生的整体状况和个体特点有所了解。在成长因素中,重点要研究学生的学习因素,研究大学生感知学习环境、与学习环境交互作用,并在情感上做出反应的所有心理特征。学生不同的学习因素、学习风格,关系到教学目标的制定、教学模式的确定、教学方法的选择,是大学生理论课教师准备教案和进行教学设计的重要依据。

(3)研究学生的个体特点

由于大学生思想政治理论课的教学对象量大面广,教师受精力和时间的限制,不可能去了解和研究教学对象中的每一个体,但并非表明老师不应该研究教学对象个体特点。恰恰相反,对大学生个体特点,更应认真研究。首先,研究个体特点是形成学生整体认识的基础。教师对学生整体的认识,总是来源于对众多不同个体的概括。其次,应认真研究影响教学进程和教学实效的典型个体,比如对大学生理论课有叛逆心理的、思想特别活跃的、存在学习困难的、有心理疾病的、上课不守纪律的五种个体大学生。只有把这些典型个体的情况了解和研究清楚,教师才能对症下药,因材施教,抓住典型,掌控课堂。

2. 备教材的艺术

大学生理论课教材是理论课教师备课和从事教学工作的最主要依据。要搞好思想政治理论课教学,提高教学质量和效益,增强实效性和针对性,必须吃透教材的内容和精神实质,灵活恰当地对教材进行再处理和再加工。

(1)通读教材以求“懂”

通读教材以求“懂”,是处理教材的最低层次要求和基础环节。教师应该从两个方面来“懂”教材。一是要懂教材的结构体系。现行高校思想政治课教材由若干章节构成,要系统了解课程规定的教学内容,构建起完整的结构体系。教师要认真通读思想政治课教材,对教材体系及特点等有了较全面、系统的了解后,可以增强教学的计划性和有序性,便于从教材的整体出发,纵横自如地驾驭教材,以维护理论知识的系统性、完整性和连续性。二是要懂教材内容。对于教材内容,诸如概念、原理、法则、规律、插图、说明、习题等,都要仔细阅读,反复推敲,弄通弄懂,这样在进行教学时才能胸有成竹,收到好的效果。

(2)分析教材以求"透"

分析教材是为了更深入透彻地掌握整个教材,所谓"透",就是在懂的基础上对教材内容深刻理解并融会贯通,能对学生熟练讲解,把教材的语言变成自己的语言。要真正做到透,就必须在教学艺术思想指导下对教材进行由表及里、由浅入深的分析、把握。大学生理论课教师要细读选用教材的每一章、每一节、每一目。教师要从大学生认知接受的特点、规律出发,设身处地、全面细致入微地阅读选用教材,对字、词、句、段、概念、原理、材料、例证、思考题等都要认真仔细地阅读,了解教材的精微之处,把每章、每节、每目知识点之间的相互关系、思想教育意义、对实现教学目标的作用都进行深入地分析,仔细地揣摩,才能在教学中做到全面准确,重点突出,难点突破,关键点突显,才能保证教学效果。

(3)挖掘教材以求"全"

所谓"全",是指统筹兼顾,全面安排,追求教学效果的全面性。教师在研究教材时,不仅要考虑到传授学生知识,而且要发展学生智力和对学生进行思想教育。为此,要求教师必须潜心研究教材,深挖出教材本身的思想教育因素和智力因素,既使学生的聪明才智得以发展,又使其在潜移默化中受到思想教育。

(4)组织教材以求"化"

大学生理论课的教材内容绝不等于教师的教学内容,只有具备教学意义的教材内容,才是教学的内容。对教材内容的组织处理,精心选择和确定教学内容,做到选用教材内容和教学内容的一致,这促使教师钻研教材,钻进去,跳出来,熟透教材,驾驭教材,也是教材处理艺术最高层次的要求和教材处理的最高阶段。

组织教材达到出神入化的境界,要求教师应将上述"懂""透""全"三者融成浑然一体的艺术整体,谨慎设计好从何处切入开讲,怎样强化蓄势,走出高潮的最强音,何处精讲重导,如何插入调控,何处舒缓急促,何处议论争胜,怎样起承转合等,都要精心盘算,心中有数。只有这样,才算是真正达到了艺术的研究教材的目的。

3. 备教案的艺术

教案是教师把备课内容用书面形式固定下来的一种形式。它反映着老师的教学思想、知识水平、课堂艺术,教案通常体现了备课成果,是备课成果的凝练。同时,相对于备课而言,教案更加详细深入。教师在进行具体的教学活动时通常会以教案为基准,也就是说教案是教师开展教学活动的具体实践方案。教案凝聚了教师的心血,是教师在对教材进行缜密的思维加工后对教材内容的重新设计。在教师教学活动中,编写教案是其中一个基础环节,每位教师在编写教案时都应该认真对待,在教案中融入自己的教学经验,不断提高教学水平。在编写教案时要注意以下几个方面。

(1)遵循科学性和思想性统一

由于大学生理论课具有鲜明的思想性和意识形态性特点,因此要求教师在编写教案时要坚持科学性和思想性统一的原则,对教学内容的理解、传授给学生的知识、讲授方法和过程要做到科学正确、准确无误,要注意挖掘和发挥政治理论、思想道德等方面的教育因素,做到思想育人,结合知识、能力的教学对学生进行正确的世界观、人生观、价值观的教育。

(2)以课程标准为依据

课程标准规定了本门课程和各章节的教学目的、教学内容、教学要求等,以上内容可因课程类型、学生的实际情况及教师个人的风格、水平而异,灵活掌握。只有按照课程标准来编写教案,才能保证整体培养目标的实现,才能沿着正确的授课方向不断前进。

（3）以相关要素为指标

大学生理论课教案是教师以课程、章节、课时、内容为基本单位编写教学工作的具体方案，是组织上课内容与教学进程的重要依据，是保证教学质量、提高教学效果的必要手段。所以，教案应包括一些必备的基本要素指标，如课程名称、授课班级、指定教材、先修课程、课时分配、教学目的、课程类型、教学内容、教学方法、学习方法、参考文献、案例材料、思考题、师生互动设计等。当然，不是任何一堂课的教案都必须包括上述所有的要素指标，教师可以根据教学实际灵活选择。但是在选择时，一些基本的要素指标必须加以考虑。

（4）教案具有可接受性

教案具有可接受性即编写大学生理论课教案时，教学内容、方法、分量和进度都要适合学生的发展水平以及学生已有的知识和能力状况，从实际出发进行教学。

（5）遵循现代教学理念

在编写教案时要遵循以教师为主导、以学生为主体的教育理念，同时注重将科学性和人文性相结合，知识、能力与素质三者协调发展。当然，还要根据学生的不同因材施教，加强教学双方互动，鼓励学生积极参与，提出质疑并不断探究，并综合运用传统的教育技术与现代教育技术，并使两者有机结合。艺术性教案的编写，应将教学的着眼点放在"学"上，突出学生的主体地位，充分调动学生的积极性、主动性和创造性。因为教案是教师教学活动的实施方案，而教学活动是双边的活动，既包括教师的施教活动，又包括学生的学习活动，而且"教"又是为"学"服务的。这就要求编写出"教法与学法结合型"的教案，既要解决"为什么教""教什么""怎样教"的问题，又要解决"为什么学""学什么""怎样学"的问题，既考虑如何充分发挥教师的主导作用，又要考虑怎样落实学生的主体地位，使学生成为学习的主人，实现全面育人的目标。

（二）授课艺术

1. 课堂导入艺术

要想取得良好的教学效果,就要求教师在课堂必须能够抓住学生的心,要想抓住学生的心,教学就要引人入胜,深入浅出,深深地吸引学生,激发出他们的学习兴趣。而课堂导入作为课堂教学展开的首要环节,会对一节课起到举足轻重的作用。巧妙的课堂导入,就像一座精巧的桥梁,将旧课与新课紧密地联系在一起,课堂导入如同一部舞台剧的序幕,不仅将"观众"引入精彩的剧情,同时也预示着剧情的高潮与结局。

精心设计的理论课课堂导入,能够迅速将大学生带入到理论课教学情境之中,调动学生的积极性和注意力,有利于学生主动学习,主动配合教师的教学活动,保证良好的双向互动,提升教学效果。死板、严肃的课堂导语,在一开始就会降低学生的学习兴趣,比如有些理论课教师经常说,把书翻到某某页,千篇一律的开场白让学生对接下来的课程内容没有期待,甚至会造成相反的效果,让人感觉昏昏欲睡。所以说,理论课教师在导入语言的设计上一定要给予足够的重视。

2. 教学高潮艺术

高潮(Climax)一词源于希腊,意为阶梯,指节节上升直达顶端。其意指高潮是一个逐渐上升的过程,到某一时刻达到最顶峰。在课堂教学中,教学高潮是一个师生体验的特殊情境,这是一种美的升华。课堂教学高潮指课堂教学过程中出现的一种巅峰状态,"在课堂教学过程中,教师科学地运用教学方法和教学手段,巧妙地组织教学内容,创设特定的教学情境,使师生双方的智力、心理、情绪、情感交流等在一定阶段呈现出某种起伏,发生一定程度飞跃的教学状态"。在设计大学生理论课教学高潮时要注意以下几个要求。

第一，目的明确。课堂教学中，任何环节都是围绕教学目的来进行的，教学目的是教学环节、教学方法、教学过程的落脚点，因此，大学生理论课教师在设计教学高潮环节时就要明确大学生理论课教学内容的教学目标，知道通过教学要使学生获得什么，在此基础上设计教学环节，运用各种手段和措施，激发学生学习的主动性和积极性，使课堂教学达到教学高潮，最终顺利实现教学目标。

第二，讲求实效，解决重点问题。整个教学过程是一个系统的过程，由某种思想支配，在这个教学系统中，所有教学内容以及目标体系都有重点、难点，这些重点难点被分配到所有的课堂教学中去予以实施。因而，在每一堂课中总有一两个重点，在进行课堂教学活动时，应该围绕重点实现目标。同时，大学生理论课中还有许多难点、疑点、热点，教师也要在设计教学高潮的时候予以考虑。

第三，以学生为主体。以学生为主体，是思想政治理论课的基础和出发点，充分发挥学生的积极主动性和参与课题的兴趣，不断提高学生情感投入的程度，让学生成为教学高潮的主体参与者。

3. 课堂总结艺术

思想政治理论课教学是一个有序的整体，不仅要有漂亮的新课导入，有精彩的传授知识、培养能力等课堂教学中间过程，还要有画龙点睛、思想升华的课堂总结。

在运用课堂总结的艺术时要注意以下几点。

第一，画龙点睛，突破时空。课堂教学的结尾是教学内容的浓缩和总结，也是整堂课的"点睛之笔"，因此课堂结尾为课堂教学的重要组成部分。在一堂课结束时，教师要对课堂内容进行总结与概括，让所有的讲解与论述全部归结到一个理论或者观点上来，这样所有的教学内容就有了核心，学生就容易理解和掌握。

第二，结构完整，首尾照应。教学是遵循教育规律运行的一种教育活动。根据教学的一般规律，课堂教学是几个重要的教学环节串联在一起的，课堂导入、论证讲解、课堂总结等一个都不能少。课堂总结作为课堂教学最后的一个环节，它与课堂导入一起将散乱的课堂内讲解串联成一个完整的教学主题。

第三，语言精练，紧扣中心。课堂总结是对焦点内容的高度总结与浓缩，因此从语言上来说一定是少而精的，主要是对知识进行梳理，并总结要点，得出最终的结论和观点。课堂总结能够使学生理清论证的脉络，帮助他们更好的理解教学主题。总之在课堂结尾的总结中，要通过简洁的语言对教学内容进行总结，明确教学主题。

第三节　大学生理论课教学模式应用与创新

无论是哪一种教学模式，都有一定的教学思想做指引，并遵循一定的教学理论，它集约地体现了设计、实施、调控、评价教学活动的一整套教学方法理论体系，是教学理论与教学实践得以发生联系和相互转化的媒介、桥梁。在大学生思想政治教育理论课教学过程中，合理选择所需要的教学模式对于提高理论课教学结果、培养大学生能力等方面具有重要的作用。

一、实践教学模式

在大学生思想政治理论课中，实践教学占据着重要的位置。如何正视思想政治理论课实践教学的现状，制定实践教学的发展策略，提高实践教学的实效性和针对性，对于增强思想政治理论课教育的效果具有重要意义。

实践教学能够促进大学生更加深刻地了解理论知识和学习要点。然而，当前我国思想政治理论课实践教学的实际状况并不令人满意。我们认为,改善我国思想政治理论课实践教育应该在实践教学的形式和资源上做到两手抓两手都要硬,一方面积极拓展实践教学所需要的各种形式,另一方面积极开拓实践教学的教学资源。

(一)实践教学的地位与价值

1. 实践教学的重要地位

实践教学在思想政治教学中占据重要地位,实践教学与理论课教学在教学手段、组织形式和教学方式上有着重要的差别,这直接决定了实践教学有着理论课教学所不具备的优势,因此在思想政治理论教学之中实践教学是不可替代的。思想政治理论课教师要在思想上形成新的观念,实践教学与理论课教学对于教学是相互促进、相辅相成、相得益彰的。实践教学与理论课教学的差异与共性决定了在思想政治理论课教学中实践教学的地位是不可替代的。在大学生思想政治理论课的发展中,要形成实践教学与理论课教学相互促进的机制,更好地完成思想政治课理论教育的任务。

2. 实践教学的重要价值

理论联系实际,既是党的思想路线的重要内容,也是思想政治理论课教学改革的一条主线。思想政治教育要实现与时俱进,不断创新,就必须要重视实践教学。具体来说实践教学具有以下两点重要价值:①实践教学是思想政治理论课教学改革的战略选择;②实践教学是思想政治理论课与时俱进的客观要求。

(二)实践教学的基本形式

1. 课内实践教学形式

探索课内实践教学形式是实践教学形式的重要组成部分。

课内实践教学一方面能够节约实践教学成本，另一方面则能够提高实践教学的效果，把实践教学向深层次推进。结合现代教育学理论以及当前思想政治教学实际，我们认为思想政治课内实践教学的形式主要有以下四种：①课堂讨论；②模拟教学；③视频资料观赏；④思想政治小组教育。

课内实践教学形式由于地点的限制实施起来往往还不太灵活，但是由于其自身有效率高、成本低等特点，实施起来则显得稍微容易。针对课内实践教学形式的这两个特点，思想政治理论课教师应该积极创造新的课内教学实践形式，克服思想政治理论课教学本身的缺点。

2. 课外实践教学形式探索

课外实践教学是思想政治理论课实践教学的一个重要组织形式。课外实践教学通过有组织、有计划、有目的地把实际生活引入到思想政治教育之中。课外实践教学能够把社会实际和社会状况引入到大学生学习之中，从而实现大学生以社会为课堂，以人民为教师的目的，实现大学生结合社会实践提高自身能力的目的。

课外实践教学的形式可以分为阅读研究性、参观调查型、校园文化活动型等。当前思想政治理论课课外实践教学实践形式探索应该根据新的教育教学形式的要求进行创新，而且还要结合社会发展的现状。

3. 虚拟实践教学形式

探索虚拟实践教学是在互联网络技术兴起之后的产物。虚拟实践教学活动与社会实践教学和课内实践教学活动共同构成了立体多维的实践教学体系。

网络是大学生获取知识的一个重要平台。大学生通过互联网信息检索系统，能够获取到与自己生活相关的多种信息。作为关心大学生生活的需要，思想政治实践教学应该和网络结合起来,在网络上开展网上调查,制作思想政治实践教学网站,开设与思想政治实践教学相关的博客、微博、微信平台以及网络论坛。

(三)整合实践教学资源

教学资源整合是指对思想政治理论课实践教学活动中所需要的各种要素的开发和利用。

1. 实践教学资源的构成和分类

思想政治理论课实践教学的资源要素众多,构成丰富。一方面包括以自然形态存在的非生命的自然资源,另一方面包括实践教学所用的人力、文化、科技、信息等社会性资源。其中社会性资源是大学生思想政治理论课实践教学的主要部分。通常社会性资源主要包括社会活动中与学生生活体验和思想政治理论相关的各种实物。通常有学生的生活体验、革命历史遗址遗迹、各种多媒体影视资料、蕴涵着丰富教育价值的人文景观、社会生活以及网络生活。这些都是开展思想政治理论课实践教学的宝贵资源。

按照不同的标准,思想政治理论课实践教学资源有多种不同的类型。以存在形式划分,实践教学资源可分为自然资源和社会资源;以物质属性划分,实践教学资源可分为物质资源和精神资源;以存在时间划分,实践教学资源可分为历史资源、现实资源和未来资源;以存在空间划分,实践教学资源可分为校内资源和校外资源;以发挥作用方式划分,实践教学资源可分为显性资源和隐性资源;以发展状态划分,实践教学资源可分为静态资源和动态资源;以资源载体划分,实践教学资源可分为传统资源和网络资源。

2. 实践教学资源的开发、利用和管理

实践教学资源的开发、利用和管理是影响实践教学活动效果的重要因素。因此,在实现思想政治理论课实践教学的过程中,除了要积极拓展思想政治理论课教学所需要的各种实践教学资源外,还需要对实践教学资源进行有效的开发、利用和管理,为实践教学的顺利开展提供质和量上的保证。由于实践教学资源的种类众多,无法一一详述,这里仅选择一些重要的内容加以论述。

(1)对校内实践教学资源进行管理

校内实践教学资源是思想政治实践教学资源的主体。这一资源包括与思想政治实践教学相关的各种校内资源。这些资源主要包括思想政治理论课修读学生、学校党政干部和共青团干部、学生辅导员、实践教学对象地区的干部群众等。校内实践教学资源是开发利用实践教学其他资源的主体,在思想政治理论课实践教学之中具有一定程度的主导性。因此思想政治理论课实践教学的校内资源的管理水平直接决定着思想政治实践教学工作开展的水平。因此要加强思想政治理论课实践教学校内资源的开发、利用和管理,实现这一目标需要做到以下几个方面。

第一,加强制度建设与管理,提高教师的素质和积极性。教师是决定思想政治实践教学资源开发最为重要的一个主体。提高教师的实践教学资源开发的积极性就带动了整个校内实践教学资源开发的积极性和效率。

第二,关注大学生的发展。大学生理论课实践教学资源的开发最终是要为大学生服务的,因此各种实践教学资源的开发都要指向学生的发展,为其成长服务。

第三,与社会携手,建设多维的实践教学渠道。思想政治理论课实践教学资源的开发,重要目的是为了实现大学生适应社会能力的增强,因此无论是课外实践教学或课内实践教学,还是网络实践教学都应该积极关注社会资源。

(2)对实践教学基地资源进行管理

实践教学基地是校外实践教学的重要载体。实践基地开发水平的高低实际决定了校外实践教学开展的水平。因此,为保证课外实践教学的顺利开展,学校应积极与校外单位合作建立一些长期稳定的实践教学基地。校外实践教学基地可以是红色旅游景点、实验室、博物馆、历史遗迹、名人故居等等。

实践教学基地应按照环境友好、主题鲜明、功能完善、管理规范、相对稳定的思路建设，最终实现课外实践教学的全面推进。实现以上的这些要求需要从以下几个方面做起。

第一，实事求是，做好实践教学基地的合理规划。实事求是地做好校外资源的规划是建设好实践教学基地的第一步。在建设实践教学基地之前，首先要了解学校自身的需要，其次做好规划，对实践教学基地建设的可行性和实践教学基地的有用性展开全面的讨论，发挥学校所有实践教学基地整体的育人功能。

第二，把实践教学基地建设与学生现有生活实际结合起来，开发现有实践教学基地的育人功能。有一部分高校存在着现有实践教学基地利用率不高的现象。这些学校再建设新的实践教学基地已经显得没有必要。而且在对实践教学基地开发、利用、管理中，最重要的是实践教学基地的利用，不能只开发不利用。因此学校要认真调查学生的实际需要提高现有的实践教学基地的利用率。

第三，加强实践教学的综合管理，展开校际共享与社会共享。实践教学基地的开发需要很大的经费支持，因此如果能够加强实践教学基地的重复利用则能够实现实践教学基地建设经费的节省。这对突破思想政治实践教学的经费困境具有重大的意义。

不同的学校在同一实践教学基地展开的相同实践教学项目往往会取得不同的经验。因此这也有利于不同学校实践教学经验的交流，促进整个地区实践教学水平的提高。与社会共享实践教学基地建设的成果也有利于把社会资源引入到实践教学之中。

实践教学资源的开发还包括虚拟实践教学资源的开发。虚拟实践教学资源的开发与现实社会的实践教学资源开发尽管在技术手段上存在重大的不同，然而在建设和管理思路上却是大同小异。因此这里不再分析。

(四)将实践教学与学生工作相结合

高校学生工作是随着高等教育的变革与发展逐步成长起来

的,是高等教育的重要组成部分。在人才培养过程中,学生工作是培养学生成才的关键环节之一,在高校的工作中居于极为重要的地位。学生工作的特性决定了学生工作在实践教学中有着巨大潜力,因此把学生工作与实践教学结合起来,是扩大实践教学影响力的重要决策,也是利用校内资源创新实践教学的一个重要方面。

1. 实践教学与学生工作结合的契合点

组织开展实践教学是高校学生工作的一个重要方面。通过实践教学,学生工作能够做得更加细致入微。反过来说,学生工作也是实践教学的一个重要渠道。通过学生工作,可以调集更多的校内资源整合到实践教学中去,从而丰富实践教学的形式。

(1)学生工作可以为实践教学提供更多的实践岗位

学生工作管理着高等学校与学生有关的各种资源,而这些资源需要更多的人手管理。因此,可以把这些岗位整理出来为大学生提供在校内参与社会实践的机会。例如,学校可以组织学生参与教室桌椅地板的清洁工作,组织学生参与到校内网站的建设中去,组织学生开发更多的校园平台软件服务广大师生。这些工作一方面锻炼了广大学生的劳动能力和把知识运用到实践中的动手能力,为走向社会打下基础,另一方面则在工作中培养了参与实践学生的毅力和创造力,开发了大学生的智力资源。

(2)管理大学生社团,引进校外实践教学资源

大学生社团管理也是学生工作的一个重要方面,而通过大学生社团管理,学生工作则可以把校外的资源逐渐融入到校内,提供更多学生参与社会实践的机会,从而扩大实践教学的覆盖面。

大学生社团是大学生自发组织的学生团体,具有多样性、广泛性的特征。这些社团一方面联系了具有共同爱好的大学生做一些具有重要意义的事情,另一方面则是大学生与其他学生、学校、校外企业发生有效沟通的一个重要方式。因此,从这些角度来看,大学生社团完全可以成为大学生实践教学的一个重要

方向。

在大学生社团建设管理方面,广大学生工作者应允许大学生社团与校外企业接触和沟通,但是要对这些企业进行相应资格审查以维护校园的纯洁、和谐氛围。

（3）积极鼓励学生参与实践教学的主动性

实践教学的主体仍是学生,而学生工作管理的对象也是学生。通过学生工作调动学生积极性参与到实践教学之中,由学生自己选择实践教学的形式。

第一,学生有参与到实践中的需要。学生内心有很强烈的参与到实践教学的渴望。他们从书本到社会,希望能够找到一片天地从而展现自己所学到的能力,而实践教学则刚好提供了这么一个场地。通过学生工作,调动学生的积极性,形成一种实践教学的学生运动,实现完全由学生主导的实践教学方式。

第二,学生主动参与有助于实现实践教学的目标。

大学生理论课实践教学的真正目的在于通过实践培养学生的世界观、人生观、价值观,为社会主义建设事业培养优秀的后备人才。而这个目标的实现需要学生思想观念上的转变。这一转变可以是经过教师引导实现的,也可以是学生自己主动实现的。通过学生工作使学生积极参与到实践教学中去,则是学生自己主动实现思想观念转变的一种重要方式,而且更加有效。

2. 学生工作与实践教学结合的方式探索

前文分别从校内资源、学生社团、学生自身三个方面分别对学生工作与实践教学结合的可能性进行了论证。从论证的过程中可以发现,学生工作与实践教学结合的方式可以从校内、校外两个方面挖掘。

（1）整合校内资源、提供勤工俭学岗位

整合校内资源,为广大在校大学生提供一部分勤工俭学岗位既是学生工作的一个重要部分,也是对在校大学生进行实践教学的一个重要机会。据了解,国内有些高校曾经在这方面做出了一些尝试。高校为贫困生提供勤工俭学岗位,在帮助贫困生解决一部分生活困难的同时,也对他们进行了很好的思想政治教育。提供勤工俭学岗位就可以把广大在校大学生组织起来接受教育。开始工作之前,广大学生工作者要对参与到勤工俭学的学生进行教育,说明工作的意义和标准。事后还要对学生的工作成绩做出评价,指出优点和不足。最为关键的是,对学生勤工俭学教育的内容要和大学生思想政治理论课结合起来,让思想政治理论融入教育内容当中去,使大学生从自身认识到这些理论的重要性。另外,通过校内资源整合为广大在校大学生提供勤工俭学机会还可以使得参与到勤工俭学的大学生更加爱护校园环境,参与到和谐校园文化的建设之中。

(2)联系校外企业和社区,开拓实践教学渠道

校内资源毕竟有限,不可能为所有在校大学生提供实践教学平台,为了扩大实践平台的覆盖面,可以扩展实践教学渠道,使实践教学走向社会、走向社区。

校外是进行实践教学的一个巨大天地,如能有效利用,则有望为大部分学生提供实践教学机会。将校外资源引进实践教学中,无外乎两种方式,一是把校外企业引入到校内宣讲和模拟操作中,二是让学生走向社会,和社会产生有效接触。

具体来说,学生工作者可以通过大学生社团把校外企业和各行各业中的优秀人物请进大学课堂,为广大在校大学生讲述他们自己的故事。这种方式能够因为真人真事而感动广大在校大学生,激励他们不断前行。学生工作者也可以在校园的某个场所建立吸引学生的实践模拟场所,通过现代技术展示企业的运行方式,展示其背后的历史,甚至可以让大学生进行模拟操作,给大学生以视觉和心灵的触动。当然学生工作者把校外资源引入到实践教学中的方式还可以有很多其他的方式,例如企业参观、社区服务等方式。各高校要根据自身的情况,发挥自己的特色,建立适合自己的实践教学形式。以上两种方式的关键点在于如何调动广大在校大学生的积极性,使他们积极主动的参与到实践教

学中。

(五)将实践教学与社会实践相结合

与社会实践相结合是实践教学发展的主要趋势之一,而其结合形式则是多种多样的。这里仅仅举出志愿者服务与大学生实习两种渠道。

1. 志愿者服务

志愿者最为直观的解释就是有志于自愿为他人或社会服务,并乐意无偿贡献自己的知识、技能、时间、精力或资源的人。自愿是指被称为志愿者的人参与服务是自主的,不是受到命令或强迫的,参与或不参与完全由其自己决定。无偿是指志愿者提供服务不像其他社会机构或组织提供服务带有赢利的目的或性质,是非营利的,其动力来源于心理需求,即个人道德感与社会责任心。志愿服务是指由志愿者参与的社会性公益服务,是"一种非政府系统的组织行为和服务行动,是民间系统服务于社会的群体行为或个人行为,即民间组织或个人利用自己的知识、技能、体能或财富,通过各种服务性的行动去实现和体现对社会事业的服务与奉献,或实施和完成对有困难的社会群体及个人的服务与保障。在志愿服务的过程中,志愿者以自己的行动接受了社会的评价与检验,并获得了对自我价值的认同与升华。志愿服务所体现的核心精神是人道主义"。

从实践教学与社会实践相结合的角度看,志愿者服务是最有效的形式。第一,志愿者服务不具功利性,动力来源于个人道德感和社会责任心。志愿者服务的这种根基就决定了参与服务的志愿者是社会正能量的提供者,也愿意接受来自社会其他方面的正能量。这说明,相对于普通人来说,志愿者有接受思想政治理论课教育的需要。第二,志愿者往往组成一个团体,便于相互学习。志愿者在一起乐于互相学习,共同进步,这为实践教学的开展搭建了一个平台。通过组织者的讲解,志愿者之间的相互交流,实践教学的内容更加容易深入到志愿者当中去。第三,在大学,做志愿者服务是一种时尚,容易为广大在校大学生接受。

2. 大学生实习

大学生实习在本质上是教学实习,与理论课实践教学的联系十分紧密。因此,把大学生实习视作实践教学与社会实践相结合的一种形式具有天然的优势。一方面,大学生必须要实习,这是国家大学课程的基本要求。因此,这种实践教学形式既能够节省很多资源,又能够调动大学生参与教学的积极性。另一方面,大学生实习的目的既有检验大学生专业知识掌握的是否扎实,锻炼大学生专业知识的应用能力,也有培养大学生思想道德品质逐渐融入社会的倾向。总之,对于实践教学与社会实践相结合的形式来说,采用大学生实习这种形式优势非常明显。

从实践教学与社会实践相结合的角度看,大学生实习的过程必须要注意以下几个方面。

第一,必须加强大学生实习过程中的教育。大学生实习不是走向社会参加一段时间的社会实践就可以了,必须要适时的对参与实习的大学生进行教育。实习往往是一定的时间段,一周有可能只有三到四天参加工作,空余时间很多。教师可以利用空余时间与学生交流实习感受,安排实践教学内容。

第二,根据大学生的需要安排理论课教学内容。从大学生参加实习的情况来看,大学生在参加实习之前已经掌握了相关的理论知识,在实习过程所欠缺的是职业道德和礼仪修养。广大教师可以从这一点入手对参加实习的大学生进行专门的教育和培养,提高大学生的职业素质。

第三,注重利用大学生实习地点的文化资源,联合企业和社区对大学生进行实践教学。实践教学内容若是和企业、社区有紧密联系,对于企业、社区以及大学生来说自然都非常有利。实践教学教师可以从这一点出发,把理论课教学的内容与企业、社区的文化紧密联系在一起,做出适当安排。

二、案例教学模式

现代案例教学法是由当时担任美国哈佛大学法学院院长的克里斯托弗·哥伦姆布斯·朗道尔教授于 1870 年创立,并被广泛应用于哈佛大学的法律和工商管理硕士等专业的教学,这一教学方法最终成为举世闻名的"哈佛模式"的一大特色。20 世纪 80 年代初,我国一些高等院校开始逐渐引入案例教学方法,经过多年的实践和探索,案例教学法在我国的高等院校教育领域之中影响日趋扩大,并受到了众多学科教学的认同。

(一)案例教学模式的内涵

大学思想政治理论课案例教学模式是指高校教师本着理论与实际相结合的宗旨,设计并提供典型案例,学生围绕着教师所提供的案例在教师的引导下,通过师生、生生之间的双向和多向互动,积极参与研讨,进而得出案例所蕴含的结论或解决问题的方案,从而在更高的层次上让学生深化对马克思主义基本原理、毛泽东思想和中国特色社会主义理论体系的认知,培养学生运用所学的马克思主义理论解决实际问题能力的教学模式。

深入理解案例教学,需要将案例教学与举例进行区分。案例教学与举例的区别体现在以下几点:①案例教学模式是指通过案例的交流和互动帮助学生调动学习兴趣、提高分析问题和解决问题能力的教学模式。而用事例说明问题是受到思想政治课理论教学本身特点所制约的,也是思想政治理论课教师讲解知识的常用手段。思想政治理论课的理论较多,而且具有一定的抽象性和概括性,运用事例可以将晦涩难懂的理论知识变得深入浅出,便于学生学习和了解;②案例教学法的教学程序是:案例—理论—案例,案例是教学的出发点和最终归宿,探究案例的目的是为了学习理论,学习理论的最终目的是运用理论解决实际生活之中遇到的各种问题。而举例教学的教学程序是:理论—事例—理论,理论变成了教学的出发点和最终的归宿,掌握理论的过程需要我们对事例进行深刻的分析,但是分析事例的目的是让我们能够更加深入地掌握学习的理论。③案例教学所运用的案例是真实的,是蕴含理论知识的,这些案例常常充满了疑难问题,在对这些案例进行分析的过程之中,可以从多个角度入手,获得多种解决办法。但是举例教学中的事例可以是真实的,也可以是虚构的,只要所列举的事例能够和所要讲述的理论联系起来,这样的事例就是有价值的。④案例教学模式在发展的过程之中逐渐形成了成熟的教学模式,其具有特定的操作程序和要领,而举例教学一般是讲授、讨论等传统教学方法的辅助形式,一般由教师随性发挥,不具备成熟固定的程序和要领。

(二)思想政治理论课案例教学模式的必要性和目标

1. 思想政治理论课案例教学模式的必要性

思想政治理论课案例教学模式的必要性主要体现在以下五个方面:①能够适应社会发展对高等教育提出的新要求;②有助于学生养成开放、勇于创新的学习研究作风;③能够满足大学生思想政治理论课教学改革的必然要求;④能够符合思想政治理论课教学理论联系实际的必然要求;⑤思想政治理论课因其自身有很强的抽象性和逻辑性,按照传统的教学和学习模式,学生很难对理论知识进行深刻的理解,但是在进行案例教学的过程之中,学生能够结合具体的案例深入理解理论知识,这也是案例教学的一大特色,即能够使理论知识深入浅出。

2. 思想政治理论课案例教学模式的目标

思想政治理论课案例教学的目标主要体现在以下三个方面。
(1)培养学生理论联系实际的能力。理论的学习主要是满足实践的需要,理论如果不能用于实践,那么这样的理论就是空洞的理论,没有价值的理论。但是在现实的教育之中,理论与实际脱节的现象十分严重,在学校所学的知识,走上社会之后完全用不上的现象并不在少数,思想政治理论课案例教学注重把马克思主义的基本理论和实际相结合,注重培养学生运用马克思主义科学理论指导实践的能力,让理论产生出其应有的价值。

(2)培养学生的可持续性学习能力。马克思主义不是教义,它是指导实践的一般方法和准则。现代社会,学生在学习完马克思主义理论知识之后,需要在实践之中运用马克思主义理论知识去解决实际的问题,并在实践之中更深入地了解和认识马克思主义,这个过程也是一个持续学习的过程。

(3)培养学生分析实际解决问题的能力。思想政治理论课案例教学模式在实际的教学过程之中会运用现实生活之中的真实案例,其最终的目的就是要学生能够运用理论知识解决实际的生活之中所遇到的问题。

(三)思想政治理论课案例教学模式的原则

1. 启发引导原则

思想政治理论课案例教学模式是一种新型的教学模式,与传统的教师讲授、阅读等使学生处于被动接受状态的教学模式不同的是,其以案例研究为基础,通过对案例的研究讨论引导学生主动参与到教学过程中来。教师在案例教学过程之中的主要职责就在于启发引导,引导学生独立思考,使学生逐渐养成自己分析解决问题的习惯。在对案例进行讨论研究的过程之中,学生意见不一致的现象会时常出现,这个时候教师的职责就是让学生各抒己见,展开辩论,在激烈的研讨中逐步统一认识,教师在整个研讨的过程之中不要过早提出自己的看法和意见,以免制约学生的创造力和想象力,产生负面效果。

2. 方向性指导原则

学生的思维较发散,对很多问题有着很强的好奇心,在进行讨论的过程之中,很容易偏离原来的讨论目标,这样不仅得不到想要的结果,而且还会浪费珍贵的讨论时间。所以在进行案例讨论研究的过程之中,教师需要指明讨论的方向,引导学生按照既定的方向进行讨论,对于出现方向性错误的讨论要进行及时的提醒和纠正。

3. 循序渐进原则

思想政治理论课案例教学模式与传统讲授法的主要区别在于教师在授课中不直接告知学生即将要讲授的理论知识,而是提供一个和所要讲述的理论知识有很大联系的案例,让学生对案例进行分析和讨论,并引导其对案例背后的理论知识进行剖析和探索,找到解决问题的方式和方法。不难发现,思想政治理论课案例教学的成功进行需要教师和学生的相互配合和共同努力,而且在进行案例教学的过程之中,老师和学生必须遵循循序渐进的原则,不要拔苗助长,急于求成。

(四)案例教学法的基本形式

1. 案例讲授法

案例讲授法是以教师为主,通过教师对案例的讲解,说明教学内容,使案例与课程的基本理论融为一体的方法。案例讲授法根据教学要求的不同可分为两种:一是用案例来说明理论;二是以讲授基本理论为主,案例起到例证的作用。前文有过详细的论述,这里就不再赘述了。

2. 案例模拟法

案例是现实生活之中情境的文字表述,真实地还原案例发生的情境能够给人以身临其境的感觉,在教学之中运用案例模拟能够增加学生对于当时情境的理解。案例模拟法即是按照案例中的具体情节,由学生扮演案例中的角色,再现案例情境,给学生以真实、具体的感受,然后引导学生对模拟的案例进行评析。

3. 案例讨论法

案例讨论法是在教师的指导下以学生为主体对案例进行讨论分析的一种教学方法。案例讨论法能充分调动学生学习的主动性和积极性,增强参与意识,提高学生独立思考问题、分析概括问题的能力以及口头表达能力,营造生动活泼的教学氛围。

4. 案例作业法

案例作业法是通过学生在案例教学课后撰写课后研究论文或调查分析报告的形式,或者在课后和单元练习及考试时,引入典型案例,来提高学生总结分析问题的能力以及语言表达能力的一种方法。在思想政治理论课案例教学中这也是常用的方法之一。案例作业法根据完成的人数可以分为独立作业法和小组作业法。

(五)思想政治理论课案例教学模式的具体操作

1. 教学目标的确立和教学计划的制定

根据课程的进度确立相关教学单元的教学目标,将总目标细化为具体的教学目标。再根据相应目标制定教学计划,需要注意的是在确立教学目标和制定教学计划时,需要把教学目标、教学计划与案例进行有机的结合。

2. 具体教学环节

总的来说,案例教学的具体环节有以下四个阶段:"理论准备—案例研讨—巩固应用—撰写报告"。

(1)理论准备阶段

进行必要的理论讲解。思想政治理论课采取案例教学对学生的基础知识有一定的要求,这就需要在案例研讨展开之前,教师要向学生讲解教材中的相关概念、原理及其关系。这是因为思想政治理论课的概念和原理具有很强的抽象性和概括性,理解起来一般较困难,如果不由教师专门介绍的话,学生可能由于缺乏必要的常识而使案例研讨无法展开。但需要注意的是,理论讲解应以介绍基本知识和学科框架为主。

选编合适的案例。选择的案例对于案例教学最终的结果具有重大的影响。适合的案例应该满足以下五个方面的特征:①适合教学目标。具体来讲所选择的案例要能够反映和支持所要学习的思想政治理论;②具有时效性;③具有启发性和实践性;④具有一定的难度和前瞻性;⑤具有典型性和普遍性。

(2)案例研讨

呈现案例。根据案例材料的载体形式,采取相应的呈现方法。在向学生呈现案例的过程中,教师在进行案例教学活动时,要积极引导学生,将学生的注意力集中到案例所反映的与教学内容相关的问题上去,让学生能够感知案例,并且能够进入具体的特定情境中。当学生了解了案例,此时,教师应该指导学生回归到案例中来,对案例中提出的问题进行分析思考,做好讨论的准备。

分析讨论。观看案例,经过分析,在对案例有了基本的了解的前提下,可以进入到下一个环节,讨论案例。讨论方式的种类有三种:全班的大讨论、分组进行、辩论。教师在讨论过程中,需要做到以下五个方面:①形式上要实现民主平等;②要创造良好的自由讨论的气氛和环境;③设法使学生成为讨论的主角;④不要直接表露自己的观点,以免使学生产生趋同心理;⑤精心设计讨论的问题,并充分准备相关材料,既要让学生有话可说,还要引导他们从不同的角度来说。

总结归纳,消化提升。讨论结束时,教师应根据教学要求和学生对案例的评析,进行归纳小结。这是对前一个阶段案例教学的概括和提升。总结并不是说出某个案例的标准答案,而是在再次整理本次案例讨论所涉及的理论知识后,指出本次讨论的不足之处与成功之处。并对学生的表现加以评价,以激励学生下次更加积极地参与讨论。

对学生在案例分析讨论中表达的观点,教师在归纳小结中不必强求一致,而要用科学的思想方法,引导和启发学生作进一步的思考。经过一番讨论后,教师要对相关的案例进行详细的分析与讲解,引导学生的思维,最终概括出规律性的知识。让学生积极主动的归纳知识点,最终达到完成理论知识学习的目的。可以在这个时候给学生提一些问题,引发他们的进一步思考。通过反思,使学生能够掌握理论和实际的契合点,在学习了理论的同时,也抓住了实际。

为了加深学生对案例的理解,案例分析结束后,教师还可要求每位学生写案例分析报告,一方面综合同学在案例课上的观点,另一方面可以进一步地深入思考。引导学生进行归纳概括,形成结论。通过这种概括和总结,将有助于学生更迅速更广泛地实现知识能力和态度的迁移,从而富有创造性地解决新问题。

(3)巩固应用

巩固应用是案例教学模式的重要环节,构建思想政治理论课案例教学模式主要的宗旨就是让学生掌握具有普遍指导意义和广泛适用性的观点、原理和规律,在具体的学习过程中不断培养其积极的学习态度和实现长久发展的能力。同时让学生学到的不仅仅是课堂上的知识,而且能够活学活用,将来再遇到类似的问题能够举一反三,培养发散性思维能力。因此,在案例研讨结束后,教师要不断提供给学生实践的机会,从而进一步提高学生创造性解决问题的能力。

(4)撰写报告

教师应指导学生把口头表达上升为文字表达。学生通过对所讨论案例进行系统地思考总结,既可以提高学生的文字表达水平,也可以帮助学生对案例研讨的过程和脉络进行梳理,从而增强他们的逻辑分析能力和总结概括能力。

第八章 ‖ 新媒体与大学生思想政治教育

自进入 21 世纪以来，以互联网和移动通信技术等为代表的现代科技发展日新月异，QQ、微博、微信等新兴媒体技术得到了进一步的普及和推广，成为各高校进行思想政治教育的重要平台和阵地。习近平总书记在"8·19"重要讲话中强调："意识形态工作是党的一项极端重要的工作，必须坚持巩固壮大主流思想舆论，弘扬主旋律，传播正能量，激发全社会团结奋进的强大力量。当前，以互联网为载体的新媒体迅猛发展，已经成为意识形态交锋冲击的重要平台。新媒体思想舆论工作的正道，在于化解负效应，激发正能量，成为治国理政、凝聚共识的助手，成为讲好中国故事、传播好中国声音的平台。"这就要求我们加强对新媒体环境下大学生思想政治教育内容和途径的研究。这是时代的召唤，是提高大学生思想政治素质的重要手段。

长期以来，大学生对媒体工具有一定的需求，在新的时期针对大学生思想政治教育更需要新媒体对其进一步地激活。也就是在大学生对新媒体的需求之中产生了思想政治教育新媒体化的趋势，拓展并创新了大学生思想政治教育工作。

第一节　新媒体的特点与其对大学生
思想政治教育的影响

21 世纪的人类社会，新媒体已经深深根植于社会的政治、经济、文化、社会生活等诸多方面，成为信息化浪潮中与国家前途息息相关的重要领域。放眼世界，各个国家在新媒体的发展战略上展开了激烈的竞争,不断地推动新媒体的快速发展。对于公众而言,以网络为代表的新媒体与人们的生活越来越紧密地联系在一起,极大地改变了人们的生活方式、学习方式、思维方式、交往方式、娱乐方式甚至语言习惯,影响着人们的思想意识、价值观念、道德行为。

一、新媒体内涵及界定

"新"与"旧""现代"与"传统"总是相辅相成的,相应地媒体也是如此。世界第一份报纸——《邸报》就产生于中国的汉代时期,世界第一个广播电台诞生于 1920 年的美国,世界上第一台电视机就诞生于 1926 年的英国……随着科学技术的变革和社会的迅猛发展,也极大地改变了人类信息的产生和传播的方式。

"从媒介产生和发展的历史脉络来看,人类的传播活动主要经历了如下几个发展阶段:口语传播时代、文字传播时代、印刷传播时代以及电子传播时代。"[①]当然各类媒介的产生在这个历史发展进程并不是取代与被取代的关系,而是一个依次叠加的过程(图 8-1)。

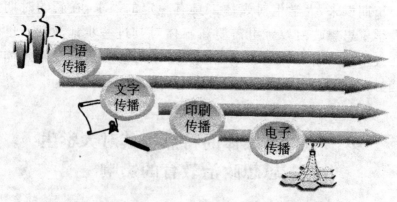

图 8-1 人类传播发展的历史进程

---

① 郭庆光. 传播学教程[M]. 北京:中国人民大学出版社,1999,第 169 页.

新媒体的概念是相对的而非绝对的,每个技术时代"新媒体"的产生都体现出了其所在时代的特色。与第一代互联网传播模式 Web 1.0 相比较来说,第二代互联网不断涌现出诸多新型的传播业务,越来越受到网民的欢迎,为众多网民提供了创作、展示和交流的平台,如现代社会网民最常用的沟通和交流方式主要是以腾讯 QQ 和微软 MSN 为代表的即时通信工具。互联网正在进入"视听新时代",主要表现在网络电视、视频直播等领域广泛应用互联网技术以及音频视频文件的上传与下载。

将"新媒体"的概念与传统媒体(广播、电视、电影等)的概念相比较,一些国外研究学者和媒介机构认为它们是有很大的差别的。美国的新媒体艺术家列维·曼诺维奇(Lev Manovich)、锡拉丘兹大学(Syracuse University)新媒体教授凡·克劳思贝(Vin Crosbie)和美国新科技刊物《连线》(WIRED)杂志都认为:"所谓新媒体已经不再可能是任何一种特殊意义上的媒体形式,它在实质意义上已经演变成为一组数字信息,一种实现了'所有人对所有人传播'的信息流,或者说是一种融合了人际传播和大众传播特点的信息呈现方式。"①

与这种观点相对应,国内研究者普遍认为,新媒体的概念并不应该完全背离或颠覆传统媒体的概念,而应该是对传统媒体概念的补充与延伸。他们在界定新媒体概念的时候,一方面延续了传统媒体实体性概念的架构模式,另一方面充分吸收了国外关于新媒体概念的界定。如清华大学新媒体传播研究中心主任熊澄宇认为:"所谓新媒体就是指在计算机信息处理基础上出现和影响的媒体形态,它包括了在线的网络媒体和离线的其他数字媒体等形式,并且随着时间的演变,新媒体的具体所指也在发生着潜移默化的变化。"②上海交通大学的蒋宏、徐剑教授则认为,新媒体就是指:"20 世纪后期,在世界科学技术发生巨大进步的背景下,在社会信息传播领域出现的,建立在数字技术基础上的,能使传

---

① 杨状振. 中国新媒体理论研究发展报告[J]. 现代视听,2009(5).
② 匡文波. "新媒体"概念辨析[J]. 国际新闻界,2008(6).

播信息大大扩展、传播速度大大加快、传播方式大大丰富的、与传统媒体迥然相异的新型媒体",其外延则包括了"光纤电缆通信网、都市双向传播有线电视网、图文电视、电子计算机通信网、大型电脑数据库通信系统、通信卫星和卫星直播电视系统、高清晰度电视、互联网、手机短信和多媒体信息的互动平台、多媒体技术以及利用数字技术播放的广播网等"。① 从传播手段的进步进而数字技术的发展来界定"新媒体"的概念,在内容表述上涉及了新媒体的多个方面,但是不难看出这个概念也还有其局限性。

由以上对于新媒体的论述来看,虽然对于新媒体的研究有了很大的进步,但是其概念仍是众说纷纭,并没有形成统一的定论。综合而言,我们认同的观点是:"新媒体是相对于传统媒体而言,建立在数字技术基础上,通过计算机网络、无线通信网、卫星等介质,利用计算机、手机、数字电视机等终端,为人们提供信息和服务的传播形态。"②(图 8-2)

图 8-2　新媒体

---

① 蒋宏,徐剑.新媒体导论[M].上海:上海交通大学出版社,2006,第 13 页.
② 王传中.新媒体对大学生生活、学习、思想的影响[J].高校理论战线,2009(7).

二、新媒体的特点

(一)数字化凸显

随着科学技术的迅速发展,媒体的发展也愈加迅速。在 20 世纪 40 年代,数字技术实现了快速发展,这使得新媒体技术实现了颠覆性的变革,数字化进而也就成了新媒体技术的一大特征。当前,在我们的日常生活中,到处都被新媒体所包围,如车载移动电视,公共场合的楼宇电视,以及通过手机所接收到的新闻、图片和视频等。数字化是新媒体的一个显著特征,在人类历史发展的整个历程中,虽然数字化出现的时间很短,但其对人类的生活方式和社会传播方式产生了巨大的影响。随着传播媒体内容数字化的不断发展,人类的整个社会和管理也逐渐朝向数字化的方向发展。

(二)交互性体现

在传统媒体中,信息的传播者是信息的发布者,信息的接收者只能被动的接收信息,二者之间的定位极为明确。但是在新媒体信息的传播过程中,二者之间的定位就显得极为模糊,信息的接收者可以接收信息,但同时也可以成为信息的传播者。在新媒体中,广大的群众享有绝对的主控权,其可以自主决定接收信息的主题、内容和时间,然后还可以及时反馈自己的观点和态度,同时也可以将自己的所见、所感、所闻作为信息传送到网络中,然后通过网络传送渠道传递给其他的信息接收者。在传统媒体中,可以使用两分法对大众进行简单的区分,即传播者和受众。而进入到新媒体时代,"受众"一词就可以用"用户"来进行替代。例如,随着 2001 年 P2P(Peer to Peer 对等网络)技术的兴起,引导网络计算机模式开始从集中式向分布式转移,网络节点上的所有的设备都可以建立 P2P 对话。当前,这种技术已经在网络和电视媒体中被广泛运用。

（三）个性化、专业化和即时化

一般意义上的大众传播，包括报纸以及传统的广播电视等，一般不可能为个体单独制作、出版和播放，但是新媒体却做到了这一点，可以针对市场的不同需求，制作出满足个体用户需求的，具有个性化和专业化的信息服务，同时，用户也可以根据自身的喜好定制专业的信息服务。对于传统媒体来说，其信息的制作通常需要一个较长的周期，并且需要定期发行或是播出，而以互联网、数字广播电视、手机等代表的新媒体则不同，其突破了信息发布和接受在时间和空间上的限制，并且在很短的时间内就可以在全球范围内都传播开来。在众多的新媒体中，手机是最为突出的一个，其突破了时间、地域和电脑终端设备等多种阻碍，可以随时随地发布和接收信息。通过新媒体，人们可以看到更为丰富的信息，包括事件的背景、图片、视频，相关评论和专家和网友的评论等，这些都是传统媒体无法做到的。

三、新媒体对大学生思想政治教育的影响

（一）新媒体对大学生思想政治教育的积极影响

相较于枯燥的传统思想政治教育，新媒体时代大学生思想政治教育更有活力，我们称之为"思想政治教育的激活理论"。

1. 新媒体让思想政治教育实现了信息交流双向化

新媒体时代使得信息接受者和传播者的交流更加紧密，并且参与者不仅是信息的浏览者也是信息的生产者。网络新媒体正式成为舆论新格局的重要组成部分，成为思想文化信息的集散地和社会舆论的放大镜。当代大学生通过网络媒介及时有效地关注公共事务以及时事热点，并通过网络发表自己独特的看法和见

解,积极地参与到社会的发展中。这种参与公共事务的方式更加方便也更有活力,同时又能给社会带来其不可估量的正面效应。

2. 新媒体给思想政治教育注入了新的知识源泉

众所周知,创新是新媒体发展的主要动力,而思想政治教育也离不开创新精神,因此思想政治教育可以有效地借助新媒体发展过程中体现出来的创新意识和先进思想,并以新媒体为依托,顺应时代的潮流,从而焕发新的活力。思想政治教育工作者在对大学生思想政治教育过程中若能够立足实践进行创新,创新教育内容、创新教育方式,契合大学生自身的特点,这样的教育方式就会更加贴近实际,并且能够拓宽知识来源,加强对知识的内化和吸收。

3. 新媒体为思想政治教育创造动力条件

新媒体创设了虚拟与现实共存的环境,所以其具有的开放性和共享性为提供教育动力创造了条件。虽然新媒体因其本身的虚拟性会存在一定的局限性,但是它的虚拟却是建立在与现实相联系、反映现实的基础上的。学校可以利用新媒体这一特性,充分发挥其作用,更好地利用资源对大学生进行思想政治教育,并能够积极探索新媒体环境下大学生思想政治教育的特点,开发与大学生身心相适应的思想政治教育模式,使思想政治教育更能体现时代的特性,焕发新生的活力。

综上分析,大学生离不开新媒体,并深受新媒体的影响,同时新媒体的信息量大、交互性强等特点也为开展思想引领工作提供了更为丰富的渠道和方法。作为高校思想政治工作者,必然要利用这一天然的契合点,正确引导大学生树立科学的发展观与成才观,引导他们走上正确的人生道路。大学生思想政治教育工作者们必须全方面地了解大学生的实际情况,根据大学生自身的特点,通过新媒体激活思想政治教育的相关内容,引导他们对新媒体有正确的、客观的、全面的认识,并学会运用新媒体为自己综合素质的提高服务,自觉抵御不良信息的干扰,客观评价事物及个体的属性,形成自我的全面发展。

(二)新媒体对大学生思想政治教育的消极影响

1. 新媒体环境中存在一些不利因素

(1)文化环境的多元化

由于新媒体的作用,整个世界的距离被大大拉近,因而就有了"地球村"这个名词。新媒体的出现使整个世界发生了重大变化,"不出门就可知天下事"变成了现实。各国各界人士都可以通过新媒体进行交流。不同的地域文化之间因为新媒体的出现交流更加通畅,各个地域的文化在相互交融中使自身朝着新的方向继续发展的同时,也带来了不同文化之间的间隙和碰撞。在新媒体环境中就难以避免东西方文化的冲突,本土文化与外来文化的冲突,甚至一些消极的不健康的西方文化也伺机侵入,这给文化领域带来不小的冲击。新媒体由于其相对自由性,因而比起现实世界中来,文化更容易传播渗透,不良文化也更容易滋生肆虐。而所有这些,无疑加重了大学生思想政治教育的难度。

(2)政治环境具有潜隐性

以互联网为代表的新媒体最初在美国兴起,后来在西方国家迅速流传开来。作为发达国家的美国和西方国家喜欢把他们的东西强加给发展中国家,并利用网络的便捷性来宣传他们的政治言论。标榜他们政治制度的合理性,竭力将他们的政治文化、政治理念、政治意识形态等塞给发展中国家,我国也不可避免地遭受到这种影响。在我国,发达国家的这种做法目的在于降低我们的民族认同感,从意识形态方面侵略我们。近几年,在我国发生的突发性政治事件,几乎都与海外网络有关。因此,新媒体的作用不容小觑,无论是政治思想还是意识形态,新媒体的不利影响都会带给我国许多潜在的威胁,由于我国仍然处于社会主义初级阶段,因而在新媒体技术等方面都不太成熟,对信息的控制力与屏蔽能力都十分有限,这就使我国整体处于弱势地位。

（3）舆论环境在一定程度上具有不可控性

新媒体的出现使得人们的言论变得比以前自由得多,通过新媒体,我们看到无论是哪个阶层、哪个地区,人们都可以相互交流,而且言论范围无所不及,这就使得大众传媒对舆论的控制力与监督力受到空前的挑战。由于媒介信息的流动性和随意性,不良信息肆意增生扩散,因而仅依靠政府的力量来控制新媒体不良信息的流动散布,是一件十分困难的事情,可能暂时控制住某一个事件,但是在别的时刻对于别的事件的发生并不能保证也能及时控制。因而就要依靠法律的力量来进行约束。

（4）理性环境缺乏

通过新媒体许多人可以畅所欲言,而且言论不受时间、地域的限制。这就给一些不法分子提供了可乘之机,使许多不法分子蠢蠢欲动,做出一些违背道德伦理的事情,而且同时使一些人患上当下流行的"网络综合征"。现在我们看到许多未成年人因为迷上了网络而辍学,甚至做出一些违法行为,当今青少年犯罪已经不是新鲜的事情。除此之外,由于对网络的严重依赖,人与人之间的关系变得越来越冷漠。家庭关系、同事关系、朋友关系因为网络的介入而变得大不如从前,甚至许多家庭因为网络而发生破裂。综上所述,新媒体给整个社会环境带来了安全性的缺失,人变得越来越感性,考虑问题不再周全。

（5）伦理环境具有困惑性

许多人看到了新媒体的虚拟性,因而觉得利用新媒体干任何事情都是自由的,这就引发了许多伦理道德问题。随着新媒体的发展,道德相对主义、无政府主义和个人主义也甚为流行和泛滥。因为,人们普遍会错误地认为,在新媒体这个虚拟的自由世界中,自己的所作所为不会被人所知,也不会被轻易看到,更不会因行为不当,不道德而受到舆论的指责,因此,新媒体成为许多人不良思想、不良行为滋生的温床。传统的道德观、价值观、伦理观受到严重的冲击。

正是由于上述新媒体环境的现实问题,因而对大学生思想政治教育形成了巨大的冲击,增加了大学生思想政治教育工作的难度。

2. 新媒体的发展出现了话语差异,给大学生思想政治教育带来挑战

(1)网络话语与传统思维的差异性

大量流行的网络话语,都是与传统的话语思维有着很大的差异性的,可以说它们颠覆了传统的政治语言或者社会语言。例如,一些看似寻常的社会事件在微博上受到追捧时,会迅速发生链式反应并在用户中快速扩散和传播,获得持续的关注和舆论反应,最终把网络上的舆论热点变为社会公共舆论热点。"郭美美事件"所受关注的热点由美女、炫富、豪车,慢慢牵扯到社会机构、高官、"富二代",在网络上掀起一阵阵舆论狂澜。而这些被人们不断联想到的网络热门词汇却是与传统意识形态相背离的。

(2)网络话语差异导致大众对马克思主义指导思想的认同感缺失

网络语言更新比较快,而网络群体往往又是以年轻人为主,网络语言往往在年轻人中间流行较快,而且没等广大人民理解和接受,马上就被新出现的语言所湮没,这就造成网络话语差异在大众和马克思主义之间存在"话语鸿沟",这就使得相对比较古板的马克思主义很难以一种流行的方式融于当代熟悉网络语言的90后大学生群体中。因而也就无法激发大众的文化认同,甚至被他们所排斥。

(3)复杂环境对马克思主义传播形成挑战

新媒体的信息覆盖面广,内容繁多,由于其自由化和碎片化的特征,使得信息在传播过程中容易发生偏向,导致人们断章取义地引用和理解,歪曲事实真相。例如,在微信、微博上信息真伪难辨,由于把关的缺失,导致微信、微博上充斥着大量直接炮制的假信息,直接影响到社会舆论的客观性。由此可见,媒体信息传播的一系列特性都为反马克思主义理论和反社会主义等一些负

面以及别有用心的假信息扩散提供了一种特殊的渠道,对当代大学生的思想产生了恶劣的影响。面对种种违反马克思主义的思维逻辑潮流,极大地考验了大学生思想政治教育工作者的持久毅力和内心意志。

3. 新媒体的发展导致人际关系疏离,造成思想政治教育的沟通障碍

由于新媒体中人们的交往主要是人机对话或以计算机为中介的交流,表面上,人们可以通过 E-mail、QQ、微信、BBS(电子公告板)、IRC(网络实时交谈)、Net-meeting(网络会议)、IPPHONE(网络电话)等方便、快捷的方式交流,这样与古代书信来往相比,大大缩小了时间和距离上的差距,同时也拉近了人与人之间的距离。但事实上,由于每个人都会抱着手、机电脑去上网,因而也就为现实中人与人之间建立起了一道厚厚的屏障。人们在人际交往中变得越来越冷漠,缺乏安全感。

大学生在遭遇上述问题时,大学生思想政治教育者在与其沟通时会出现一些障碍,教育者与学生之间如果缺乏精神上的交流与沟通,那么两者在思想、情感和感受上就不可能实现相互的渗透。一些学生不愿意打开心扉,使大学生思想政治教育工作难度加大。

4. 新媒体对思想政治教育者的素质提出了更高的要求

信息社会中,教师的职能虽然还是教书育人,但是与传统教师的具体职能相比已经有了很大的不同。在过去传统教学过程中,教师拥有绝对的知识权,被学生簇拥在讲台中央。而新媒体时代的到来打破了这种传统,学生可以通过新媒体获得渴望得到的知识,而且与教师的讲解比较起来,知识内容更加丰富具体,同时展现知识的方式更加多样化,更加形象化和动态化。这就需要教师不断提高自己的知识水平,不仅要有大量的知识存储,同时要想办法将这些知识用更加生动形象的方式表述出来,这就对教师的思维能力、语言能力、灵活应对能力提出了相应的挑战。因

而,教师要与时俱进,不断提高自己传授知识的能力和技巧,在纷繁复杂的新媒体时代提高授课水平。

第二节　新媒体背景下大学生思想政治教育内容的拓展

在新媒体背景下,大学生思想政治教育的内容有了新的延伸与拓展,其对大学生的媒介素养提出了更高的要求。良好的媒介素养不仅是网民个人发展和营造良好网络环境的需要,也是维护社会稳定、促进社会和谐发展的需要。因此,随着新媒体技术的发展,大学生思想政治教育工作者必须实现自身的"媒介化",不断提升自身的媒介素养,从而开拓大学生思想政治教育工作的新局面。

一、新媒体环境下对大学生思想政治教育者媒介素养的要求

(一)大学生应具有敏锐的网络信息意识

互联网的普及,产生了大量网络用语,而网络语言只有放到特定的语境中才能理解其真实意义。如果大学生思想政治教育工作者不具备新媒体意识和掌握一定网络技能,就不能了解学生非常熟悉的网络用语,从而产生信息流断路现象,有时还会产生误会,贻笑大方。思想政治理论教育工作者必须具有敏锐的媒介信息意识,很好地利用网络这种媒介信息平台,掌握大学生的沟通方式,保证与大学生之间交流顺畅,使师生间互动交流向良性发展,这样思想政治教育工作才会取得预期的效果。

1. 思想政治教育"网络化"意识

毫无疑问,网络是把双刃剑,它给人们带来前所未有的极大

便利的同时,也带来了诸多的困境和困境之下的焦虑。随着市场经济和媒介产业的快速发展,处于转型期的我国大众网络,受到市场经济、外来文化等多种因素的影响,商品性、娱乐性、消费性凸显。虚假信息、低俗内容、网络欺诈等方面的问题屡见不鲜。此外,网络系统发展的不平衡,带来了全球范围内的信息鸿沟,文化霸权、网络殖民也应运而生。网络使世界变成"地球村",然而"村内"的疏远、隔阂和冲突无处不在。为此,大学生思想政治教育工作者,应该具有"网络化"意识,积极适应网络时代特点,转变思想政治教育工作理念和方式,要充分认识网络思想政治教育的重要意义,要借网络之势,拓展工作阵地,增强思想政治教育话语权。引导学生关注时事政治,对国外资本主义国家和国内社会主义制度分别进行研究和分析,帮助大学生了解我们国家政治、经济、文化、社会制度的优越性,增强当代大学生的民族自豪感和爱国主义热情。

2. 思想政治教育资源收集、分析与处理的意识

思想政治教育的资源收集是大学生思想政治教育的首要任务。在大学生思想政治教育过程中,信息资源是灵魂,具体、准确、及时的信息是提高思想政治教育有效性的关键。从信息资源的角度出发,大学生思想政治教育工作的开展过程就是获取、选择、传播信息的过程,即大学生思想政治教育工作者掌握思想政治教育的主动权,用准确、生动、恰当的信息影响大学生思想观念和精神状态的过程。网络媒体的覆盖面极广,传播信息的手段多样化,因此,大学生思想政治教育者应更多地走入数字网络世界,在信息的海洋中主动获取更多信息,充分利用现代信息技术拓宽信息收集渠道,加快信息收集的速度,随时掌握瞬息万变的社会信息,以及大学生受此影响下的思想波动情况。

在获得大量信息的基础上,要注意对思想政治教育信息进行控制处理。换言之,大学生思想政治教育的信息资源经过高效、智能的信息系统优化处理,才能由"原料"转换成"战略性资源",

思想政治教育运用此种信息才能收到良好的教育效果。大学生思想政治教育工作者必须有思想政治教育资源分析与处理的"信息化"意识,通过运用现代信息技术,对大量冗余、虚假、繁杂的信息进行分类、优化处理,使其精确化、科学化。经过对信息的分析与处理,汇总有重要参考价值的信息,以此作为对大学生进行思想政治教育的主要内容,从而提高思想政治教育的效果。

(二)大学生应不断加强运用媒介的能力

大学生思想政治教育工作者的媒介能力是指高校思想政治工作者利用媒介增强思想政治教育工作效果的能力。思想政治教育工作者应该具备媒介的运用能力,媒介的批判、反思能力等。

1. 运用媒介的能力

运用媒介的能力指的是,大学生思想政治教育工作者熟悉媒介基础知识,能够运用媒介设备进行思想政治教育工作的能力。对于大学生思想政治教育工作者来说,媒介的运用能力是其应具备的最基本的能力。只有在全面理解网络基础知识,能够熟练运用网络设备的基础上,思想政治工作者才能准确使用网络工具,对网络信息进行检索,存储和制作。在网络信息时代,大学生思想政治教育工作者不仅要有能够熟练运用网络媒介信息的能力,同时还要能够使用各种教学媒介。

首先,大学生思想政治教育工作者要熟练掌握各类网络常用信息媒介的操作,如最基本的 Office 2010、Photoshop 等应用软件;Internet Explorer、Firefox 等浏览工具;Google、百度、Yahoo 等搜索引擎;网络下载工具;Outlook Express 等电子邮件的收发工具;还有最常用的微信、QQ、MSN、博客、校内网络等互动交流工具。其次,要有较高的外语水平。网络时代,思想政治教育工作者的外语水平,尤其是英语水平,已经成为衡量其综合素质的一个重要依据。随着信息技术的迅速发展,人们对于互联网的运用也更加广泛,这使得全球的信息都出现了一种快速融合的状态。国际上最新的网络技术的交流和使用，很多是通过英文向世界推广的，大学生思想政治教育工作者具有较高的外语水平，有利于掌握网络的使用情况，提高获取信息的能力，进而提升网络的使用能力。

2．对媒介的批判、反思能力

媒介的批判、反思能力指的是，大学生思想政治教育工作者运用马克思主义基本原理，结合现有的知识储备，对媒介信息进行科学鉴别，揭示信息背后所隐藏的意识形态、商业和情感等诉求，从而保持对信息的清醒认识的能力。媒介的批判、反思能力不仅是网络健康发展的内在要求，更是民主社会的重要特征，体现了大学生思想政治教育工作者媒介素养的核心能力。

媒介对信息既有反映实际、又有再造现实的功能。在经过媒介体制的中转环节之后，信息被融入了政治、经济、文化等多种因素，具有强烈的意识形态和价值观取向。思想政治教育工作者要对此保持清醒的头脑，分清正误曲直、有用或无用的媒介信息和行为。这样才能在不良的媒介信息面前，保持正确的立场态度，不轻易步入西方自由化思想的泥潭。同时，大学生思想政治教育工作者应当培养自己成为积极的受众，注重媒介批判性意识和反思能力的养成。

(三)大学生应树立起崇高的媒介道德水平

媒介道德是指整个媒介活动中信息接收者、使用者、加工者和传递者之间各种行为规范的总和，即整个媒介活动中的道德。新媒体时代，引发了一系列新的媒介道德伦理问题，一方面给掌握了一定信息技术却缺乏自控的大学生带来了诱惑，产生了媒介道德失范现象。另一方面也给大学生的思想政治教育工作带来了危机。当前，高校的媒介素养教育缺失，导致对大学生进行媒介道德教育也处于空白状态，不能有效地帮助大学生抵制媒介带给他们的不良影响，降低了大学生思想政治教育工作的实际效果。然而,信息犯罪、网络暴力、色情成瘾等媒介伦理道德问题,越来越为人们所重视,对大学生进行媒介信息道德素养教育已成为全球教育人士的普遍共识。在这种情况下,我国大学生思想政治教育工作者只有本身具备崇高的媒介道德,才能帮助大学生树立媒介道德的意识,学会正确使用媒介,从而避免新媒体给大学生带来的负面影响。大学生思想政治教育工作者的道德素养主要包括如下几个方面的内容。

1. 媒介伦理道德意识

在新媒体中,人们把媒介伦理道德称为"媒介的第一道防火墙",网络媒介活动中的一些不文明、不道德现象反映出了加强媒介道德建设的重要性和必要性。大学生既是媒介信息的接受者,也是媒介信息的传播者。为了培养大学生崇高的媒介道德素养,大学生思想政治教育工作者应当自觉树立媒介伦理道德意识,在思想和心理上建立起抵御网上不良信息的防线,树立正确的媒介伦理道德观念,恰当地控制自己的媒介行为,自觉抵制媒介垃圾信息的侵蚀,成为一名媒介的文明使用者。

2. 媒介法制观

大学生思想政治教育工作者要具有媒介法制的观念,全面增强媒介法律法规常识,懂得在法律规定的维度下正确使用媒介及利用媒介信息开展思想政治教育工作的内容及行为规范。同时,大学生思想政治教育工作的主管部门,应当组织专门人员制定媒介行为准则和媒介管理有关规定,并做普及化的宣传。只有增强了媒介法制观念,思想政治教育工作者才能正确使用媒介及媒介信息,并对学生开展有说服力的媒介道德教育,进而提升大学生思想政治教育工作的实效性。

3. 社会责任感

大学生思想政治教育者除了要担负起大学生的思想政治教

育职能,也要承担起引导媒介舆论导向的责任。因此,其媒介道德水平、社会责任感就显得尤为重要。首先,大学生思想政治教育者应当具备较高的道德水平。"如果没有道德观念的发展,对于有修养准备的人是崇高的东西,对于无教养的人却只是可怕的。"①大学生思想政治教育者应当加强理论学习,明确自身所从事的职业的职责,并树立积极向上的正确道德观。其次,大学生思想政治教育者在思想政治教育工作中应坚持知行合一。捷克伟大的教育家夸美纽斯说:"道德的实现是由行动,而不是由文字。"也就是说道德修养必须要付诸实践行动。在工作中,大学生思想政治教育者要自觉强化媒介道德观念,树立为学生、为社会服务的责任意识。

总之,信息技术越是先进,大学生思想政治教育者就越需要构建适应现代信息技术发展的新型道德观念体系。大学生思想政治教育者只有具备崇高的媒介道德,才能规范自身的媒介活动行为,保证更好地对大学生进行媒介道德教育,进而为人类的进步服务。

二、新媒体环境下提高大学生思想政治教育者媒介素养的有效措施

为适应新时期大学生思想政治教育工作发展的新情况,我们应全面提升思想政治教育者的媒介素质,加强对大学生思想政治教育者的培养,具体做法体现在以下几个方面。

(一)国家制定政策法规

国家制定一套完善的政策法规,引导社会对大学生思想政治教育队伍培养的进程,调节整个社会培养的进程,保证培养重点和难点的突破与实现,从而确保大学生思想政治教育队伍培养具

---

①　朱光潜.西方美学史(下卷)[M].北京:人民文学出版社,1980,第89页.

有科学性、针对性和权威性。国家制定大学生思想政治教育队伍培养的政策主要体现在以下两个方面：首先，应制定加大教育投入的政策。通过这一政策的制定，可以形成政府、社会，单位及个人的教育培养投入，为大学生思想政治教育队伍的培养提供强有力的支持和保证。其次，制定合理的人才引进政策。通过政策的制定可以吸引优秀人才从事思想政治教育，从而提升大学生思想政治教育队伍的整体素质。

（二）深入研究和努力构建大学生思想政治教育队伍素质的培养理论

作为一种新的教育活动，提升教育者的媒介素养已经成为适应时代发展和技术要求的新的教育模式和教育理念。在开展大学生思想政治教育工作的过程中必须高度重视提升教育者媒介素养的重要性，主动深入研究媒介素养培养的相关理论，努力构建一种适合我国国情、校情的大学生思想政治教育媒介素养培养理论。

大学生思想政治教育工作者对媒介素养培养理论的研究，要坚持"以人为本"的思想，以教育人、鼓舞人、引导人为主要目标，紧密结合当前大学生思想政治教育的实际情况，同时还要结合学生所学专业的特点，对当前大学生关注的热点问题进行深入的分析和研究，体现思想政治教育的针对性和实践性。

（三）积极开展提升思想政治教育工作者媒介素养的实践活动

高校作为思想政治教育工作者媒介素养培养的主要场所，针对大学生思想政治教育工作者，应该建立起完善的媒介素养培养体系，针对提高其媒介素养进行专门的研究，开展大学生思想政治教育工作者的校园媒体实践等活动，倡导他们积极、主动参与，全面提高其自身的媒介素养。

1. 构建完善的思想政治教育工作者媒介素养的培养体系

随着新媒体的发展和普遍应用,高校管理者应该看到新媒体应用的前景和优势,重视培养思想政治教育工作者的媒介素养,结合当前大学生思想政治教育的工作现状,制定切实有效的方案,定期组织他们参加系统性的培训,促进思想政治教育工作者媒介素养的整体提升。

第一,高校应根据大学生思想政治教育的现实状况,结合高校思想政治教育工作的媒介素养水平,成立专门的思想政治教育工作者媒介素养培养机构,专门负责对思想政治教育工作者的媒介素养培训进行管理,制订出详细的培养计划。大学生思想政治教育工作者媒介素养的培养机构,应当由学校主抓思想政治教育工作的领导直接管理,统一负责该校思想政治教育工作者培养期间的课程安排、教学内容设计,提供思想政治教育工作者媒介素养培养方面的教师,以及教室、媒体信息、书籍和资金等必要保障。大学生思想政治教育工作者媒介素养的培养机构,可以通过指导、咨询、合作等形式对教师的媒介素养进行培养。还可以定期邀请专业人士进行讲座,通过论坛或是专题讲座的方式与思想政治教育工作者展开交流与沟通。

第二,在高校内应该建立起专门针对大学生思想政治教育工作者媒介素养培养状况的评估系统,这对提高其媒介素养具有重要的作用。通过评估系统,可以掌握到媒介素养培养的实际情况,并根据他们接受媒介素养培养的效果,采取有效的培养措施,从而有效地提高思想政治教育工作者的媒介素养水平。需要注意的是,大学生思想政治教育工作者媒介素养培养评估系统在构建的过程中,应当根据思想政治教育工作者媒介素养培养的实际情况,着重围绕思想政治教育工作者媒介素养的培养过程展开,注重理论与实践的结合。

2. 成立思想政治教育工作者媒介素养培养研究中心

地方政府教育部门或高校应当成立思想政治教育工作者媒

介素养培养研究中心,专门从事提高思想政治教育工作者媒介素养的研究工作。具体来说,研究工作的展开可以通过以下三方面进行。

第一,召集专门从事大学生思想政治教育工作的学者和专家就大学生思想政治教育者媒介素养培养问题进行课题调研和探讨,从而提出最佳培养方案。

第二,通过多种方式,听取社会上从事思想政治教育工作者媒介素养相关领域的专家的意见,来对高校的媒介素养培训工作进行改进和提高。

第三,要全面了解高校思想政治教育工作者的个人信息,然后按照性别、年龄、学科等指数选取媒介素养的差别样本,从整体上对大学生思想政治教育工作者的媒介素养有全面的认识,然后再有针对性地进行研究和分析,从而就本校思想政治教育工作者的媒介素养设定最为恰当的培训方式。

第三节　依托新媒体开展大学生思想政治教育的途径

新媒体作为当代最具有革命性的科技成果之一,以一种全新的信息传播方式加速了思想政治教育的知识传播,更好地满足了思想政治教育者和受教育者之间双向互动的需要,推动着思想政治教育不断地发展完善。

一、通过手机媒体开展大学生思想政治教育

手机作为一种新媒体,已经不再是单纯的通信工具,人们利用它可以随时随地上网获取信息、收发信息、了解新闻、收看视频等,给人们的生活带来了许多便利。

（一）手机媒体的概念

随着信息科技的飞速发展,新媒体的表现形式也在发生着巨大的转变,当今时代,手机媒体已经成为新媒体的主要表现形式,并且随着社会的变化其内涵和表现形式也越来越丰富。

有人认为,新媒体是在弥补前一种媒体缺陷的基础上而诞生的,从这个意义上来看,对于手机媒体就可以定义为:在互联网产生以后为了克服之前媒体存在的缺陷而产生的一种新的媒体形式。相比较于其他媒体而言,它的传播介质将更加适于信息传播。当然这一新媒体的实现形式是依附于互联网的,但它具有自成一体的无线网络。与那些使用有线网络的电脑比较来说,手机媒体能够更加及时、迅速地处理信息,具有更强的互动性。并且手机的形体更加小巧玲珑,与形体笨重的电脑相比来说携带方便,更加符合大学生个体的需要。相对于互联网来说,手机媒体具有更强的防范病毒和黑客攻击的能力。因此可以说,在现代社会或者未来的发展中,由于手机媒体人性化的传播优势使其将成为新媒体发展的主要方向。

由于手机媒体是新生事物,所以发展到现今为止,并没有确定的严格科学的来界定出手机媒体的概念,大部分关于手机媒体的解释都是模糊不清的,不同专业背景的人有着不同的说法,以至于出现了一些表述上的不一致。本书中我们认为:"手机媒体是以移动终端(手机)为媒介,以通信网络为基础,以双向或多向互动为主要传播方式进行信息传播的新媒体,是通过手机进行信息表示和传输的载体。"①

（二）手机媒体对开展大学生思想政治教育提供的途径

手机媒体为开展思想政治教育活动提供了资源丰富、覆盖面广的教育平台,成为思想政治教育信息的集散地和社会舆论的放

---

① 杜亮.论手机媒体称为高校思想政治教育新载体的可行性与重要意义[J].文教资料,2010(12).

大镜。因此,高校必须探索出一条运用手机媒体开展思想政治教育的有效途径,使手机媒体为传播社会主义先进文化而发挥自身的作用,成为思想政治教育的前沿阵地和广阔空间。

1. 加强手机媒体的引领导向作用

大学生思想政治教育在树人、育人的过程中,既要注重互动性、针对性,也要重视信息传播媒介的导向性、理论性。深入了解不同教育对象的实际认知能力、道德水平和思想状况,有的放矢地引领、疏导其提升境界、树立信念,通过增强引领的导向性来提升思想政治教育的实效性。

要在全社会范围内建立信息平台,引领正确舆论导向。国家机关、政府机构、社会组织必须充分认识到手机媒体在思想政治教育中的引领作用,在全社会范围内建立广泛的信息应用平台,以现代信息技术为先导,提高信息加工处理和反应速度,扩大信息传播的覆盖面积,凝聚力量、鼓舞士气、导正风气,增加思想政治教育的控制力和主动权。同时,也必须认真考虑青年一代的各方面需求,在大学生思想政治教育过程中调动青年人的积极性和参与性,在教育者和受教育者之间营造出平等、开放、互动、共享的教育氛围,充分发挥手机媒体的舆论引导功能,将社会主流文化渗透其中,弘扬社会正气。

2. 倡导积极健康的手机文化

大学生是校园活动的主体,要重视大学生的主导地位,给予其充分的尊重,通过手机媒体的运用,实现教师与学生之间的平等沟通与交流。此外,高校要重视校园内的手机文化建设,构建独具魅力的手机文化环境,倡导积极健康的手机媒体运用。高校应组织起文明向上的手机文化交流活动,促使大学生提高自身的文化和思想道德修养,防止不良信息的侵蚀,树立积极向上的生活态度。

3. 加强对手机媒体的监控与管理

手机本身所具有的特点使得手机所传播的信息纷繁复杂,良莠不齐,在大学生群体中手机传播的内容一部分存在极大的负面作用,对大学生的思想和行为产生不良影响。对此,相关部门就必须加强对手机媒体的监管,建立宏观监管机制已经刻不容缓。

一方面,手机媒体行业必须加强自我监督、自我管理,完善行业自查机制。手机媒体行业必须严格制定和执行行业规范,加强自我监督、自我管理,从源头入手,清除虚假信息、黄色信息、不良信息。与手机媒体相关的各方力量,比如监察部门、运营商、代理商及手机用户,也应从技术、法律、道德等层面对手机媒体行业进行监督管理,积极贯彻执行监督管理条例,为手机媒体行业的健康发展贡献自己的一份力量。

另一方面,手机媒体的社会责任感亟待提高。政府部门必须建立健全手机媒体行政管理机制,加强手机媒体领域的社会责任意识、道德意识和法律意识。手机媒体行业则需要加强从业人员的社会道德和职业道德建设,主动接受有关部门和手机用户的监管,勇于承担净化手机媒体传播环境、维护公共信息传播秩序的责任,履行保障手机媒体安全、稳定、有序发展的社会责任和义务。

二、通过即时通信技术开展大学生思想政治教育

(一)即时通信工具的产生及发展

1. 即时通信工具的产生

即时通信(IM),是指具有实时在线交流、在线传递信息等功能的一种业务。从其诞生之后,特别是其近几年来蒸蒸日上,即时通信软件的功能也日趋完善,随着人们的需求,不断的增强自

身的功能。渐渐地，即时通信软件的功能涵盖了微信、QQ、微博、邮件、音乐共享、电视观赏、游戏娱乐和搜索百科的全方位的功能。即时通信软件，不再是简简单单的休闲交流工具，而已经成为能够进行交流、问答、娱乐、搜索、电子商务、办公协作和企业客户服务等面面俱到的全方位的信息平台[①]。网络即时通信也在随着网络的飞速发展，正在向移动化进行扩张。目前，微软、AOL、Yahoo 这几大即时通信提供商都提供手机即时通信软件平台，这就代表着用户通过下载并安装软件，就可以使手机成为另一接收终端了。

1998 年以前，我国的即时通信工具使用主要集中在 ICQ 上，特别是汉化版。到了 1999 年，一些网友使用 PICQ（俗称网络大哥大，是中国台湾开发的），也是这一年，中国大陆的 OICQ 开始迅速崛起。2000 年，OICQ 成为国内即时通信的主流。到了 2001 年，OICQ 改名为 QQ，进一步巩固了在国内的老大地位。当时也有其他即时通信软件向 QQ 发起了冲击，但 QQ 凭借其实力击败了对手，此时 ICQ 基本上逐渐淡出了中国即时通信的市场。2002 年，QQ 实行全面收费服务，这使得很多网友开始使用雅虎通、朗玛 UC 以及 MSN Messenger。2003 年，一些门户网站借用免费的短消息和大容量的电子邮箱功能推出了自己的即时通信软件，吸引了不少客户使用。随着市场的运行发展，各种即时通信工具的前途瞬息万变，但目前值得一提的是，微信、微博、QQ 已逐渐占据重要位置和作用。

2. 即时通信工具的发展

麦克卢汉说："地球是一个村落。"弗里德曼说："地球是平坦的。"他们的睿智在于，敏锐、超前并形象地概括出了几乎存在于当代每一个地球人心中的一种越来越强烈的所谓"全球化"的感觉。即时通信工具应运而生，其真正发展成为一种新媒体工具是

---

① 孙翌.IM技术在图书馆中的应用[M].上海:上海交通大学出版社,2010,第2页.

在 20 世纪 90 年代末。在此之前,即时通信工具的发展经历了一个相当长的过程,其发展过程大致可以分为三个阶段。

(1)低级阶段:作为电话会议的代替品

1971 年,默里·特沃夫为紧急情况防备办公室开发了"紧急情况信息管理系统及参考索引"系统,以满足政府在紧急情况下进行飞速信息交流和控制。即时通信是 EMSARI 的一种功能,它能使处于各地的用户通过电话线登录到一台中央电脑上,从而方便快捷地进行信息交流。与此同时,互联网用户可以通过网络连接的电传打字机查看聊天记录。EMSARI 的即时通信功能在当时是为了替代电话会议而开发的,使处于远距离的人们之间进行交流时方便了很多,所以这也被称呼为 Party Line。

(2)发展阶段:功能逐渐齐全,被互联网用户日益接受

从 1999 年到 2008 年,国内即时通信市场在经历了短暂的拓荒之后,快速增长并逐渐趋于稳定和成熟。IM 软件功能的完善、应用的拓展、激烈的竞争推动着我国即时通信市场朝着四个方面发展。腾讯 QQ 的成功表明,通用型或个人即时通信软件成败的关键在于活跃用户基数。无论是从用户需求,还是从市场发展的角度看,即时通信工具互联互通的要求日益突出,市场的进一步发展需实现互联互通。各项即时通信工具的功能逐渐齐全,被广大的互联网用户日益接受。

(3)成熟阶段:多种即时通信工具竞争上演

20 世纪 90 年代初期到中期,互联网中介聊天系统开始出现群聊功能,同时出现了即时通信工具 ICQ。这个被美国在线公司收购后,又推出了一系列强大功能的版本,但保留了原来 ICQ 的原有界面,形成了它与美国在线公司自己推出的 IM 并存的竞争场面。到目前为止,世界公认的三大即时通信工具是雅虎通、微软的 MSN 以及美国在线的 American Messenger,新兴的 Google talk 依靠 Google 的强大平台发展也很强势。

在众多互联网应用中,最引人注目的莫过于即时通信市场的规模不断扩大。即时通信工具接近我们生活的有很多,BBS、

QQ、手机、飞信、人人网、博客、电子邮件、微博、微信等都是我们日常经常使用的,特别是智能手机的出现,给我们的日常生活增添了很多便捷。腾讯 QQ 垄断中国市场后,2003 年 MSN Messenger、网易泡泡、朗玛 UC、IMU 等即时通信软件也全面进入国内市场,使得国内市场竞争日益激烈。在我国,最早从事即时通讯的和移动通信的软件开发商是腾讯公司,其创建的即时通信工具 QQ、微信,对现代人们的生活产生了广泛的影响,尤其是对于高校大学生来说,几乎每个人都会使用到。随着互联网时代的到来,即时通讯必定会在人们的生产和生活中发挥出更为深远的作用。

(二)通过微博开展大学生思想政治教育

1. 微博在大学生中的现实表现

大学生思想活跃,行动积极,易于接受新鲜事物,具有较强的表达和沟通能力以及较高的社会参与意识。因此,在这支庞大的微博大军中,大学生占有重要的比重。有数据显示,微博用户比较年轻化,且学历高,18—30 岁的用户比例高达 67%,大学本科以上学历者占 63%。[①]

(1)微博为大学生提供了信息分享的空间

发布与获取信息是微博最核心的功能。现代大学生是使用微博的主体,"他们既是博文的发布者,也是博文信息的接收者。大学生通过微博发布信息,'博友'通过微博获取信息,微博给大学生互换和共享信息提供了平台。"[②]博客、论坛、网站这些重要平台都承担着信息发布的重要功能,但是总体而言,微博具有更为突出的时效性、交互性和便捷性。微博要求所发布的信息内容字数不超过 140 个字,这就使得大学生在发布信息的时候,不注重系统的逻辑性,也不需要进行深入的思考,而是更加注重语言组

---

① 尹韵公.中国新媒体发展报告[M].北京:社会科学文献出版社,2011,第 161 页.
② 喻国明.微博价值:核心功能、延伸功能与附件功能[J].新闻与写作,2010(3).

织的简单易行,这一特点就极大地方便了学生可以把自己日常生活中的所见所闻、所感、所想通过简短的文字发布到微博页面上。

此外,微博发布的信息具有时效性、广泛性,使得大学生能够随时浏览学校的各类信息,积极参与交流和信息评价。目前,许多大学生都基本上拥有了自己的官方微博,可以通过微博平台向广大学生发布各类服务管理信息。如教务部门可以把学校发布的各种教学通知、教学文件等信息通过微博向大学生进行公告;保卫部门通过微博可以及时向学生发布校园近期发生的突发事件,把整个事件的过程与真相及时告知学生,遏制谣言四起,从而可以有效防止事态扩大化。图书馆可以运用微博这个信息平台及时向广大师生发布新书推介信息、借阅提示信息、学校近期举行的学术交流和讲座等内容。[①]

(2)微博为大学生拓展了人际交往的途径

良好的人际关系能够有效地促进大学生自身的健康发展。随着微博的快速发展,大学生在网络世界中的人际交往范围得到了极大的扩展。这主要体现在两个方面:一方面是微博上展现出现实中大学生的人际交往圈,大学生在现实世界中的人际交往通过网络这一载体得到了拓展,方便了交流和沟通;另一方面是基于微博使用而产生的以信息为中心的"关注—被关注"人际关系,也就是通常所说的"微博主—粉丝"之间的关系。通过微博,在网络空间中极大地拓展了大学生们的社交范围,而且,大学生在"微博"上进行沟通交流更加能够畅所欲言,避免了面对面交流的尴尬,微博提供的这种开放、平等的交流方式,使得大学生之间的交流更加轻松、随意,从而使其能够真实地吐露自己的心声,不用顾忌现实世界的困扰,这种全新的人际交往方式为大学生提供了轻松、开放的交往空间,极大地鼓励了大学生参与到这种交往平台中,从而拓展了人际交往的范围。

---

① 李华,赵文伟.微博客:图书馆的下一个网络新贵工具[J].图书与情报,2009(8).

（3）微博为大学生搭建了自由表达的平台

作为一种新型传播媒介，新媒体具有其区别于传统媒介的特征，即微博上的言论具有较高的自由度，用户通过微博可以自主地发表自己的观点和看法。另外也可以通过手机联网发布微博信息，大大降低了微博使用的门槛，因此在广大大学生中受到广泛的关注和使用，信息的动态性也非常活跃。由此，在微博中产生了大量原创性的内容，使得写作这一遥不可及的活动走进了普通人的生活中，而不仅仅成为作家生活。正如腾讯微博的广告语所言："与其在别处仰望，不如在这里并肩，记录身边的事情，和点点滴滴的感动，这就是我们 140 个字的碎语人生。"在微博空间，任何人都可以自由地表达自己的观点，与他人尽情交流畅谈，既避免了面对面交流的角色隔阂，又可以将博文用手机和网络进行传送。针对社会上发生的实事，学生们可以自由发表评论，提高学生对社会的关注度。

2. 微博是提高大学生思想政治教育的有效途径

微博时代给大学生思想政治教育提供了崭新的环境和平台，拓展了现有的网络思想政治教育领域，提升了大学生思想政治教育的影响力。如何善于把握微博这一新媒介，利用微博加强大学生思想政治教育是当前大学生思想政治教育工作应当思考的一个重要问题。

（1）正确认识微博，树立发挥微博教育功能新理念

微博的快速发展，不仅见证了传播技术与传播手段的创新，更意味着思想教育、政治传播、意识形态建构的目标群体越来越庞大，领域越来越广阔，方式越来越灵活，监控越来越困难。这就要求高校的思想政治教育一定要深入研究微博的教育和传播功能，充分发挥微博的思想政治教育作用，提高大学生的思想道德水平，树立起正确的世界观、人生观和价值观。

从一定程度上来说，以微博为代表的"微时代"的来临，对传统思想政治教育者的信息传播主导权和话语主导权，都造成了一

定的削减。因此,新时期的思想政治教育工作者要解放思想,不断与时俱进,看到微博在教育方面的优势,树立全新的教育理念。大学生思想政治教育者,应开通个人的微博,将社会主流文化融入微博文化建设中,充分发挥出微博对于社会先进文化的传播作用,在"微博"空间中营造主流文化的舆论环境,扩大个人微博的影响力。一方面,对多元化的思想应给予包容和理解,对学生进行心理疏导,让学生感受到人文关怀,学习微博中的积极态度,丰富自身的语言体系,提高思想政治教育的感染力。另一方面,由于微博对于信息的传播速度很快,交互性也很强,从而通过微博这一媒介载体,既可以强化正面观念和情绪,又可以使得负面观念和信息得到传播和放大。这种双面性使得思想政治教育工作者必须积极主动"介入",对于传播的规律进行积极研究,及时发现微博中的负面观念和情绪,对其进行消灭,从而切实提高思想政治教育的实效性。

(2)积极创建微博,构建思想政治教育新平台

作为大学生信息交换和人际交往的重要平台,微博已经得到广大大学生的普遍认可。大学生使用微博在大学校园内是非常普遍的现象。因此,针对这一普遍现象,高校应通过构建微博平台,充分发挥出微博对于大学生进行思想政治教育的优势。

当前,大学生思想政治教育过程中并没有充分挖掘出微博在其中所产生的巨大作用,很大一部分大学生思想政治教育者往往忽视了大学生思想政治教育中微博所产生的巨大影响,因此也就没有探索出利用微博进行思想政治教育的实践路径。对高校来说,必须科学、及时地创建微博平台,并且保证微博平台的运行和维护,主动经营"微博"阵地。更重要的是要把学生微博与大学生思想政治教育有机融合起来,将主流意识形态和核心价值观教育科学地渗透到微博中,采用隐性方式对学生进行社会主义核心价值观教育。

（3）科学使用微博，正确引领微博舆论导向

由于微博在大学生群体中使用广泛，从而引发了校园舆情形成、发展和传播的新趋向，从一定程度上对大学生思想政治教育的舆论文化和社会心理都产生了直接或间接的影响。对此，为了切实提高大学生思想政治教育的实效性，思想政治教育工作者就必须积极适应大学生，创建微博并正确使用，从而在与学生进行交流沟通的过程中，发现学生个性化语言中所包含的思想态度和价值观念，体察学生群体丰富的内心世界和社会心理状况，引导学生主流意识形态的形成。

此外，大学生思想政治教育还应建立舆论监测和信息反馈机制。由于通过微博这种媒介传播的信息其速度和广度都是非常大的，可能一个不经意的消息通过微博就会在学生群体中产生非常巨大的影响。对于这种情况，校园舆情监测就会起到非常重要的作用。高校的宣传或学生工作部门，就要对校园的微博网络进行分类管理和全面识别，全面分析用户数量、信息流量、舆论内容等信息。

（三）通过微信开展大学生思想政治教育

1. 微信使用范围广，拓宽了学生的信息接触面

微信是一种即时通信工具，具有零资费、跨平台沟通等功能，与传统的短信沟通方式相比，更灵活、智能，且节省资费。任何用户都可以免费下载应用软件，在使用过程中只需要支付给运营商少量的流量费。微信支持二维码扫描、邮箱绑定、朋友圈功能、推送功能等，任何用户都可以通过微信公共平台创建自己的公众账号，通过公众账号，可以方便地实现信息发布、共享、推送等功能。微信不仅拥有传统双向确认关系，还可以进行单向信息传递，这种联系将人与人的关系稳定化、延展化，使网络社交关系与现实世界关系一一对应起来[①]。

---

① 杨敏.微信对大学生思想政治教育的挑战及应对策略研究[J].思想理论教育,2012(11).

随着新媒体的迅速发展,手机等新兴媒体的发展越来越受人们关注。对于现在的学生来说,手机不仅仅是一个聊天工具,更是一种生活方式,它也深深地影响着大学生们的学习生活。目前,手机微信用户已达到近4亿人左右,而其中大部分使用人群是青年大学生。微信使得传播的每一个信息和问题都呈现出多维的态势[①]。

2. 微信实现了大学生思想政治教育的移动学习和朋友圈交流与互动

通过微信互动进行大学生思想政治教育,是大学生思想政治教育的一个新的重要途径和有效平台。另外,这种教育方式具有不受时间、地点的限制等优势。微信提供了一个较为广阔的应用平台,一旦有用户将相应的教育资源上传或共享至微信平台,所有用户都可以使用教育资源进行移动学习。这样的资源库无疑推动大学生进入到全新的学习状态。因此,微信特别适用于互动式的教育和学习。微信所提供的实时留言、消息推送、微信群聊天等功能,适合学习者随时随地地向教师提问,以及教师对学生反馈的快速响应。教学双方在留言交流中,可以实时的建立一对一的沟通环境,而无须专门预约和安排。

另外,在教学互动和同学交流方面,微信平台提供朋友圈功能,是传统教学模式的良好辅助。任何一个在现实中实际存在的班级学习组织,都可以通过微信平台提供的圈子在网上建立实时交流和分享的平台。微信平台可以通过其强大的分享能力,将网络上的所有教学资源整合起来。通过二维码、推送等功能,学习者可以通过微信连接到互联网上的几乎所有学习资源,进而实现了学习资源的有效利用。通过教师发送推送消息,可以实现学习内容的快速分享。而不同兴趣爱好者之间通过搜索功能,也可以在微信上建立虚拟班级和虚拟课堂。由此可见,微信本身并不是

---

① 杨敏. 微信对大学生思想政治教育的挑战及应对策略研究[J]. 思想理论教育,2012(11).

类似数据库一样的一个学习资源载体,而是一个可以快速整合网络学习资源的强大平台①。

微信所传达的虽然只是由几句短话、一张图片等组成的微小信息,但信息的内涵却十分丰富。基于以上特点,教师通过推送信息等方式与学生进行平等交流和答疑解惑,很大程度上拉近了师生之间的距离,在虚拟的平台中,师生的信任关系也在交流当中逐渐构建起来。高校的思想政治教育工作者也可以使用这种方式,号召高校团委、学生会、社团等学生组织,建立公共账号,给学生传递就业信息、爱心贴士或利用自动回复功能。思想政治教育工作者们应尽可能帮助学生贴近学校、社会,在最大程度上方便学生,通过在微信平台上的互动交流建立相互的信任关系,从而培养学生对思想政治教育工作的新认知②。

(四)通过 QQ 平台展开个别化的思想政治教育

1. 通过 QQ 聊天可以实现师生之间的良好沟通

QQ 平台的连接,能够缩短师生之间的空间距离,建立起融洽的师生关系,防止因空间地域的差异而对师生之间的交流造成阻碍,实现随时随地的交流沟通。在网络时代,老师们在课余时间进行备课或学术研究工作的主要辅助工具为电脑,而学生也会经常利用电脑或手机进行上网,从而极大地便利了师生之间的交流沟通。因此,可以说在现代大学生师生之间交流的最佳方式是通过 QQ 工具实现的,它的重要性和广泛程度已经远远超过了师生之间的亲身交往,从而对于师生间的交往不仅克服了空间距离,还大大缩短了时间损耗。只要老师在网上,学生随时都可以利用 QQ 和老师"面对面"的交流,教师也可以利用 QQ 对学生的疑问进行解答,帮助学生解决思想上的困惑、学习的困难、生活的困境。

---

① 杨帆. 浅谈微信在辅导员工作中的运用[J]. 青春岁月,2012(21).
② 同上.

2. QQ 聊天有助于拉近师生之间的心理距离

在日常的学习生活中,很多同学一听说老师找他就紧张,担心自己是不是犯了什么错误,"恐惧感"就不自觉地产生。这种传统的师生之间的交流方式都是点对点、面对面的交流,在这样的环境下,学生无法全部敞开心扉,表达其真实想法,彼此之间的交流一定具有"保留性"。此外,学生的一些隐私或者其他问题,他们有时碍于面子难以启齿,给师生之间的坦诚交流设置了一把无形的枷锁。

在 QQ 上交流则不同。QQ 因其具有匿名性、隐蔽性和无约束性,从而导致学生不用顾忌现实世界的困扰,他们在虚拟空间上能够放松心态吐露自己的心声,把自己的真实想法表达给倾听者。再者,在 QQ 中,教师通过设置个性化的网名,特别的头像,并且在与学生沟通的过程中可以使用一些诙谐的 QQ 表情,轻松幽默的语言,只可意会不可言传的 QQ 图像等,使得教师在学生心目中的形象不再那么严肃,而是亲切可爱,从而就会大大拉近师生之间的心理距离,从而能够更容易的获得学生的认同。这样的表现无疑可以使彼此之间袒露真性情,甚至可以无话不谈,进入更深层次的精神交往。从而可以使教师能及时地了解学生的真实想法,从而帮助学生解决思想和心理问题,对他们进行正确引导。

3. 了解学生的性格爱好做到因材施教

作为教育工作者,在与学生的交流中,首先,要做到尊重学生。尤其是在网络交往中,虚拟性与现实性并存,导致很难分辨出真实信息与虚假信息,同时由于网络的开放性,使得网络交流内容很容易泄漏出去,从而造成严重后果。因此,对于在与学生交流沟通的过程中那些涉及学生个人隐私的聊天内容,教育者必须尊重学生个人的隐私,慎重对待,不可随意外传。而且教师在与学生聊天过程中,要以平等和关心的态度对待学生,语言运用要得当,语气和善,做到充分尊重学生。其次,由于网络语境和现实语境有很大的不同,因此教师在与学生进行网络沟通的时候必须多方面了解网络交往规则和网络语言的使用特点,减少与学生网上交流的障碍。另外,教师在与学生交流之前,应该先了解一些学生的个人信息、空间日志等资料,尽可能熟悉学生的性格特征、兴趣爱好,这样能够做到因材施教,对于与学生展开进一步的深入交流是大有帮助的。

三、建立大学生思想政治教育的校园主题网站

主题网站是开展舆论宣传的重要平台,是进行大学生思想政治教育的前沿阵地。目前,我国存在着各级各类的以思想政治教育为主题的"红色网站"。

但从调查的情况看,这些"红色网站"的点击率普遍偏低,大学生群体中经常使用"红色网站"的人数不足一半,教育效果不尽如人意。

要建设好大学生思想政治教育主题网站,首先必须在汲取以往在思想政治教育主题网站建设经验并反思的基础上,做到主题网站办网目的明晰,办网思路明确,发展定位科学。用先进的思想文化占领高校网络文化阵地,大力传播积极向上的主流文化,这是我们建设主题网站必须始终坚持的导向和原则。高校不断探索、分析、研究社会中出现的各种新情况、新问题,用科学的理论引导网络舆论,让各种先进的思想和文化在校园网上唱响主旋律,及时组织和发布信息,使主题网站成为以传播社会主义核心价值观和先进文化为主的重要载体。其次在增强吸引力方面不断完善主题网站的内容和形式。严谨性、严肃性、思想性是对思想政治教育主题网站中内容的具体要求,但是为了增强吸引力,就必须针对大学生的特点增强内容的生动性、多样性、趣味性,以使大学生更容易接受,所以要处理好两者之间的关系,就要针对思想政治教育的主要内容进行精心编排,在网站上从形式和内容

两方面进行处理,使其变得更为深入浅出和生动活泼,增强主题网站对大学生的吸引力。

网站建成之后是需要用户访问的,没有或很少有用户访问的网站是没有意义的。网站访问量的多少与很多因素有关,首先与网站内容的质量有着直接的联系,其次与网站的宣传和推广也有很大的联系。在网站的宣传上,我们至少可以从以下四方面入手加大网站的知名度:其一,在用户访问网站的时候,提供实现将用户浏览器的主页改为思想政治教育主题网站的首页功能。其二,在积极推广开发本网站的时候,可以和其他较为著名的相关网站合作,扩大知名度。例如,可以向中国大学生在线、中青在线等知名网站投稿,不仅可以在其他的网站上进行思想政治教育工作,更可以宣传本网站。其三,向互联网上的导航台提交站点的网址和关键词,以便受众能够尽快找到网站。其四,可以利用网站的名义举办各种有关思想政治教育的特色活动来提高网站的社会影响。

网站在建设完成之后,除了要进行积极的宣传推广之外,网站的维护工作同样不可缺少。在进行网站维护时,至少需要做到以下几点:其一,网站为了确保访问顺利畅通和网络系统的安全,在网站硬件和软件的选择上,需要配置先进的网络服务器和网络运行软件,并建立高技术平台。其二,在建设与使用理念上,要做到边建设、边使用,边完善、边建设,建设与使用同步,实现网站建设与使用的良性循环。其三,在内容的选择和更新上,建立起师生动态交流和沟通,根据反馈结果,及时更新网页内容,改变网页形式,进而提高网站的吸引力和点击率,保持网站的生命力。

参考文献

[1]刁世存.当代社会思潮与高校思想政治教育[M].北京：中央编译出版社,2015.

[2]周先进,邬丽.高校思想政治教育前沿问题研究[M].北京：中国书籍出版社,2015.

[3]喻嘉乐.新时代研究生群体社会主义核心价值观教育研究[M].杭州：浙江大学出版社,2015.

[4]孙昌增,崔忠江,丁东升.当代青年社会主义核心价值观培育与志愿服务[M].成都：西南交通大学出版社,2015.

[5]宋振超.信息化视阈下高校思想政治教育有效性研究[M].北京：中国书籍出版社,2015.

[6]张志军,沈威,高飞,陈岑.构建高校发展型学生工作体系的理论与实践[M].北京：中国书籍出版社,2015.

[7]忻平.高校思想政治理论课改革发展研究[M].上海：上海大学出版社,2015.

[8]房广顺.社会主义核心价值观与中华传统文化[M].北京：人民出版社,2015.

[9]李宇遐.高校思想政治教育精神动力研究[M].北京：科学技术文献出版社,2015.

[10]王仕民.思想政治教育心理学概论[M].广州：中山大学出版社,2015.

[11]程刚.大学生思想政治教育质量提升模式研究[M].北京：中国书籍出版社,2015.

[12]谢晓娟,王东红.多学科视角下的思想政治教育研究[M].北京：中国书籍出版社,2015.

[13]张瑜.高校网络思想政治教育发展与创新研究[M].北京:人民出版社,2014.

[14]张禧,毛平,尹媛媛.大学生思想政治教育实效性探索[M].成都:西南交通大学出版社,2014.

[15]张艳涛.知识与信仰:当代大学生精神世界研究[M].北京:中国文史出版社,2014.

[16]徐洪军,崔岩.高校思想政治教育前沿问题研究[M].哈尔滨:黑龙江大学出版社,2014.

[17]方宏建,郭春晓.大学生思想政治教育学[M].北京:人民出版社,2014.

[18]王有炜.高校思想政治教育新模式[M].合肥:合肥工业大学出版社,2014.

[19]王爽.新媒体时代大学生思想政治教育的挑战与创新[M].北京:中国言实出版社,2014.

[20]翁铁慧.高校辅导员队伍建设论纲[M].北京:人民出版社,2014.

[21]谢守成,王长华.国际化视野下大学生思想政治教育创新发展研究[M].北京:人民出版社,2014.

[22]陈志勇.新媒体时代的大学生思想政治教育[M].北京:中国文史出版社,2014.

[23]黄蓉生.改革开放以来大学生思想政治教育论纲[M].北京:人民出版社,2014.

[24]张卫平.高校心理健康教育研究[M].沈阳:辽宁大学出版社,2013.

[25]徐兰宾,刘汉一.社会思潮与青年教育[M].南昌:江西人民出版社,2013.

[26]方鸿志,李洪军.高校思想政治理论课教学管理创新研究[M].沈阳:辽宁大学出版社,2013.

[27]朱合理.大学生个体自我管理研究[M].武汉:武汉大学出版社,2013.

[28]王天民.大学生思想政治教育创新研究[M].北京:北京师范大学出版社,2013.

[29]孙颖.思想政治教育柔性化与大学生心理幸福感[M].北京:中国社会科学出版社,2012.

[30]教育部思想政治工作司.大学生管理研究[M].北京:高等教育出版社,2012.

[31]李辉.当代大学生理想信念形成的特点及机制研究[M].北京:中国书籍出版社,2012.

[32]熊建生.思想政治教育内容结构论[M].北京:中国社会科学出版社,2012.

[33]王虹,刘智.新媒体时代高校思想政治教育创新研究[M].北京:中国社会科学出版社,2012.

[34]衣俊卿,胡长栓.马克思主义文化理论研究[M].北京:北京师范大学出版社,2012.

[35]陈国荣.梳理与构建:大学生思想政治教育理路研究[M].北京:中国社会科学出版社,2012.

[36]高洪力.马克思主义大众化的价值及实现方式研究[M].北京:光明日报出版社,2012.

[37]冯刚,柯文进.高校校园文化研究[M].北京:中国书籍出版社,2011.

[38]官汉蒙.大学生心理健康教育教程[M].长沙:湖南人民出版社,2011.

[39]张志安,肖芳,刘慧芳.和谐思想政治教育研究[M].济南:山东人民出版社,2011.

[40]张祥浩.中国传统思想教育[M].南京:东南大学出版社,2011.

[41]戴朝护.大学生心理健康[M].北京:北京大学出版社,2011.

[42]苏振芳.思想道德教育比较研究[M].北京:社会科学文献出版社,2011.

[43]邹礼玉.仰望星空,脚踏实地——高校思想政治理论课魅力课堂的构建[M].天津:天津大学出版社,2011.

[44]陈立思.社会思潮与青年教育[M].北京:北京大学出版社,2011.

[45]傅忠贤.科学发展观视域下高校思想政治教育创新研究[M].成都:四川大学出版社,2010.

[46]周家华,王金凤.大学生心理健康教育[M].北京:清华大学出版社,2010.

[47]封希德.大学生日常思想政治教育实效性研究[M].成都:西南财经大学出版社,2010.

[48]张静.新时期高校校园文化建设的新探索[M].天津:南开大学出版社,2010.

[49]徐建军.大学生网络思想政治教育理论与方法[M].北京:人民出版社,2010.

[50]李维昌,盛美真.增强高校思想政治教育实效性的多维透视[M].昆明:云南人民出版社,2010.

[51]鄢本凤.社会主义和谐文化建设研究[M].北京:人民出版社,2010.

[52]韩延明.大学生心理健康教育[M].上海:华东师范大学出版社,2010.

[53]刘川生.大学生日常思想政治教育实效性研究[M].北京:北京师范大学出版社,2009.

[54]周中之.大众文化与青少年思想道德教育[M].上海:上海教育出版社,2009.

[55]姜国峰.网络思想政治教育模式的构建研究[M].昆明:云南大学出版社,2009.

[56]张福记,李纪岩.高校思想政治教育研究[M].成都:四川教育出版社,2009.

[57]杨建义.大学生思想政治教育路径研究[M].北京:社会科学文献出版社,2009.

[58]许德宽,朱俊梅.大学生心理健康教育[M].北京:清华大学出版社,2009.

[59]余洵.大学生思想政治教育理论与实践交融机制探讨[J].现代商贸工业,2015(7).

[60]石善儒.高校思想政治理论课教学策略探究[J].中国食品工业,2015(2).

[61]杨立志.全方位全过程高校思想政治教育模式的理论体系及其构建[J].济南大学学报,2012(3).

[62]李怿锋.增强大学生思想政治教育实践性的探索[J].鸭绿江,2016(3).

[63]张君,刘洁.大学生思想政治教育微效应及理路探析[J].思想政治课研究,2016(1).

[64]戴锐.思想政治教育研究范式的回顾和前瞻性[J].思想政治教育研究,2013(3).

[65]许丽萍.现代思想政治教育实践内涵的解释[J].思想政治教育研究,2010(5).